西安外国语大学经济金融学院资助

环境规制、技术创新
对制造业绿色发展的影响研究

张小筠　著

中国矿业大学出版社
·徐州·

图书在版编目(CIP)数据

环境规制、技术创新对制造业绿色发展的影响研究 / 张小筠著. —徐州:中国矿业大学出版社,2023.9
ISBN 978-7-5646-5960-8

Ⅰ.①环… Ⅱ.①张… Ⅲ.①制造工业－绿色经济－经济发展－研究－中国 Ⅳ.①F426.4

中国国家版本馆 CIP 数据核字(2023)第 183611 号

书　　名	环境规制、技术创新对制造业绿色发展的影响研究
著　　者	张小筠
责任编辑	徐　玮
出版发行	中国矿业大学出版社有限责任公司
	(江苏省徐州市解放南路　邮编221008)
营销热线	(0516)83885370　83884103
出版服务	(0516)83884895　83884920
网　　址	http://www.cumtp.com　E-mail:cumtpvip@cumtp.com
印　　刷	徐州中矿大印发科技有限公司
开　　本	787 mm×1092 mm　1/16　印张 11.75　字数 217 千字
版次印次	2023 年 9 月第 1 版　2023 年 9 月第 1 次印刷
定　　价	42.00 元

(图书出现印装质量问题,本社负责调换)

前　言

制造业是国民经济的主体,但我国制造业发展过于依赖能源资源消耗和劳动力低成本优势参与国际分工,这种高能耗、高污染、低质量、低产出的粗放型发展模式不仅使我国长期陷入低附加值环节,并引致了严重的环境污染和生态破坏问题,制造业发展方式转变迫在眉睫,推动绿色发展刻不容缓。环境的负外部性使得绿色发展单靠市场机制难以实现,政府环境规制成为必要,它通过从外部给企业施加成本压力倒逼其向绿色转型,因此是一种外在驱动机制。但要实现绿色发展单靠外在驱动是不够的,还需要以技术创新为主的内在驱动,通过技术创新为企业创造更多收益,弥补企业环境成本,从而实现环境质量改善和绩效提升的"双赢",即绿色发展。

本研究以实现制造业绿色发展为目标,在现有理论和文献分析的基础上,尝试对环境规制、技术创新与绿色发展之间的关系进行系统研究。首先,对我国环境规制政策体系、环境规制工具分类与演进过程进行回顾,对制造业环境污染情况、环境规制强度变化,技术创新投入产出情况进行大致描述。其次,基于2003—2015年我国27个制造行业的投入产出数据,采用SBM函数和GML生产率指数测算了绿色全要素生产率并以此衡量制造业绿色发展水平。最后,通过规范分析深入梳理环境规制、技术创新与制造业绿色发展之间的内在作用机理,并通过计量分析对三者之间的复杂关系进行实证检验。

在实证检验中,基于不同环境规制类型与行业竞争程度差异,一是采用系统GMM动态面板模型检验环境规制、技术创新对制造业绿色发展的直接影响效应,二是采用固定、随机效应模型以及误差修正自举法检验技术创新在环境规制和绿色发展之间的中介效应,三是采用 Hansen 门槛回归模型检验技术创新对环境规制与绿色发展之间的门槛效应。研究发现：

（1）环境规制对制造业绿色发展的影响会经历一个由阻碍到促进的 U 形转变，当前我国环境规制的影响仍处于阻碍阶段，说明环境规制实施强度还不够，未来需加大强度。

（2）分行业来看，环境规制对高竞争性行业的阻碍作用更大，但低竞争性行业对环境规制变化的容忍度更高，这意味着当环境规制强度持续提高时，低竞争性行业会比高竞争性行业更晚由阻碍效应转变为促进效应。因此，只有对低竞争性行业实施更为严格的环境规制才会促进绿色发展。

（3）从环境规制类型来看，我国环境规制政策的制定和实施主要表现为行政化特征，但当前行政命令型环境规制不利于制造业绿色发展，只有持续提升规制强度才可能扭转对绿色发展的不利影响；市场激励型环境规制有利于制造业绿色发展；行政命令型和市场激励型环境规制的影响效应均在高竞争性行业中更加显著。

（4）技术创新是驱动我国制造业绿色发展的重要力量，但技术创新主要驱动了低竞争性行业的绿色发展，对高竞争性行业绿色发展的驱动效应不显著。

（5）线性中介效应检验结果显示，在低竞争性行业中，相比分别采用行政命令型和市场激励型环境规制，综合使用这两类规制工具时技术创新的中介效应更显著；在高竞争性行业，只有市场激励型环境规制能够通过影响技术创新进而影响制造业绿色发展，行政命令型环境规制虽然能够影响技术创新，但却难以进一步驱动绿色发展。

（6）非线性中介检验结果显示，技术创新在环境规制（包括综合环境规制和行政命令型环境规制）与制造业绿色发展之间存在非线性中介效应，即随着规制强度增加，通过技术创新对绿色发展的影响呈 U 形趋势。

（7）门槛检验结果显示，技术创新在环境规制（包括综合环境规制和行政命令型环境规制）与绿色发展之间存在门槛效应。当行业技术创新水平低于门槛值时,提升规制强度不利于绿色发展;当行业技术创新水平高于门槛值时,提升规制强度会扭转对绿色发展的阻碍作用,转为促进作用。对于市场激励型环境规制,技术创新只在低竞争性行业中存在门槛效应,即增强了市场激励型环境规制对绿色发展的促进作用。

与现有研究相比,本研究创新之处主要体现在三个方面:

(1) 研究视角的创新。将环境规制、技术创新和绿色发展问题整合在统一框架下进行分析,相比分别单独考察环境规制与技术创新、环境规制与绿色发展具有一定的创新性。

(2) 研究内容的创新。一是考虑行业竞争程度差异,比较分析环境规制、技术创新对绿色发展影响的行业差异,为更有针对性地推动不同行业的绿色发展提供依据;二是比较分析行政命令型和市场激励型环境规制的规制效果,并探讨综合使用这两类工具的规制效果,为政府合理制定环境政策、最大限度发挥环境规制的激励效果提供依据。

(3) 研究方法的创新。不仅考察了技术创新在环境规制与绿色发展之间的中介效应,还考察了技术创新的门槛效应;不仅考察了线性中介效应,还考察了非线性中介效应,丰富并拓展了关于环境规制、技术创新与绿色发展研究的理论成果。

作 者

2023 年 2 月

目　录

1 绪论 …………………………………………………………… 1
　1.1 研究背景与研究意义 …………………………………… 1
　1.2 相关概念界定 …………………………………………… 4
　1.3 研究思路、研究内容和研究方法 ……………………… 8
　1.4 本研究的创新之处 ……………………………………… 12

2 文献综述 ……………………………………………………… 14
　2.1 国外文献综述 …………………………………………… 14
　2.2 国内文献综述 …………………………………………… 18
　2.3 文献述评 ………………………………………………… 24

3 我国环境规制政策演进与制造业环境规制实践 …………… 26
　3.1 我国环境规制政策体系的发展历程 …………………… 26
　3.2 我国环境规制政策工具分类与演进 …………………… 32
　3.3 我国制造业环境规制实践 ……………………………… 41

4 我国制造业技术创新状况与绿色发展水平测算 …………… 60
　4.1 我国制造业技术创新状况 ……………………………… 60
　4.2 我国制造业绿色发展水平测算与评价 ………………… 79

5 环境规制、技术创新与制造业绿色发展的作用机理 ……… 90
　5.1 理论依据 ………………………………………………… 90
　5.2 环境规制对绿色发展的作用机理 ……………………… 97
　5.3 技术创新对绿色发展的作用机理 ……………………… 100
　5.4 环境规制对技术创新的作用机理 ……………………… 103
　5.5 本章小结 ………………………………………………… 109

6 环境规制、技术创新对制造业绿色发展的直接影响效应 ……… 110
6.1 模型设定与估计方法 ……… 110
6.2 变量选取与数据说明 ……… 113
6.3 估计结果与经济解释 ……… 115
6.4 稳健性检验 ……… 123
6.5 本章小结 ……… 125

7 环境规制与制造业绿色发展中技术创新的中介效应 ……… 126
7.1 线性中介效应检验 ……… 126
7.2 非线性中介效应检验 ……… 140
7.3 本章小结 ……… 147

8 环境规制与制造业绿色发展中技术创新的门槛效应 ……… 148
8.1 模型设定与估计方法 ……… 148
8.2 变量选取与数据说明 ……… 149
8.3 平稳性检验 ……… 150
8.4 估计结果与经济解释 ……… 151
8.5 本章小结 ……… 157

9 研究结论、政策建议与研究展望 ……… 158
9.1 研究结论 ……… 158
9.2 政策建议 ……… 162
9.3 研究展望 ……… 167

参考文献 ……… 169

1 绪 论

1.1 研究背景与研究意义

1.1.1 研究背景

制造业是国民经济的主体,是立国之本、强国之基。新中国成立以来,特别是改革开放至今,随着经济全球化深入发展和工业化进程不断加快,我国制造业在发展规模上取得了显著成绩,自 2010 年超越美国至今一直保持世界第一地位。然而从发展质量上看,我国制造业大而不强,主要以"世界代工厂"模式生存,技术创新能力普遍薄弱,在世界价值链分工体系中一直处于低端环节,造成了严重的资源消耗、环境污染及生态破坏问题。据统计,近年来我国工业排放的二氧化硫、氮氧化物和粉尘分别占排放总量的 90%、70% 和 85% 以上[①],其中制造业的污染排放贡献了主要部分,高能耗、高污染、高排放却又低效益的粗放发展方式不仅影响经济的可持续发展,而且加剧了经济发展与生态环境之间的矛盾,我国制造业发展方式转变迫在眉睫,推动绿色发展刻不容缓。

我国高度重视生态文明建设和绿色发展,20 世纪 80 年代初就把保护环境作为基本国策,进入新世纪又把节约资源作为基本国策。党的十八大以来不仅把"生态文明建设"提升到"五位一体"总布局的高度,还提出了"创新、协调、绿色、开放、共享"的五大发展理念。党的十九大更进一步把"坚持人与自然和谐共生"作为新时代坚持和发展中国特色社会主义的基本方略之一,并强调树立和践行绿水青山就是金山银山的理念,坚持节约资源和保护环境的基本国策。在推动制造业绿色发展方面,《中国制造 2025》作为我国实施制造强国战略第一个十年的行动纲领,强调坚持把可持续发展作为建设制造强国的重要着力点,

---

① 根据《中国环境统计年鉴》和《中国工业经济统计年鉴》相关数据计算。

走生态文明的发展道路,同时把"绿色制造工程"作为重点实施的五大工程之一,提出要全面推行绿色制造,加大先进节能环保技术、工艺和装备的研发力度,提高制造业资源利用效率,强化产品全生命周期绿色管理,努力构建高效、清洁、低碳、循环的绿色制造体系。为落实《中国制造2025》战略部署,工业和信息化部于2016年颁布的《工业绿色发展规划(2016—2020年)》也对制造业绿色发展提出了具体目标:到2020年,传统制造业物耗、能耗、水耗、污染物和碳排放强度显著下降,重点行业主要污染物排放强度下降20%,工业固体废物综合利用率达到73%,部分重化工业资源消耗和排放达到峰值,绿色制造体系初步建立;到2025年,制造业绿色发展和主要产品单耗达到世界先进水平,绿色制造体系基本建立。推进绿色制造,即要加快构建科技含量高、资源消耗低、环境污染少的产业结构和生产方式,培育发展新动能,实现绿色发展。由此可见,制造业绿色发展对破解我国资源环境约束,推进制造业转型升级并向中高端迈进,提升绿色国际竞争力,实现高质量发展具有重要意义。

1.1.2 问题提出

实现制造业绿色发展,意味着制造业在发展过程中要将环境保护与经济效益协同起来,将生态环境保护纳入发展的范畴中来。然而,在实践中,生态环境保护单靠企业的自觉性难以实现。在经济学理论中,环境是典型的具有负外部性的公共物品,环境的负外部性对价格规律和市场机制形成扭曲和冲击,导致市场机制下环境资源配置的低效率,即"市场失灵"。在市场这只"看不见的手"失灵的情况下,必须依靠政府这只"看得见的手"即通过政府环境规制来干预企业的生产活动,克服环境污染的负外部性进而保护环境。当前,我国资源环境承载能力已接近上限,必须实行最严格的环境规制政策以防止生态环境继续恶化。同时,环境规制必然会增加企业的生产成本,这就可能造成企业盈利空间被压缩,进而削弱企业竞争力。不过,以哈佛大学著名战略管理学家迈克尔·波特教授为主的学派却认为环境规制是从外部给企业施加一个成本压力,当压力到达一定程度时就会倒逼企业向绿色转型,这实际上是一种以政府强制力为主的外在驱动。但是,要实现绿色发展,仅靠外在驱动力是不够的,因为这样不仅会加大政府的财政负担,滋生腐败,而且是不可持续的。要想真正实现绿色发展,更需要以技术创新为主的内在驱动。党的十九大报告指出"创新是引领发展的第一动力",同时也是引领绿色发展的第一动力。对于制造业来说,在当前劳动力、资本、土地、资源、能源、环境的低成本优势逐渐消失的情况下,要实现绿色发展,发展动力必须由要素驱动向创新驱动转变。通过技术创新为企业创造更多收益,可以弥补企业遵循环境规制的成本,从而实现环境质量改善和企业竞争力提升的"双赢"。可以说,环境规制是政府解决环境污染问题的外部政策,技术创新是引领制造业绿色转型的内在动力,只有通过内外双重驱动才能真正实现制造业的绿色发展。那么,环境规制、技术创新是如何驱动制造业绿色发展的?环境规制和技术创新之间是否存在互动驱动机制?

现阶段,我国环境规制手段主要以行政命令型和市场激励型为主,行政命令型环境规制是指政府根据相关法律、法规和环境标准等,以行政命令的形式对企业生产行为进行干预,禁止或限制某些污染物的排放,并对违法违规行为给予严重处罚,最终实现环境改善;市场激励型环境规制是指政府依靠市场竞争和价格机制对污染排放定价,使环境的负外部性成本内部化,以此激励企业减少污染排放、加强环境治理。那么,这两类不同规制工具对制造业绿色发展的影响是否存在差异?选择哪一种环境规制工具才是实现绿色发展的最理想方式?

此外,值得注意的是,中国制造业各行业之间存在差异性,例如行业竞争程度高低不同,可能导致环境规制、技术创新对绿色发展的影响差异。一般情况下,竞争程度低的行业市场集中度高,大企业相对集中,在规模、技术和人才等方面具有历史积累,且具有较强的社会责任和环保意识,因而具有更强的激励(或约束)开展技术创新和环境治理;但行业竞争程度较低时,企业往往具有较强的市场势力,与地方政府的谈判能力较强,可能导致企业环境治理的约束软化。相反,竞争程度高的行业市场集中度低,竞争参与主体较多,以中小企业为主,这些企业的发展往往存在着较大的资源、资金和技术约束,导致环境治理和技术创新的积极性并不高;但较强的竞争压力也会在一定程度上倒逼企业优化资源配置,转变生产方式,提高生产效率。若考虑行业异质性,环境规制、技术创新与绿色发展之间的影响结果究竟有何差异?本研究通过解析环境规制、技术创新与制造业绿色发展三者之间的复杂关系来对上述问题进行系统研究。

1.1.3 研究意义

1.1.3.1 理论意义

第一,本研究在对相关理论和国内外文献梳理的基础上,通过规范和实证研究深入探讨了环境规制、技术创新与制造业绿色发展之间的作用机理和影响效应。本研究丰富并拓展了国内外关于环境规制、技术创新与绿色发展研究的维度和深度,为相关领域的进一步研究提供新的学术思想。

第二,本研究通过构建多种计量经济学模型验证了环境规制、技术创新与绿色发展三者之间的不同影响效应,首先构建动态面板模型考察了环境规制、技术创新对制造业绿色发展的直接影响效应,其次构建中介效应模型考察了环境规制如何影响技术创新进而影响制造业绿色发展的间接效应,最后构建门槛模型考察了技术创新水平对环境规制影响制造业绿色发展的门槛效应,有助于全面认识环境规制、技术创新与绿色发展三者之间的内在逻辑关系,为政府推动制造业绿色发展提供了重要的理论支撑。

1.1.3.2 实践意义

第一,环境规制对制造业技术创新和绿色发展的影响受到环境规制类型、规制手段、规制强度等多种因素制约。本研究实证考察了不同环境规制类型对制造业技术创新和绿色发展影响的长短期效应和强度效应,为政府合理制定环境规制政策,最大限度发挥环境规制的激励效果提供了决策依据和政策建议。

第二,制造业行业之间的竞争程度差异导致环境规制、技术创新对绿色发展的影响存在行业异质性。本研究分行业实证考察了行政命令型、市场激励型环境规制以及综合使用这两类规制工具与技术创新对制造业绿色发展的影响差异,并在此基础上针对不同行业提出了促进绿色发展的具体建议,为政府部门决策提供现实依据。

1.2 相关概念界定

1.2.1 环境规制

在对环境规制进行定义之前,首先必须明确什么是规制。规制源于英文"Regulation",中文译为"规制""管制"或"监管",意思是通过法律、规章制度等手段来对微观主体进行约束。20世纪70年代,美国经济学家卡恩(Kahn)出版的《规制经济学:原理与制度》标志着规制经济学作为一门学科的诞生,卡恩认为"规制作为一种基本的制度安排,实质是政府命令对竞争的取代,以维护良好的经济绩效"。1982年,斯蒂格勒(Stigler)将规制定义为满足利益集团要求而设计和实施的强制权。日本经济学家植草益(1992)将规制定义为:按照一定规则对构成特定社会的个人和经济主体的活动进行限制的行为。学术界对规制的定义主要包括三个方面的内容,分别是规制主体、规制客体和规制手段。规制主体是指政府;规制客体是指微观主体(通常指企业);规制手段是指政府制定的各种法律规章制度等。规制分为经济性规制和社会性规制。经济性规制强调政府在约束企业定价、进入与退出等方面的作用,目的是防止资源配置低效和确保服务供给的公平性。社会性规制是指政府为控制负外部性或可能影响人身安全健康的各种风险而采取的措施。

环境规制是社会性规制的一项重要内容,对环境规制内涵的理解是一个不断发展的过程。早期,环境规制被看作政府为防治污染排放、控制资源开放利用、保护生态环境而对市场经济活动进行直接干预的行为,主要是指行政命令型环境规制,包括禁令、环境标准、排污许可证等。随着市场经济的发展,政府逐渐开始重视采用经济手段,强调发挥市场机制作用对资源开发利用和环境污染进行直接或间接的干预,这一手段被称为市场激励型环境规制,包括排污费、环境税、排污权交易等。20世纪90年代以来,随着公众环保意识逐渐增强,社会公众通过非正式规制手段对环境污染进行披露,目的是通过一种无形的方式给排污企业带来巨大的压力,而这种无形压力被称为自愿参与型环境规制,自愿参与型环境规制充实了环境规制的政策工具选择,如环境认证、环境听证与公共参与等。卡图里亚(Kathuria)和斯特纳(Sterner)(2006)指出,随着信息不对称理论的日益完善,除行政命令控制型和市场激励型等正式环境规制手段之外,自愿参与型这一非正式的环境规制手段也能够对企业的污染行为施加影响。

从环境规制的基本要素角度出发,赵玉民等(2009)的研究认为环境规制包括主体、对象、目标、手段和性质五个维度。环境规制是指社会公共机构,即在原先政府主体的基础上,增加了企业、公众、协会、社会团体等主体形式;环境规制的对象主要是指消费者和企业;环境规制的目的是将环境外部成本转化为企业和消费者的内部成本,使他们将自身行为调整至社会最优组合,以实现环境保护和经济发展的相互协调;环境规制的手段主要包括行政命令型环境规制、市场激励型环境规制和自愿参与型环境规制;环境规制的性质是指环境规制应是社会性规制和经济性规制的结合体。

综合上述研究,本研究将环境规制定义为一种纠正环境负外部性的制度安排,由社会公共机构(政府、企业、社会公众等)对企业和消费者的经济行为实施直接或间接的干预,目的是使环境成本内部化,实现经济效益和环境效益的"双赢"。

1.2.2 技术创新

国外对创新的研究起源于20世纪初期,经济学家熊彼特(Schumpeter)于1912年在《经济发展理论》中首次提出"创新理论",他认为创新就是建立一种新的生产函数,也就是说,把一种从来没有过的关于生产要素和生产条件的"新组合"引入生产体系。1951年,索洛(Solow)从过程视角解释熊彼特的创新理论,他提出技术创新的实现需要经历两个阶段,即"新思想的来源、后续阶段的实现与发展"的"两步论"观点,该观点对于技术创新概念的研究具有重要意义。Enos(1962)从技术创新的过程指出,技术创新"包括发明选择、资本要素投入、组织机构建立、人员配备、计划制定和市场开拓等综合行为结果"。1973年,弗里曼(Freeman)将技术创新定义为"技术、工艺和商业化的全过程,可以增加新产品的市场供给,促进新技术工艺与装备的商业化应用";此后Freeman(1982)进一步明确技术创新的概念,将其归纳为"新产品、新过程和新服务的首次商业化"。Utterback(1975)认为技术创新与发明、专利、原型等截然不同,它是指某项技术的初次应用,按照产生的先后次序,技术创新可分为新创意的产生、技术的开发、商业价值的实现等三个阶段。Mueser(1985)将技术创新定义为"一系列构思新颖与成功实现的非连续事件"。

国内对技术创新的研究起步相对较晚。项保华等(1989)将技术创新定义为一种新思想的形成到生产生出满足市场需求的产品与服务的整个过程,它不仅包括技术创新成果本身,还包括成果的推广、扩散和应用过程。傅家骥等(1992)认为技术创新是企业家为抓住潜在市场机会,通过对生产要素、生产条件的重新组织,以建立一个效率更高、效能更强、费用更低的生产运营体系,具体包括开发新产品、采纳新工艺、开辟新市场、获取新原材料等囊括科技、组织、商业及金融等一系列活动的综合过程。柳卸林(1997)认为技术创新是与新产品的制造、新工艺过程或设备的首次商业应用有关的技术的、设计的、制造及商业的活动。吴贵生等(2000)认为技术创新是指发明或研发成果的首次商业化应用,包括引入新产品、新工艺、新设备、新材料、新技术组合、新管理方法等,是将科研成果转化为现实生产力,实现新技术与经济协同的关键一步。雷家骕等(2012)在总结国内外研究的基础上提出技术创新需要付出努力才能实现效果,并从技术创新源、对象、新颖性等方面对技术创新进行了分类。

综合上述研究,本研究将技术创新定义为企业通过引入新知识、新技术、新工艺、新设备、新生产方式等进行生产要素和生产条件的重新组合,包括研发投入、中间试验、产业化以及商业化应用的整个过程。

1.2.3 绿色发展

对绿色发展的认识是一个历史演进的过程,其基本思想可以追溯至 20 世纪 80 年代末。1989 年,英国环境经济学家皮尔斯(Pierce)在《绿色经济蓝图》中首次提出了"绿色经济"的概念,强调通过对资源环境产品和服务进行适当的估价,实现经济发展和环境保护的统一,从而实现可持续发展。2005 年,联合国亚太经济与社会委员会(UNESCAP)在第五届亚太环境与发展问题部长级会议上通过的《绿色增长首尔倡议》中,首次提出"绿色增长"概念,将其定义为环境可持续增长。2009 年,联合国经济合作与发展组织(OECD)发布绿色增长的战略宣言,指出在防止代价高昂的气候变化、环境破坏、生物多样性丧失、自然资源使用的非可持续性同时,追求经济增长和发展。全球绿色增长研究所(GGGI)提出绿色增长就是在经济增长与发展的同时,减少碳排放,增加可持续性,增强气候的适应能力。2012 年,世界银行(WB)发布报告《包容性的绿色增长:可持续发展之路》,对绿色增长的内涵做了进一步深化,即追求一种高效地、清洁地、包容性地使用自然资源的经济增长方式。

"绿色增长"这一概念与中国当前环境与发展战略转型的理念不谋而合,因此快速得到政府部门、学术界甚至产业界的广泛引用,并用更具有中国色彩、更易被国人理解和接受的本土化语言——"绿色发展"来表示。党的十八大以来,以习近平同志为核心的党中央,深刻总结人类文明发展规律,推出一系列顶层设计与战略部署,推动中国绿色发展道路越走越宽广:党的十八大把"生态文明建设"提升到"五位一体"总布局的高度;党的十八届五中全会提出了"创新、协调、绿色、开放、共享"的五大发展理念;党的十九大报告更进一步把"坚持人与自然和谐共生"作为新时代坚持和发展中国特色社会主义的基本方略之一,并强调树立和践行绿水青山就是金山银山的理念,坚持节约资源和保护环境的基本国策,像对待生命一样对待生态环境;要统筹山水林田湖草系统治理,实行最严格的生态环境保护制度,形成绿色发展方式和生活方式。与此同时,国内学者对"绿色发展"的内涵展开了大量研究,但目前还没有形成统一的定义。侯伟丽(2004)认为,绿色发展是在资源环境承载能力的基础上,依靠科技来提高生产效率,使经济发展方式逐渐向低消耗、低能耗转变。胡鞍钢(2005)认为绿色发展这一概念强调经济发展与环境保护的统一协调,是以人为本的可持续发展之路。杨多贵(2006)认为,绿色发展是通过科技进步和绿色改革实现可持续的发展。马洪波(2011)认为,绿色发展是包括循环经济、绿色经济、低碳经济与可持续发展四者的综合体。王玲玲等(2012)从环境、经济、政治、文化四个子系统的关系角度揭示了绿色发展的内涵。同年,世界银行和国务院发展研究中心联合课题组将绿色发展定义为摆脱了对资源使用、环境破坏和碳排放的过度依赖,通过绿色技术、绿色投资、绿色产品的市场创造,以及改变环保和消费行为,从而实现的经济增长。胡鞍钢(2014)对绿色发展进行了功能、机制、发展战略的分析,他认为绿色发展的实质就是对可持续发展的延续和补充。庄友刚(2016)提出绿色发展理念是社会主义建设的根本要求而非本质规定,核心是从符合生态需要的方式改造外部自然,根本立足点在于推动生产力发展。

综合上述研究,本研究将绿色发展定义为在生态环境容量和资源承载力的约束条件下,以人与自然和谐为价值取向,以绿色低碳循环为主要原则,以生态文明建设为基本抓手,以科技进步为内在驱动的经济增长和社会发展方式。

1.3 研究思路、研究内容和研究方法

1.3.1 研究思路

本研究立足于如何完善环境规制、技术创新的政策体系,以实现制造业绿色发展目标,将环境规制、技术创新与绿色发展三者纳入统一框架,系统分析三者之间的复杂关系。具体的研究思路为:① 问题提出和文献梳理,在总结、归纳国内外学者研究的基础上,提出本研究研究主题。② 现状分析,对我国环境规制政策体系和政策类型演变进行了历史性回顾,对制造业环境污染情况和环境规制强度变化、技术创新投入产出情况进行统计学描述分析,对制造业绿色发展水平进行测算,目的是对我国制造业环境规制、技术创新与绿色发展的基本情况有个总体把握。③ 作用机理分析,采用规范分析方法深入分析环境规制与技术创新、技术创新与绿色发展、环境规制与绿色发展之间的作用机理,为后续实证研究奠定良好的理论基础。④ 实证分析,通过构建经济计量模型,选取合适的变量指标和研究方法,就环境规制、技术创新分别对绿色发展的直接影响效应、技术创新在环境规制影响绿色发展过程中的中介效应和门槛效应进行实证检验。⑤ 政策建议,根据实证检验结果,基于行业异质性,就如何提升我国制造业绿色发展水平提出政策建议,供政府相关部门、行业和企业决策时参考。

本研究逻辑结构框架如图 1-1 所示。

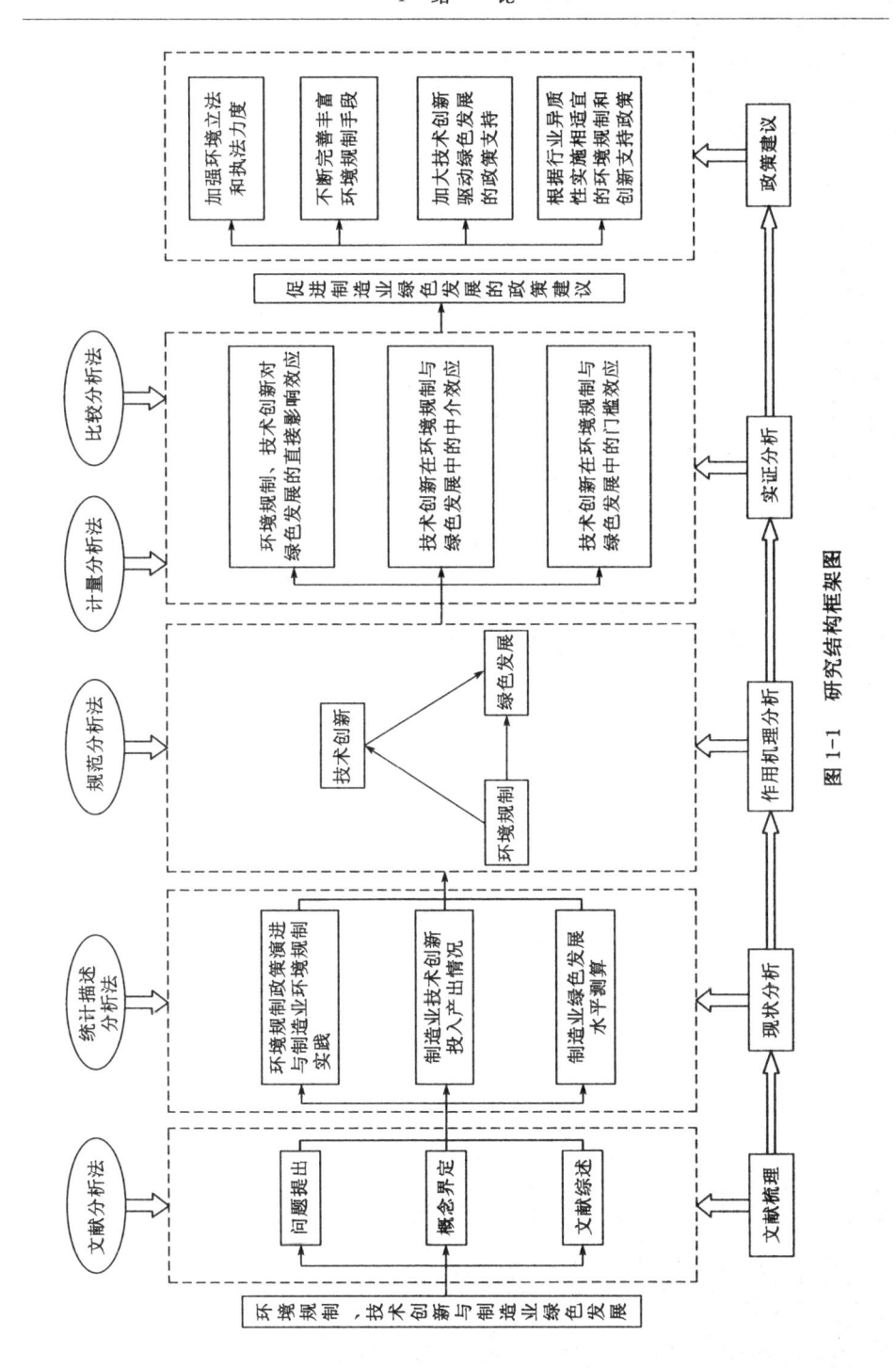

1 绪 论

图 1-1 研究结构框架图

1.3.2 研究内容

本研究共分为9章,第1章为绪论,第2章为文献综述,第3、4章为制造业环境规制、技术创新与绿色发展的现状分析,第5章为三者之间的作用机理分析,第6、7、8章为三者之间的实证分析,第9章为研究结论、政策建议与研究展望。具体章节的内容安排如下:

第1章为绪论。这部分首先阐述了本研究的研究背景和研究意义;其次对相关概念进行了界定,提出了研究思路和研究内容,并简单介绍了研究方法;最后提出了本研究可能的创新之处。

第2章为文献综述。这部分对环境规制、技术创新与绿色发展的国内外文献进行了系统梳理、总结和归纳,并对已有文献进行了评述,在此基础上提出了本研究的研究视角,为后续的规范分析与实证研究提供了较充实的文献基础。

第3章为我国环境规制政策演进与制造业环境规制实践。这部分首先回顾了自新中国成立以来我国环境规制政策体系的发展历程;其次阐述了我国环境规制政策工具的分类与演进;最后选择制造业代表性行业,分析了我国十多年来制造业污染情况和环境规制强度变化。

第4章为我国制造业技术创新状况与绿色发展水平测算。这部分以我国规模以上制造企业的若干数据为样本,首先从创新投入和创新产出两个角度分析了我国制造业技术创新的整体情况和行业差异;其次测算了我国制造业绿色全要素生产率,以此作为绿色发展的衡量指标,分析了近十多年来我国制造业整体绿色发展水平变化和行业差异。

第5章分析环境规制、技术创新与制造业绿色发展的作用机理。这部分首先对相关理论进行梳理,提出本研究的理论依据,在此基础上分别探讨了环境规制对绿色发展的作用机理、技术创新对绿色发展的作用机理以及环境规制对技术创新的作用机理,旨在从理论上全面认识环境规制、技术创新与制造业绿色发展之间的复杂关系。

第6章分析环境规制、技术创新对制造业绿色发展的直接影响效应。这部分首先构建了包括环境规制、技术创新和绿色发展的动态面板模型,选择了合适的实证研究方法;其次对模型涉及的变量进行定义和衡量,并简单描述其统计特征;最后对模型估计结果进行经济解释。

第7章分析技术创新在环境规制影响制造业绿色发展过程中的中介效应,目的是检验环境规制如何影响技术创新进而影响制造业绿色发展。由于第6

章分别探讨了环境规制对制造业绿色发展的线性影响和非线性影响,说明技术创新在环境规制影响制造业绿色发展过程中可能存在线性中介效应和非线性中介效应,因此这部分以技术创新为中介变量,分别构建了线性中介模型和非线性中介模型,选择合适的变量指标和研究方法对模型进行检验,并对检验结果进行了解释。

第 8 章分析技术创新在环境规制影响制造业绿色发展过程中的门槛效应,即技术创新水平高低会影响制造企业应对环境规制的方式,进而影响制造业绿色发展。这部分以技术创新为门槛变量,以环境规制为核心解释变量,以制造业绿色发展为被解释变量,构建了门槛面板回归模型,选择合适的变量指标和研究方法对门槛模型进行了回归,并对回归结果进行了经济解释。

第 9 章为研究结论、研究建议与研究展望。这部分主要对上述几章的研究结论进行了归纳与总结;在此基础上,从完善环境规制政策和创新支持政策两个角度,对推进我国制造业绿色发展提出了针对性政策建议;并指出了本研究的不足之处,对未来进一步开展相关研究进行了展望。

1.3.3 研究方法

(1) 文献分析法。充分利用图书资料、电子文献检索系统和网络资源,搜集国内外与环境规制、技术创新和绿色发展相关的文献资料并做了细致深入的解读,总结、归纳出本研究的理论体系和结构,为开展研究奠定理论基础。

(2) 规范分析法。在现有理论和文献分析的基础上,通过规范分析,对环境规制、技术创新和绿色发展的概念进行界定,总结归纳我国环境规制政策体系、环境规制工具分类及演进过程,深入梳理环境规制、技术创新与制造业绿色发展之间的内在作用机理,最后从完善环境政策、创新支持政策入手为促进我国制造业绿色发展提出针对性的政策建议。

(3) 描述统计分析法。以我国制造业 27 个细分行业规模以上工业企业的若干数据为研究样本,对制造业污染情况、环境规制强度变化、技术创新投入产出情况进行了统计学描述分析。

(4) 计量模型分析法。综合运用 Stata、Mplus、MaxDea 等统计分析软件进行如下计量分析:采用非径向、非角度的方向性距离函数 SBM 模型,并结合 GML 生产率指数法测算制造业绿色全要素生产率,以此衡量绿色发展水平;采用系统 GMM 动态面板模型验证环境规制、技术创新对制造业绿色发展的直接影响效应;采用固定、随机效应模型以及误差修正自举法验证技术创新在环境规制和制造业绿色发展中的线性中介效应和非线性中介效应;采用 Hansen 门槛回归模型检验技术创新对环境规制影响制造业绿色发展的门槛效应。

(5) 比较分析方法。本研究将制造业 27 个细分行业分为高竞争性行业和低竞争性行业两类，在全行业、分行业样本下对比分析了环境规制、技术创新对制造业绿色发展的影响差异。在考察环境规制的影响时，又对比分析了行政命令型环境规制、市场激励型环境规制与综合使用两种环境规制工具的规制效果，以此揭示不同环境规制政策对制造业技术创新和绿色发展的影响差异性。

1.4　本研究的创新之处

(1) 研究视角的创新。现有研究要么关注环境规制与技术创新，要么关注环境规制与绿色发展，将环境规制、技术创新与绿色发展三者进行整合的研究较少。本研究在统一的框架下深入分析环境规制、技术创新与绿色发展三者之间的相互影响过程，相比分别单独考察环境规制与技术创新、环境规制与绿色发展具有一定的创新性，同时在一定程度上也能解决因分别考察而导致的内生性问题。

(2) 研究内容的创新。一是现有研究在考察环境规制、技术创新对制造业绿色发展影响的行业异质性时，主要关注行业之间的污染程度差异、要素密集程度差异等，较少关注行业竞争程度差异，而本研究将制造业划分为高竞争性行业和低竞争性行业两类，分行业比较环境规制、技术创新对绿色发展的影响差异，研究结论为更有针对性地推动不同行业的绿色发展提供现实依据。二是现有研究在考察环境规制、技术创新对绿色发展的影响时，大多将环境规制看作一个整体，较少将环境规制进一步细分。当前我国环境规制手段主要以行政命令型和市场激励型为主，本研究不仅对比分析了行政命令型环境规制、市场激励型环境规制的规制效果，还探讨了综合使用这两种规制工具的规制效果，研究结论为政府合理制定环境规制政策、最大限度发挥环境规制的激励效果提供现实依据。

(3) 研究方法的创新。一是现有研究在考察技术创新在环境规制与绿色发展之间的作用时，主要关注技术创新的中介效应，忽视了行业技术创新水平高低会影响环境规制对绿色发展的门槛效应。本研究第 8 章将技术创新作为门槛变量，将环境规制作为核心解释变量，通过构建影响制造业绿色发展的门槛面板模型考察技术创新的门槛效应，具有一定的创新性。二是现有研究在考察技术创新在环境规制与绿色发展之间的中介效应时,主要关注线性中介效应,但是环境规制对绿色发展可能存在非线性影响,这说明技术创新在环境规制与绿色发展之间可能存在非线性中介效应,本研究第 7 章通过构建非线性中介模型对此进行验证,具有一定的创新性。

2 文献综述

2.1 国外文献综述

2.1.1 传统观点:环境规制导致绩效(生产率)下降

新古典经济学传统主义的相关研究,主要围绕美国20世纪70—80年代出现的生产率下降是否与当时实施的环境规制政策有关展开研究。美国在20世纪70年代初的国民生产总值(GDP)增长率为3.7%,而1973—1985年的GDP增长率下降了1.2%。这一时期除了石油价格上涨外,美国还实施了严格的环境规制政策,人们认为这一时期生产力的下降可能与环境规制政策实施有着直接关系,因此围绕环境规制对美国经济增长和产业生产率的影响的研究就此展开。Haveman等(1981)利用1958—1977年美国制造业数据发现,因美国实施了较为严格的环境规制导致其劳动生产率的增长呈下降趋势。丹尼森(Denison)同年的研究进一步发现美国16%的生产率下降可归因于环境规制政策的实施。Gollop等(1983)以1973—1979年56家电力企业为研究对象,发现美国二氧化硫排放限制造成电力产业生产率增长下降0.59%。Barbara等(1990)考察了环境规制对1960—1980年美国化工、钢铁、有色金属、非金属矿物制品以及造纸等全要素生产率的影响,发现这些产业10%~30%的生产率下降可归于环境规制。Jorgenson等(1990)对美国1973—1985年间环境规制对经济增长的影响进行实证分析,结果表明,环境规制导致GNP水平下降2.59%,尤其在化工、石油、黑色金属以及纸浆和造纸产业,环境规制对经济绩效的影响较大。Gray等(1994)的研究利用1979—1990年101家纸浆与造纸企业、101家石油提炼企业和51家炼钢企业的数据,对不同类型的环境规制工具与全要素生产率之间的关系进行了考察,研究发现,污染治理投资、执法力度、遵守标准及排放强度并未给企业带来足以弥补亏损成本的收益,却会造成这三类行业的生产力下降。1995年,布拉兰德和法尔(Brannlund & Färe)以纸浆与造纸企业为样本,研究发现环境规制导致了企业的利润损失。Levinsohn 等(2003)针对美国造纸业的数据研究发现,美国造纸业的污染控制成本很高,但生产率却一直较低,意味着严格的环境规制降低了美国造纸业的生产率。

2.1.2 波特假说:环境规制促进技术创新、提升绩效(生产率)

20 世纪 90 年代,新古典经济学传统主义观点受到了以波特为代表的经济学家的挑战。Poter(1995)通过对 3M 等公司的大量案例研究发现,推行污染防治方案不仅为公司省了 4.8 亿美元,而且减少了 50 万吨的肥料和污染,节约了 6.5 亿美元的能源使用费。波特指出,传统观点之所以认为环境规制会造成企业绩效和竞争力的下降,是从静态角度进行研究的;若从动态角度看,环境规制能够激励技术创新,促使企业合理配置生产资源,不断调整生产流程,采用新技术提高生产效率,从而产生"创新补偿效应",这样就可以补偿企业因遵循环境规制带来的成本增加,提升企业利润率,进而提高企业竞争力。这一理论又被称为"波特假说"。Jaffe 等(1997)将"波特假说"进一步分为强"波特假说"、弱"波特假说"和狭义"波特假说"。强"波特假说"是指环境规制可以提升企业绩效和竞争力;弱"波特假说"是指环境规制可以刺激企业技术创新,但并不一定会提升产业绩效和竞争力;狭义"波特假说"是指只有采取灵活的环境规制才能给予技术创新更大的激励,"软"规制比"硬"规制更有效。围绕强、弱和狭义"波特假说",学者们展开了广泛研究。

2.1.2.1 强"波特假说"的相关研究

Berman 等(2001)将 1982—1992 年洛杉矶地区石油冶炼业企业样本分为受空气质量规制和不受空气质量规制两组,两人研究发现,不受空气质量规制的企业,在样本期间的全要素生产率有所降低;而受空气质量规制的企业,在样本期间的全要素生产率有所提升。Ambcc 等(2002)通过对政府与企业的博弈分析发现,政府环境规制可以提升企业创新产出和利润。Mohr(2002)提出环境规制可以达到降低环境污染和提升生产率的双重目的。Murty 等(2003)通过 DEA 模型分析印度制糖业环境规制与企业绩效的关系,结果表明环境规制有利于提升印度制糖业的 DEA 效率。Domazlicky 等(2004)指出环境规制促进了美国 6 个化工产业年均生产率 2.4%~6.9%的增长。Ciocci 等(2006)指出环境规制不仅提高了美国、日本和欧盟电力企业的能源使用效率,也促进了产业绩效的提高。Chintrakarn(2008)对 1982—1994 年美国 48 个州的面板数据分析表明,环境规制对美国制造业生产率具有显著的正向效应。Greenstone (2012)的研究表明适当的环境规制会刺激企业技术创新,并通过"创新补偿效应"和"学习效应",促使全要素生产率的提升。

2.1.2.2 弱"波特假说"的相关研究

Palmer等(1995)的研究指出,随着污染税的提高,企业采纳排污技术的动机越来越强烈。Lanjouw等(1996)对美国、日本和德国20世纪七八十年代环境规制和环境技术专利的数据进行研究,结果发现环境技术专利的数量随着环境治理成本的增加而增加,但存在1~2年的滞后期,说明环境规制有利于企业环境技术创新。Brunnermeier等(2003)以1983—1992年美国146个制造业数据为研究样本考察环境规制与产业技术创新的关系,结果表明二者存在正相关关系。Carrion等(2006)以1989—2002年美国127个制造行业为研究样本,对企业污染排放量和环保型技术专利之间的关系进行检验,发现环境规制政策能激励被管制的美国企业创新。Popp(2006)以美国、日本和德国为研究对象指出,美国采用严格的二氧化硫标准后,专利数据不久后就显著增加;日本和德国采取严格的氮氧化物标准后,专利数据也在不久后显著增加。Carmen等(2010)通过对1989—2004年美国127个制造业的数据进行研究,发现环境规制对产业技术创新具有显著正影响,但技术创新却没能降低污染排放。Lee等(2011)的研究发现环境规制可以诱发美国汽车排放控制技术创新。Rubashkina等(2015)学者的研究也发现通过环境规制政策可诱发企业环境技术创新。

2.1.2.3 狭义"波特假说"的相关研究

Jung(1996)等考察了不同环境规制工具对技术创新的刺激效应,结果表明,排污拍卖配额对技术创新的激励最大,其次为排污水和补贴,最差为污染排放控制,其中排污拍卖配额、排污税和补贴都为较为灵活的经济规制手段,污染排放标准为行政规制手段。Jaffe(2002)、Requate(2005)和Jeroen(2011)的研究也发现相同线性,相比污染排放标准等行政规制手段,以补贴、排污权交易为主的经济手段更能激发技术创新行为。Brouhle等(2013)研究了自愿型环境规制对技术创新的影响,研究发现美国自愿型环境保护项目"气候智慧方案"实施一段时间后,企业环境专利数量呈增长趋势。Teng等(2014)认为从长期看,ISO 14001国际认证有利于提高台湾企业的技术创新水平和经营绩效。

2.1.2.4 强、弱"波特假说"结合的研究

目前将强"波特假说"和弱"波特假说"结合的研究较少。Lanoie等(2011)选取OECD中7个工业化国家的企业为研究对象,发现环境规制能够促进企业技术创新(弱"波特假说"),环境规制引发的技术创新有利于提升企业绩效(强

"波特假说"),但是环境规制对企业绩效的直接影响为负,这说明环境规制引发技术创新进而对企业绩效产生的促进作用要小于环境规制对企业绩效的直接阻碍作用,在一定程度上说明环境规制给企业增加的成本负担确实很大。Yang等(2012)对1997—2003年台湾产业层面的数据进行研究发现,环境规制对研发投入具有显著促进作用,且环境规制引发的研发投入有助于促进生产率的提高。Leeuwen等(2013)以荷兰产业数据为样本的研究只证实了弱"波特假说",没有证实强"波特假说"。

2.1.3 综合观点:环境规制对技术创新、绩效(生产率)的影响不确定

由于环境规制引发创新补偿效应的作用机制非常复杂,受到多种因素影响,导致创新补偿得到的收益不一定会抵消环境规制造成的成本增加,因此环境规制对产业绩效的影响并不确定(熊彼特,2001)。环境规制对产业绩效的影响与环境规制类型、规制手段、规制强度、企业创新类型等多种因素相关,且在不同行业和地区表现出差异性。一是环境规制的影响效应存在行业差异。1995年,康拉德和瓦斯特(Conrad & Wast)以德国10个重度污染产业为样本研究发现,环境规制抑制了一部分行业的全要素生产率,但对另一部分行业却没有显著影响,因此他认为环境规制对全要素生产率的影响存在行业差异。二是环境规制的影响效应存在区域差异。Alpay等(2002)认为环境规制对产业绩效的影响存在区域差异,环境规制促进了墨西哥食品加工业生产率的提升,但却对美国食品加工业的生产率影响不显著。三是环境规制的影响效应存在长短期差异。Lanoie等(2008)对加拿大魁北克省的制造业的研究发现,环境规制对全要素生产力的影响存在长短期差异,短期影响为负,长期影响为正,且这一影响效果在国际竞争非常激烈的行业中更为显著。Calel(2011)的研究与Brechet等(2014)研究均验证了这一观点。四是环境规制的影响效应与环境规制方式、技术创新类型有关。Sinclair-Desgagné(1999)的研究发现,环境规制对渐进性技术创新、突破性创新与降低风险创新等不同类型创新的影响存在差异。2009年,哈西奇(Hascic)等学者的研究指出,不同环境规制方式对不同技术创新方式具有差异性影响,如环境税等规制措施能够显著促进综合治污技术创新,污染排放标准等规制措施则对二次燃烧治污技术创新具有显著激励作用。Jefferson等(2013)通过对酸雨和二氧化硫两控区的研究发现,环境规制对生产率的影响与环境规制强度有关,更严格的环境规制有助于提高企业的生产率。

2.2 国内文献综述

2.2.1 环境规制与技术创新

关于环境规制与技术创新,国内研究相对起步较晚,主要围绕"波特假说"在我国的适用性而开展,大致分为三类观点:一是支持"波特假说",认为环境规制对技术创新具有促进作用;二是反对"波特假说",认为环境规制对技术创新具有抑制作用;三是认为环境规制对技术创新的影响较为复杂,结果不确定,多数文献都支持这一观点。

2.2.1.1 促进论——支持"波特假说"

黄德春等(2006)的研究指出,环境规制在增加企业费用的同时刺激了技术创新,从而可以部分或全部抵消增加的费用成本。赵红(2007)的研究发现,随着环境规制强度的提升,R&D 投入和专利授权数量在滞后 3 期时会显著增加,说明环境规制在中长期对技术创新有一定的促进作用。黄平等(2010)对造纸及纸制品企业研究发现,环境规制既能通过时期效应和强度效应促进企业技术创新,还能通过提供信息和博弈的规则,保护产权、有效配置创新资源等途径引导企业进行技术创新,此外环境规制和企业及促销两者之间具有棘轮效应。2014 年,廖中举和程华基于对 225 家浙江省制造型企业的调查发现,环境规制强度、灵活度对企业环境产品创新、环境工艺创新均具有显著的正向促进作用,且环境产品创新在环境政策灵活度对企业经济绩效的影响中起着完全中介作用。李阳等(2014)基于价值链视角,将技术创新细分为技术开发和技术转化两个阶段,对中国工业 37 个细分行业进行研究发现,环境规制对技术创新具有显著的长短期促进效应,环境规制对技术转化能力的长期促进效应大于技术开发能力,但促进效应的大小在不同行业中存在差异。谢乔昕(2018)的研究也发现,环境规制能够有效激励企业从事研发创新活动,不过激励强弱在不同企业和不同地区也存在差异性。

2.2.1.2 抑制论——反对"波特假说"

赵细康(2004)研究发现,环境规制导致企业生产成本增加,但却并不一定激发创新补偿效应,企业有可能通过提高产品价格将遵循环境规制的成本转嫁给消费者,反而抑制了市场需求,降低企业竞争力,最终不利于企业技术创新。同年,涂红星和肖序运用 2001—2010 年中国省际面板数据考察环境规制对我国自主创新的影响,结果表明现阶段我国环境规制不利于激发企业自主创新;从地区来看,环境规制对技术创新的副作用在中部地区表现不显著,在东部和西部地区表现显著,且在东部地区的副作用更为强烈。叶琴等(2018)学者分行业考察了命令控制型和市场激励型两类不同环境规制工具对中国节能减排技术创新的影响,结果表明,不论东部、中部还是西部地区,行政命令型环境规制对节能减排技术创新的影响不显著,市场激励型环境规制对节能减排技术创新具有负向影响,中部地区市场激励型规制的负向效应最强,东部地区次之,西部地区最弱,这与区域的能耗水平和市场经济活力相关。

2.2.1.3 不确定论

支持这一观点的学者认为环境规制对技术创新的影响受到环境规制类型、技术创新方式、行业或地区特点等多种因素制约,因此不能简单地认为环境规制促进技术创新或是阻碍技术创新,而要辨证看待。支持"不确定论"的学者的观点可以分为以下几个方面。

(1) 环境规制对技术创新具有非线性影响。蒋伏心等(2013)通过对2004—2011年江苏省制造业行业面板数据进行考察发现,环境规制对企业技术创新具有非线性影响,表现为先下降后上升的 U 形动态特征,当环境规制强度较低时抑制企业技术创新,而当环境规制强度超过 U 形曲线拐点后就会促进企业技术创新。

(2) 环境规制对技术创新的影响存在地区差异。张成等(2011)通过构建数理模型证明了环境规制与生产技术进步之间呈现 U 形关系,并通过实证检验发现环境规制与技术进步率的 U 形关系在东、中部地区显著,而在西部地区不显著。沈能等(2012)的研究发现环境规制对技术创新具有促进作用在我国较发达的东部地区得到了验证,却在较落后的中西部地区没有显现出来。

(3) 环境规制对技术创新的影响存在行业差异。杜威剑等(2016)考察了环境规制对企业产品创新的影响,发现两者之间呈现 U 形关系;进一步分行业观察拐点发现,重度污染行业比轻度污染行业的拐点值大,说明在重度污染行业的企业要跨域拐点需要更加严格的环境规制。刘伟等(2017)的研究同样发现,环境规制对工业行业技术创新的影响呈 U 形关系;而且分行业来看,污染密集行业的拐点比清洁行业出现得晚,说明需要对污染密集行业实施更加严格的环境规制。

(4) 不同环境规制类型的影响差异。许士春等(2012)比较了排污税、排污权拍卖和排污交易许可证三种环境规制措施对企业绿色技术创新的影响,结果表明排污税和排污权拍卖有利于企业绿色技术创新,如果政府不控制排污交易许可证数量,则该措施对创新的激励效果最弱;若政府控制排污交易许可证数量,则三种环境规制对企业绿色技术创新的激励无差异。李斌等(2013)通过理论和实证研究发现,相比命令控制型环境规制,市场激励型环境规制更有助于促进环境技术创新且更有助于减少污染排放。张平等(2016)探讨了费用型和投资型两类环境规制对技术创新的影响,费用型环境规制只增加了企业生产成本却不能激励企业技术创新,投资型环境规制能够降低企业技术创新的风险进而激励企业技术创新;对投资型环境规制进一步研究发现,城市环境基础设施建设投资对技术创新的促进作用最显著,"三同时"环保投资对技术创新的促进作用难以确定,工业污染源治理投资抑制了技术创新。

(5)环境规制对不同技术创新方式的影响。张峰等(2018)考察了环境规制对探索式创新和开发式创新的影响,研究表明环境规制可以激励企业探索式创新,但却难以激励企业开发式创新;且地方政府官员更替及官僚化作风会削弱环境规制对创新的激励。

(6)环境规制对技术创新的影响受到其他因素制约。沈能等(2012)利用我国1992—2009年地区面板数据进行研究发现,经济发展水平会影响环境规制对技术创新的影响,经济发展水平越高,环境规制对技术创新的促进作用越显著。林玲等(2018)研究了环境规制和知识产权保护对大气科技创新的影响,结果表明环境规制对大气科技创新的影响受知识产权保护的门槛制约,当知识产权保护力度较弱时,环境规制不利于大气科技创新,只有当知识产权保护力度达到一定程度后才会促进大气科技创新产生。

2.2.2 技术创新与绿色发展

围绕技术创新与绿色发展这一主题,国内学者主要从如下两个层面展开了系列研究。

2.2.2.1 强调技术创新在经济发展中的作用

洪银兴、何炼成、裴小革等经济学家均强调经济发展必须紧紧依靠创新驱动,还有许多学者围绕技术创新对生产率的影响展开了大量实证研究。吴延兵(2006)研究发现研发投入与生产率之间具有显著的正相关关系。吴延兵(2008)进一步研究发现自主研发、国外技术引进能够促进生产率提高,但国内技术引进却不能;他还进行了分区域研究,结果发现自主研发只对东、中部地区的生产率具有促进作用,国外技术引进只对西部地区的生产率具有促进作用,他指出各个地区技术发展水平和基础不同是造成这一差异的主要原因。李小平(2007)将中国32个工业行业的生产率增长进行分解,并在此基础上计算了自主 R&D、国内技术购买和国外技术引进的产出和生产率回报率,结果表明国外技术引进产出的生产率回报率较高,自主创新国内技术购买的生产率回报率较差。张诚等(2012)基于熊彼特创新理论框架的研究发现自主创新和技术引进是促进中国制造业全要素生产率进步的源动力。李静等(2013)学者考察了不同行业和地区研发投入对全要素生产率的影响,结果发现研发投入对全要素生产率的促进效应在高新技术行业和东部地区最显著。

2.2.2.2 强调技术创新对绿色发展驱动作用

自党的十八大把"生态文明建设"提升到"五位一体"总布局的高度,并提出"创新、协调、绿色、开放、共享"的五大发展理念以来,技术创新与绿色发展问题已成为国内学术研究的热点和我国推动经济转型的重点。对这一问题的研究主要从以下两个方面展开。

一是通过构建绿色发展水平的多维指标,考察技术创新对绿色发展的影响,并考虑了区域异质性影响。姚西龙等(2015)的研究构建了包含环境效率、经济效率及创新效率的绿色创新效率和工业经济转型效率模型,通过测算发现2009年后我国工业总体绿色创新转型效率有较大提升,其中绿色效率的贡献最大,其次是创新效率;分区域来看,中、东部地区的工业绿色创新转型效率提升明显,西部地区提升较慢。李巍等(2017)的研究构建了创新驱动低碳发展的理论假设模型,并将创新分解为创新能力、创新环境和创新产业结构3个要素,研究发现提高创新能力和优化创新产业结构均可以促进低碳发展,但创新环境对低碳发展没有显著影响;分区域来看,创新驱动低碳发展模式在落后地区更有效。袁宝龙(2018)的研究将技术创新分为实质性创新和策略性创新,并用经济绩效、环境绩效、能源绩效3个指标来衡量制造业绿色发展水平,研究发现实质性创新显著促进了经济绩效、抑制了环境绩效、对能源绩效影响不显著,而策略性创新对经济绩效、环境绩效和能源绩效均具有显著促进作用。

二是以绿色全要素生产率衡量绿色发展水平,分析了不同技术创新方式对绿色发展的影响差异,并考虑了行业异质性影响。万伦来等(2013)的研究采用SBM方向性距离函数的马尔奎斯特-伦伯格(Malmquist-Luenberger)指数模型测算了1999—2010年中国工业行业的绿色全要素生产率及其分解项,以此考察了自主创新、国内技术购买、国外技术引进三种技术创新方式对工业绿色全要素生产率的影响;研究发现,自主创新通过显著通过提升绿色技术效率推动绿色全要素生产率增长,国外技术引进通过促进绿色技术进步推动绿色全要素生产率增长,国内技术购买对绿色全要素生产率的促进效应相对较弱。张江雪等(2015)的研究采用SBM-DDF方法测算了2007—2011年中国36个行业的绿色全要素生产率用来表示工业绿色发展水平,并根据污染程度将工业行业分为高、中、低绿色行业三类,基于不同类型行业分析了自主创新、国内技术购买、国外技术引进对工业行业绿色发展水平的影响。其研究结果表明高、中绿色行业中,自主创新是推动工业绿色发展的最重要因素,国内技术购买次之、国外技术引进最后;低绿色行业中,自主创新是推动工业绿色发展的最重要因素,国外技术引进次之、国内技术购买最后。岳鸿飞等(2017)的研究采用同样方法测算了中国32个工业行业的绿色全要素生产率,并根据要素密集程度将工业行业划分为技术密集型、劳动密集型和资源密集型,基于行业异质性实证分析了自主创新、技术引进、政府研发支持三种创新方式对工业绿色转型的影响差异,结果表明,资源密集型工业行业中自主创新与政府研发支持是推动绿色转型主要驱动力,劳动密集型工业行业中技术引进是主要驱动力,技术密集型工业行业中自主创新是主要驱动力。

2.2.3 环境规制与绿色发展

关于环境规制与绿色发展,国内学者围绕"波特假说"在中国的验证展开了大量研究,主要分为三类观点:一是支持"波特假说",认为环境规制对绿色发展具有促进作用;二是反对"波特假说",认为环境规制对绿色发展具有抑制作用;三是认为环境规制对绿色发展的影响不确定,多数文献都支持这一观点。

2.2.3.1 促进论——支持"波特假说"

涂红星等(2013)对我国6大水污染密集型行业上市公司进行研究发现,环境规制促进了除电力热力生产和供应业外的6个行业的经济绩效,且在国有企业和中西部地区的促进作用更强。原毅军等(2015)测算了2000—2012年中国30个省份的工业绿色全要素生产率,并指出环境规制对绿色全要素生产率的提升具有显著正向影响,且严格的环境规制能够提高外资进入壁垒,进而对FDI起到"筛选"作用,两者互动有助于促进绿色全要素生产率提升。2016年,周晶淼等学者研究了环境规制的实施是如何影响导向性技术创新选择以实现绿色增长,他指出环境规制的实施能够促进资本分配转向绿色技术创新领域,且强度越大越有助于绿色资本利用,而进一步的绿色技术创新对绿色增长目标实现具有更有效的推动作用。陈诗一(2016)研究进一步发现,节能减排通过倒逼企业加大环保技术研发投入,通过完善市场机制让企业成为自愿减排主体,必将在长期实现环境治理与经济增长的双赢发展,但减排与转型的实现并非自发,必须执行严格的环境规制政策。张娟(2017)考察了资源型城市能否实现环境保护和经济增长的"双赢",研究发现环境规制能够促进资源型城市的经济增长,在这一影响过程中,科技行业人员数量增加起到了部分中介作用,这说明环境规制对经济增长的影响存在显著的创新补偿效应,"波特假说"在我国资源型城市得到验证。陈诗一等(2018)通过考察 2004—2013 年中国 286 个地级及以上城市 PM2.5 雾霾污染对经济发展质量的影响发现,雾霾污染显著降低了中国经济发展质量,且随时间推移雾霾污染的负面效应越来越显著,政府环境治理能够有效降低雾霾污染从而促进经济发展质量的提升。

2.2.3.2 抑制论——反对"波特假说"

许冬兰等(2009)采用非参数数据包络法中的径向效率测量方法测算了 1998—2005 年我国工业技术效率和生产率,并考察了我国东、中、西部地区环境规制对中国工业的技术效率和生产率的影响,结果表明环境规制有助于提高这三个地区的工业技术效率,但却造成了生产率的下降,且东部地区为应对环境规制所付出的成本代价最高。2013 年,雷明等学者采用动态 ML 指数测算了 1998—2011 年省际低碳经济全要素生产率,并进一步研究发现环境规制不利于低碳经济全要素生产率增长。

2.2.3.3 不确定论

支持不确定论这一观点的学者认为,环境规制对环境效益改善和经济发展的影响机制非常复杂,受到各种因素影响,且在不同行业和地区表现出差异性。学者的观点可以分为以下几个方面。

(1) 环境规制对绿色发展具有非线性影响。陈诗一(2010)的研究设计了一个基于方向性距离函数的动态行为分析模型对中国工业 2009—2049 年节能减排的损失和收益进行模拟分析,研究发现节能减排政策虽在短期内对经济增长造成一定损失,但这种损失会逐年降低,并将低于潜在产出增长,最终呈现逐年增长趋势。张各兴等(2011)的研究以我国 2003—2009 年 30 个省市区的发电行业的面板数据为样本,利用随机前沿生产函数测算了发电行业效率,并考察了环境规制等因素对发电行业效率的影响,结果表明两者呈现先抑制后促进的 U 形影响特征。李斌等(2013)测算了我国 36 个工业行业的绿色全要素生产率,并将绿色全要素生产率对工业经济增长的贡献率作为中国工业发展方式转变的衡量标准,指出环境规制可以促进绿色全要素生产率进而促进中国工业发展方式转变,但却存在二重门槛效应,环境规制只有在强度处于中间门槛区间时才能促进工业绿色发展方式转变。王杰等(2014)指出,环境规制对企业全要素生产率的影响呈倒 N 形,存在两个拐点。当环境规制强度小于第一个拐点时,企业环境成本较低难以激励技术创新,导致全要素生产率下降;当环境规制强度处于第 1~2 个拐点之间时可以激励企业技术创新,最终促进全要素生产率上升;但当环境规制强度超越第二个拐点时,企业则难以负担高昂的环境规制成本,将再次导致全要素生产率下降。

(2) 环境规制对绿色发展的影响存在行业差异。沈能(2012)利用面板线性回归发现环境规制对工业环境效率的影响存在行业异质性,清洁生产型行业中环境规制的影响在当期就显著,污染密集型行业中环境规制的影响存在滞后性;进一步的门槛非线性回归发现环境规制强度和环境效率之间存在倒 U 形关系,不同行业存在门槛值差异。李玲等(2012)的研究进一步将制造业细分为重度污染产业、中度污染产业和轻度污染产业,研究发现在重度污染产业中,当前环境规制强度能够促进绿色全要素生产率提高、技术创新和效率改进,中度污染产业和轻度污染行业中环境规制与绿色全要素生产率、技术创新和技术效率的关系呈 U 形。

(3) 环境规制对绿色发展的影响存在地区差异。李斌等(2017)的研究发现政府环境规制行为对中、西部地区循环经济绩效存在 U 形影响,对东地区循环经济绩效存在倒 U 形影响。

(4) 不同环境规制类型的影响差异。彭星等(2016)考察了不同类型环境规制对工业绿色转型的地区影响差异,结果表明在东部地区,市场型与自愿型环境规制能够促进工业绿色技术创新与绿色转型,但命令型环境规制的影响不显著;在中、西部地区,命令型环境规制对工业绿色技术创新与绿色转型具有负向影响,但市场型与自愿型环境规制的影响不显著。

2.3　文献述评

国内外学者从不同角度对环境规制、技术创新与绿色发展问题展开了大量研究,取得了丰富研究成果,为本研究提供了重要的文献基础。然而,现有研究并未形成一致结论,表明环境规制、技术创新与绿色发展问题之间的关系是复杂的,其结果需视具体情境而定。总结现有研究,尚存在以下几点不足。

(1) 从研究视角看,现有研究要么考察环境规制、技术创新对环境绩效的影响,要么考察环境规制、技术创新对经济绩效的影响,从环境绩效和经济绩效"双赢"角度的研究是近几年才有的,这个领域还有很大研究空间。

(2) 目前对环境规制、技术创新与绿色发展的研究大多是两两独立进行验证的,将三者综合起来纳入一个分析框架的研究不多,尤其是结合中国的研究较少。

（3）现有研究在考察环境规制、技术创新对绿色发展的行业异质性影响时，主要关注行业之间的污染程度差异、要素密集程度差异等，对行业内竞争程度差异造成的影响差异鲜有关注，更缺乏基于行业竞争程度差异，就不同规制类型和技术创新对制造业绿色发展的行业异质性考察。

基于上述不足，本研究尝试对环境规制、技术创新与制造业绿色发展三者之间的关系进行深入系统的研究：首先，本研究以实现制造业绿色发展为目标，通过测算绿色全要素生产率来衡量制造业绿色发展水平，将环境规制细分为行政命令型和市场激励型环境规制，并将环境规制、技术创新与制造业绿色发展三者纳入统一的框架下，通过规范研究深入分析三者之间复杂的影响机理。其次，在实证研究部分，本研究将制造业细分行业进一步分为低竞争性行业和高竞争性行业，基于行业异质性对"波特假说"在中国的存在性和适用性进行验证，一是比较环境规制、技术创新对制造业绿色发展的影响差异，二是分析环境规制如何通过影响技术创新进而影响制造业绿色发展，三是考察技术创新水平如何制约环境规制对制造业绿色发展的影响效应。最后，根据实证研究结果，就如何提升我国制造业绿色发展水平提出了有针对性的政策建议，供政府相关部门、行业和企业决策时参考。

3 我国环境规制政策演进与制造业环境规制实践

3.1 我国环境规制政策体系的发展历程

从1973年第一次全国环境保护会议确立的环保"32字方针"到党的十九大报告提出的"建设生态文明是中华民族永续发展的千年大计",中国环境保护事业经历了从无到有、从开始起步到全面提升的历史发展过程,环境保护管理机构经历了级别不断提升、职能不断强化的发展过程。为了更好地理解我国环境规制政策体系的发展历程,本研究将这一发展历程划分为起步构建、正式确立、快速发展、战略转型、全面提升5个阶段。在不同发展阶段,国家都出台并实施了一系列有关环境保护的政策措施,以下按照时间顺序具体阐述。

3.1.1 环境规制政策体系起步构建阶段(1949—1977年)

中华人民共和国成立之初至1978年改革开放前这一时期,中国还是一个传统的农业大国,工业发展才刚刚起步,国家对工业化进程可能会产生的环境问题重视程度不足,并没有设立专门的机构从事环境规制工作,主要由中央各部委兼管。1972年,我国参加了第一次人类环境会议后,逐渐意识到中国推进工业发展将会带来的环境问题,并成立了国家计委环境保护办公室。1974年,国家成立了国务院环境保护领导小组。随后,国家又逐渐成立了一些专门的环保机构,这些环保机构的主要职责是制定国家的环境保护方针、规划、政策和规章制度,组织协调并监察各地区、各部门的环境保护工作。这些机构在这一时期陆续颁布了一些有关环境保护的法律法规,其中最重要的是1973年召开第一次全国环境保护会议时审议通过的《关于保护和改善环境的若干规定(试行草案)》。该规定作为我国首部关于环境保护的政策性文件,确定了环保工作的

"32字方针"①,对我国未来环境保护事业发展具有十分重要的意义。总的来看,改革开放前我国虽成立了与环境保护有关的专门机构,制定了一些法律法规和准则条例,但环境保护机构和法规数量还远远不能满足未来环境保护的系统性、综合性要求。

3.1.2 环境规制政策体系正式确立阶段(1978—1991年)

自1978年改革开放后,我国开始步入工业化初步阶段,生态环境恶化问题逐渐受到国家重视。与此同时,这一时期社会主义市场经济体制刚刚确立还不完善,市场制度还不健全,大多企业缺乏环保责任意识,有必要通过政府规制来解决环境市场失灵问题。当时我国环境保护的相关法规制度在很多领域仍是空白,于是国家陆续出台了一系列的环境保护政策,实施了一系列的环保机构改革,为这一时期的环境规制工作奠定了重要基础。具体来看,1978年修订的《中华人民共和国宪法》首次将环境保护写入宪法。1979年《中华人民共和国环境保护法(试行)》的颁布标志着环境规制立法体系的初步形成,该法要求"国务院设立环境保护机构""省、自治区、直辖市人民政府设立环境保护局,市、自治州、县、自治县人民政府根据需要设立环境保护机构"。根据规定,为了加强对环境保护的统一领导和部门协调,1982年,国务院部委实施机构改革,成立了城乡建设环境保护部下属的国家环保局,取代原来的国务院环境保护领导小组及办公室。1983年,第二次全国环境保护会议召开,将环境保护确定为基本国策,同时确立了"预防为主、防治结合""谁污染谁治理""强化环境管理"三大基本政策。1984年,国务院发布《关于环境保护工作的决定》,宣布成立国务院环境保护委员会。随后,各省、市、县人民政府也相应设立了环境保护委员会。同年,国家为强化环境保护职能,将城乡建设环境保护部下属环保局升格为国家环境保护局,作为国务院环境保护行政主管部门和办事机构,在环保系统处于最高的地位,对全国环境保护工作实施统一监督管理。

为进一步推动环境保护工作的深入开展,1989年第三次全国环境保护会议召开,国务院提出了深化环境管理的新五项制度,分别是全力推行环境保护目标责任制、城市环境综合整治定量考核、排污许可证制度、限期治理和污染集中控制。同年,《中华人民共和国环境保护法》完成修订并正式颁布实施,明确规定了中国环境保护监督管理体制,即统一监管与分级分部门规制相结合的体

---

① "32字方针"是指全面规划、合理布局、综合利用、化害为利、依靠群众、大家动手、保护环境、造福人民。

制。1990年,国务院颁布了《关于进一步加强环境保护工作的决定》,强调环境保护的"八项制度",即环境目标责任制、综合整治定量考核、污染集中控制、限期治理、排污许可证制度、"三同时"制度和排污收费制度,并将环保目标责任制放在突出地位,将环保目标的完成情况作为评定政府工作成绩的依据之一,为确定污染防治与生态保护并重的环境战略奠定基础。这一时期,国家还制定了一系列环保法律法规,如《海洋环境保护法》(1982年)、《水污染防治法》(1984年)、《森林法》(1984年)、《草原法》(1985年)、《土地资源管理法》(1986年)、《矿产资源法》(1986年)、《大气污染防治法》(1987年)等。

总的来看,这一时期我国正式确立了环境保护的基本国策,形成了"预防为主、防治结合"、"谁污染谁治理"和"强化环境管理"三大基本环境政策。环境规制手段逐步进入法制化阶段,环境管理的组织体系正初步形成,环境管理部门的职能正不断加强。但是,这一时期,各级政府及行政机构主要以地方经济发展为核心目标,对环境保护重视不足,环保投资力度较低,使得环境规制工作实施的难以满足现实环境保护需求。

3.1.3 环境规制政策体系快速发展阶段(1992—2001年)

自20世纪90年代开始,中国经济进入了高速增长阶段,改革开放开始向各领域全面推进。以1992年邓小平南方谈话和党的十四大召开为标志,我国社会主义市场经济体制初步确立。在确立社会主义市场经济体制的背景下,国务院启动了新一轮的机构改革,环保机构也做出了相应调整,国家环境保护局作为国务院的保留机构,成为国务院直属机构(副部级)。1993年,全国人民代表大会设立了环境保护委员会,其主要职责是研究、审议与拟定环境保护的相关制度规定。随后,全国不同层级的政府机构也纷纷设立环境保护部门,各行业主管部门也陆续设立相应的环境管理机构。自此,中国环保工作已基本形成由人大立法监督、政府负责实施、环境行政部门统一监督的环境监管体系。1996年,第四次全国环境保护会议召开,确定了"坚持污染防治和生态保护并重"的方针。同年,八届全国人大四次会议将可持续发展确立为中国的基本发展战略,并确定了中国环境保护的工作重点,即"33211"环境工程[①]。1998年,国家环境保护局升格为正部级的国家环境保护总局,作为国务院主管环境保护工作的直属机构,体现了党中央和国务院对环境保护工作的高度重视。

---

① "33211"环境工程包括3河、3湖、2区、1市、1海。3条河指的是海河、淮河、辽河,3湖指的是太湖、滇池、巢湖,2区指的是二氧化硫污染控制区和酸雨控制区,1市指的是北京市,1海指的是渤海。

这一时期,国家明显加强了对环境保护的立法和修订工作,如《大气污染防治法》(1995年第一次修订)、《水污染防治法》(1996年第一次修订)、《固体废物污染环境防治法》(1995年)、《环境噪声污染防治法》(1996年)、《节约能源法》(1997年)、《气象法》(1999年)等。多项行政法规和部门规章也陆续出台,如《水污染防治实施细则》(1989年)、《超标环境噪声排污费征收标准》(1991)、《超标水污染排污费征收标准》(1991)、《黄河流域水污染防治条例》(1995)、《酸雨控制区和二氧化硫控制区划分方法》(1997年)、《建设项目环境保护管理条例》(1998年)、《全国生态环境建设规划》(1998年)、《全国生态环境保护纲要》(2000年)等。

总的来看,这一时期我国环境规制政策体系得到快速发展,环境规制政策理念由"谁污染谁治理"向"坚持污染防治和生态保护并重"转变。不论是环保法律法规建设还是环境管理体制都有了更进一步的完善,环保机构的设置更加系统化、综合化。

3.1.4 环境规制政策体系战略转型阶段(2002—2011年)

进入21世纪,随着社会主义市场经济的不断深入发展,改革开放程度进一步扩大。在工业化、城市化加速发展的推动下,我国重化工业获得快速增长。重化工业的快速发展虽在短时期能够带来经济的高速增长,但这种粗放型发展方式以大量资源消耗为代价,对环境造成严重破坏,从长期看是不可持续的。随着资源浪费和环境污染问题的日益严重,政府环境治理的压力越来越大,国家对环境保护的重视程度大大增加,我国环境规制事业迎来了重要的战略转型期。2002年,第五次全国环境保护会议召开,国家着重强调环境保护是政府的一项重要职能。同年,党的十六大指出"要坚持以信息化带动工业化、以工业化促进信息化,走出一条科技含量高、经济效益好、资源消耗低、环境污染少、人力资源优势得到充分发挥的新型工业化路子",并提出科学发展观,"促进人与自然的和谐,实现经济发展和人口、资源、环境相协调发展"。为全面落实科学发展观,实现建设社会主义生态文明的战略部署,2005年,国务院出台了《关于落实科学发展观加强环境保护的规定》(国发〔2005〕39号)。2006年,第六次全国环境保护会议召开,提出了"三个转变"方针,要求我国要从重经济增长、轻环境保护向保护环境与经济增长并重转变,从环境保护滞后于经济发展向环境保护与经济发展同步转变,从主要用行政办法保护环境向综合运用法律、经济、技术和必要的行政办法解决环境问题转变。2007年,党的十七大再次提出"建设生态文明,基本形成节约能源资源和保护生态环境的产业机构、增长方式、消费模式"。同年,《国家环境保护"十一五"规划》进一步确定了"十一五"期间环境保护重点领域和主要任务,标志着环境规制上升到国家长期发展战略层面。这些举措的出台和实施将我国环境保护事业推向了新的阶段,确立了以保护环境优化经济发展的治理理念。为加大环境政策、规划和重大问题的统筹协调,2008年,国家环境保护总局升格为环境保护部,成为国务院组成部门之一,得以更多地参与到国家重大政策的规划制定,进一步提高了环境监管权威,切实明确了环境保护责任。2011年,第七次全国环境保护会议召开,再次强调要坚持在发展中保护、在保护中发展,积极探索环境保护道路,为未来环境保护工作的深入开展明确了方向。

为了贯彻建设生态文明的战略思想,这一时期,我国进一步完善了环保法律法规建设,如《海洋环境保护法》(1999 年第一次修订)、《大气污染防治法》(2000 年第二次修订)、《清洁生产促进法》(2002 年)、《放射性污染防治法》(2003 年)、《环境影响评价法》(2003 年)、《固体废物污染环境保护法》(2004 年第一次修订)、《节约能源法》(2007 年第一次修订)、《可再生能源法》(2005 年,2009 年第一次修订)、《水污染防治法》(2008 年第三次修订)、《循环经济促进法》(2008 年)等法律相继实施,《排污费征收管理条例》(2002 年)《燃煤二氧化硫污染防治技术政策》(2002 年)、《节能减排综合性工作方案》(2007 年)、《关于加快绿色食品发展的意见》(2007 年)等多项法规陆续出台。

总的来看,这一时期我国环境规制政策体系实现了重大战略转型,政策理念由过去重经济增长、轻环境保护向两者并重转变,政策目标由过去环境保护滞后于经济发展向两者同步发展转变,政策手段由过去以行政为主向行政、经济、法律、技术手段相结合转变。这一时期,我国已基本上形成了环境保护法规体系,环境立法领域不断拓宽,环境监管权威逐步提高。

3.1.5 环境规制政策体系全面提升阶段(2012 年至今)

面对日益严峻的环境污染形势,自 2012 年党的十八大以来,以习近平同志为核心的党中央,深刻总结人类文明发展规律,推出一系列顶层设计与战略部署,推动中国环保事业迈向更高层次。党的十八大将"生态文明建设"纳入现代化建设总体布局中,提升到"五位一体"总布局的高度。党的十八届五中全会提出"创新、协调、绿色、开放、共享"的五大发展理念,提出要实施最严格的环境保护制度,保护优先、自然恢复为主的方针。党的十九大更进一步把"坚持人与自然和谐共生"作为新时代坚持和发展中国特色社会主义的基本方略之一,提出"建设生态文明是中华民族永续发展的千年大计",坚持节约资源和保护环境的基本国策,并强调牢固树立和践行"绿水青山就是金山银山"的绿色理念,把生态文明建设纳入制度化、法治化轨道,坚定不移推进生态文明建设,像对待生命一样对待生态环境;要统筹山水林田湖草系统治理,实行最严格的生态环境保护制度,形成绿色发展方式和生活方式。按照这一思路,国家先后出台了一系列促进生态文明建设的政策文件。

2015年,《中共中央国务院关于加快推进生态文明建设的意见》(中发〔2015〕12号)出台,随后国家又发布了《生态文明体制改革总体方案》。作为生态文明制度体系的顶层设计,该方案制定了我国生态文明体制改革的目标:到2020年构建起由自然资源资产产权制度、国土空间开发保护制度、空间规划体系、资源总量管理和全面节约制度、资源有偿使用和生态补偿制度、环境治理体系、环境治理和生态保护市场体系、生态文明绩效评价考核和责任追究制度等八项制度构成的产权清晰、多元参与、激励约束并重、系统完整的生态文明制度体系,推进生态文明领域国家治理体系和治理能力现代化,努力走向社会主义生态文明新时代。

2015,新修订的《环境保护法》颁布,作为至今最为严厉的环保法规,新环保法进一步明确了政府对环境保护的监督管理职责,完善了生态保护红线、污染物总量控制、环境与健康监测及影响评价、污染预先控制和事后治理等环境保护基本制度,强化了企业污染防治责任,加大了对环境违法行为的法律制裁,还就政府、企业环境信息公开、公众参与监督环境保护做出了系统规定。

2016年,十二届全国人大常委会第二十五次会议表决通过《环境保护税法》并于2018年1月1日实施,这是我国第一部专门体现"绿色税制"的单行税法,依照法律规定,环境保护税将取代排污费征收。国务院颁布《环境保护税法实施条例》,细化了有关规定,并与《环境保护税法》同步实施。新环保法的出台和实施标志着我国环保"费改税"的正式完成。这一时期,我国陆续在北京、天津、上海、重庆、湖北、广东等省市开展了碳排放权交易试点,2017年又启动了全国碳排放权交易,逐步建立全国各行业统一的碳排放权交易市场。生态补偿、绿色采购、绿色价格等政策也都相继发展起来。这一系列政策的制定和实施,意味着我国环境规制政策体系的全面提升,也表达了政府运用市场化手段解决环境问题的决心。

2018年,第十三届全国人民代表大会第一次会议通过《中华人民共和国宪法修正案》,将生态文明正式写入国家根本法,高度体现了党和国家对生态环境问题的高度重视,也反映了新时代背景下对社会经济发展路径转变、优化升级的深刻理解。同年,国务院印发《打赢蓝天保卫战三年行动计划》(国发〔2018〕

22号),提出经过3年努力,大幅减少主要大气污染物排放总量,明显减少重污染天数,明显改善环境空气质量,明显增强人民的蓝天幸福感。此外,柴油货车污染治理、城市黑臭水体治理、渤海综合治理、长江保护修复、水源地保护、农业农村污染治理等攻坚战也陆续展开。

2018年,国务院机构改革方案提出组建自然资源部与生态环境部。其中,自然资源部收归了原来的国土资源部、国家海洋局、国家测绘地理信息局的相关职责,还纳入国家发改委、住建部的相关规划职责,水利部、农业部的相关资源调查和确权登记管理职责等。生态环境部则整合了多项散落在其他部门的环境保护职责,如国家发改委应对气候变化和减排,国土资源部监督防止地下水污染,水利部编制水功能规划、排污口设置管理、流域水环境保护,国家海洋局的海洋环境保护等相关职责。这次机构改革以国家治理体系和治理能力现代化为导向,以推进机构职能优化协同高效为着力点,优化了职能配置,有利于解决环保部门职能交叉、管制重叠等矛盾。

通过上述回顾可以发现,经过多年发展,我国环境规制政策涉及的内容不断丰富,环境保护涉及的范围不断扩大,参与环境政策颁布实施的机构不断增加,行政、经济、立法等多元化手段综合运用的环境规制路径越发清晰,现已基本形成环境保护与经济发展平衡、污染防治与生态防护并重的环境规制政策理念,基本建成由法律、行政法规、部门规章、环境标准、批准和签署的国际条约共同构成的环境规制政策体系。

3.2　我国环境规制政策工具分类与演进

通过对我国环境政策的发展历程进行梳理,可以将我国环境规制政策大致分为三种类型,分别是行政命令型环境规制、市场激励型环境规制和自愿参与型环境规制。

3.2.1　行政命令型环境规制

行政命令型环境规制是指政府根据相关法律、法规和环境标准等,以行政命令的形式对企业生产行为进行干预,禁止或限制某些污染物的排放,对违法违规行为给予严重处罚,最终实现降低污染排放和改善环境的目的。我国在制定环境政策初期就是以行政命令型环境规制为主,该政策目前也是我国环境政策中运用最广泛的一项政策。按照政策作用于规制对象的时间划分,行政命令型环境规制政策为可以分为"事前控制""事中控制""事后控制"三类。

3.2.1.1 事前控制类,包括"三同时"、环境影响评价和污染物排放总量控制制度

(1) "三同时"制度。

"三同时"制度是我国于较早时期提出的一项环境规制制度,1973年颁布的《关于改善和保护环境的若干规定》首次提出"三同时"制度,1989年修订的《中华人民共和国环境保护法》对"三同时"制度做了明确规定,即所有新建、改扩建项目的污染防治设施必须与主体工程同时设计、同时施工、同时投入运行。经过不断实践完善,"三同时"制度已发展成为国家控制新污染、防治环境进一步恶化的重要手段。

(2) 环境影响评价制度。

环境影响评价制度也是我国较早时期提出的一项环境规制制度,是指对建设项目实施后可能造成的环境影响进行预测、分析和评估,并在此基础上提出相应的污染防治措施,并进行跟踪监控的制度。1978年制定的《关于加强基本建设项目前期工作内容》首次提出了环境影响评价的必要性。1979年颁布的《中华人民共和国环境保护法》(试行)对环境影响评价做了明确规定,即一切企业、事业单位的选址、建设和生产,都必须充分注意防止对环境的污染和破坏;在进行新建、改建和扩建工程时,必须提出对环境影响的报告书,经环境保护部门和其他有关部门审批后才能进行设计。2003年前我国只有对建设项目才实行环境影响评价,2003年颁布的《中华人民共和国环境影响评价法》将环境影响评价的对象范围从建设项目扩展到规划项目。2009年,我国颁布了《规划环境影响评价条例》(国务院令第559号),旨在加强对规划项目的环境影响评价工作,提高规划的科学性,从源头预防环境污染和生态破坏。环境影响评价制度"先评价、后建设"的原则可以从源头上有效减少开发建设活动所带来的环境污染和生态破坏,现如今已经发展成为我国较为完善的一项环境政策。

(3) 污染物排放总量控制制度。

污染物排放总量控制制度是指对企业生产过程中所产生的各种污染物的排放总量实施控制的管理制度。具体来说,就是在某一范围内,为了达到预定的环境目标,通过一定的方式核定主要污染物的环境最大允许负荷,并以此进行合理分配,最终确定该范围内各污染物允许的排放总量。1986年颁布的《关于防治水污染技术政策的规定》首次提出要对流域、区域、城市、地区以及工厂企业污染物的排放要实行总量控制。自1996年针对污染排放问题专门制定的《"九五"期间全国主要污染物排放总量控制计划》开始,我国正式将污染物排放

总量控制列入环保考核目标。在随后每个五年规划制定中,国家均出台了关于污染物排放总量控制的计划。2013年颁布的《大气污染防治行动计划》提出要严格实施污染物排放总量控制,将二氧化硫、氮氧化物、烟粉尘和挥发性有机物排放是否符合总量控制要求作为建设项目环境影响评价审批的前置条件。2015年颁布的《水污染防治行动计划》,选择对水环境质量有突出影响的总氮、总磷、重金属等污染物,研究纳入流域、区域污染物排放总量控制约束性指标体系。污染物排放总量控制制度是减少环境污染的"总闸门",是当前各国普遍任何和广泛实施的一项污染防治管理制度。

3.2.1.2 事中控制类,包括环境标准和排污许可证制度

(1) 环境标准。

环境标准是指国家为了防止环境污染,促进生态良性循环,实现社会经济发展目标,在综合考虑自然环境约束、社会经济条件和科学技术水平的基础上,对环境中污染物的允许含量和排放要求做出的具体规定。环境标准主要包括技术标准和绩效标准两类,技术标准是依据当前技术发展水平以及污染治理成本确定的要求企业执行的具体技术细则,例如采取哪种技术设备、生产工艺和治污技术等。绩效标准是根据企业的生产成本和利润水平确定的企业污染物的排放数量或在特定时间段的排放浓度、速度等。我国自20世纪70年代开始实施环境标准制度,最早见于1973年颁布的《工业"三废"排放试行标准》。随后,1979年颁布的《环境环保法》(试行)对环境标准做了原则性规定。1985年,国家设立环境保护局并下设规划标准处,正式开始了环保标准有组织的、系统的研究和制定。多年来,我国陆续制定了涵盖火电、钢铁、纺织、水泥、造纸、制药、电镀、锅炉、合成氨、汽车等行业污染物排放标准以及大气、土壤、水、噪声、电磁辐射等环境质量标准,现已形成较为完善的环境标准体系。环境标准作为国家环保法律法规的重要组成部分,是各级政府部门制定环境保护目标、开展环境管理的重要依据,也是企业进行污染治理、依法排污的主要依据。

(2) 排污许可证制度。

排污许可证制度是指任何单位在向环境排放污染物时,都必须向环境保护部门提出申请,经环境保部门审核批准后才被允许排放一定数量污染物的制度。排污许可证制度于20世纪80年代中期提出。1989年,第三次全国环境保护会议上确立了排污许可证制度是我国环境污染防治政策的核心制度之一。排污许可证制度早期主要应用于水污染排放领域,1988年颁布、2008年修订的《水污染排放许可证管理暂行办法》和1984年颁布、1996年、2008年和2017年

修订的《水污染防治法》对水污染排放许可证制度做出了原则性规定。21世纪初,国家开始将排污许可证对象范围从水污染排放扩展到大气污染排放领域,2001年颁布、2014年修订的《大气污染防治法》明确提出实行排污许可管理制度,并提出了具体规定和处罚措施。我国于2016年发布了《排污许可证管理暂行规定》,并于2018年颁布了《排污许可管理办法(试行)》进一步明确了排污者责任,规定了排污许可证的核发程序,对规范排污许可制度改革和排污许可证的核发工作起到积极作用。多年来,全国各地陆续试点实施排污许可证制度。截至2017年年底,全国共有28个省(区、市)出台了排污许可管理相关地方法规、规章或规范性文件,共发布了15个行业的排污许可证申请与核发技术规范,约向24万家排污单位发放了排污许可证,为落实企业环保责任、完善环境监管体系打下坚实基础。

3.2.1.3 事后控制类,包括限期治理、限制生产和停产整治制度

(1)限期治理制度。

限期治理制度是指对现已存在危害环境的污染源,由各级人民政府或其授权的环境保护部门决定、环境保护部门监督实施,强令其在规定的期限内完成治理任务并达到规定要求的制度。该制度具有明确的治理对象、明确的时间要求、严厉的法律强制性和具体的治理任务。其中,限期治理制度的治理对象包括特别保护区域的超标排污污染源、特定行业的超标排污污染源以及造成严重环境污染的特定污染源。该制度以时间限期为界线,是否完成治理任务作为承担法律责任的依据,对未按规定履行限期治理任务的排污单位将采取强制性措施和严厉的法律制裁。污染限期治理制度于20世纪70年代后期开始实施,1979年颁布的《环境保护法(试行)》首次提出要对特殊保护区的污染环境企业进行限期治理、整改或搬迁。1989年颁布的《环境保护法》正式对限期治理做出法律规定。2009年出台的《限期治理管理办法(试行)》规定了限期治理的情形、实施程序等内容。限期治理是针对特定时期环境管理的一种临时性、过渡性管理制度,在资源环境约束日益趋紧和环境保护政策日益趋严的背景下,限期治理制度已不再适应当前我国环境管理要求。该制度于2016年废止,国家对严重污染环境的行为已由限期治理转为限制生产和停产整治。

(2)限制生产和停产整治制度。

相比污染限期治理制度,限制生产、停产整治制度是一项更为严厉的环境政策。随着工业化的不断发展、公众环境保护意识不断增强,各级环保部门环境监管的压力也越来越大。对于一些长期存在超标、超总量排放污染物甚至是

有毒污染物等突出环境问题的排污者,环保部门仅靠实施行政处罚、责令限期治理等执法手段已难以起到有效制止作用,只有通过制定更为严厉的法规制度,迫使排污者优化治污工艺或设备,从根本上解决超标、超总量排污的问题。因此,2014年修订的《环境保护法》增加了对超标、超总量违法排污行为的约束措施,提出对这一行为实行限制生产和停产整治的规定。这一规定赋予环保部门强力执法手段,使环保部门可以通过直接限制甚至停止违法者生产行为、督促其有效完成污染整治任务。同年出台的《环境保护主管部门实施限制生产、停产整治办法》作为《环境保护法》的配套制度,明确了各级环保部门的权利、义务和责任,细化了对超标超总量的违法行为实施限制生产、停产整治的实施程序,并加大了限制生产、停产整治的监管力度。限制生产、停产整治制度是污染限期治理制度的延伸扩展,为行政执法人员依法督查、限产、停产、关停企业起着举足轻重的作用,是维护绿色生态环境必不可少的管理办法。

3.2.2 市场激励型环境规制

市场激励型环境规制是指政府依靠市场竞争和价格机制对污染排放定价,使环境的负外部性成本内部化,以此激励企业减少污染排放、加强环境治理,最终达到环境改善的目的。市场激励型环境规制主要包括排污收费制度、排污权交易制度等。

3.2.2.1 排污收费制度

排污收费制度是指环境保护部门依照有关法律规定,向超过规定的标准排放污染物的单位收取费用的制度。排污收费的目的主要是使污染防治责任与排污者的经济利益直接挂钩,促使排污者加强经营管理、改进生产技术、提高资源利用率、治理污染排放,最终促进经济效益、社会效益和环境效益的统一。排污收费制度是"污染者付费"原则的体现。我国是世界上最早实行排污收费制度的国家,在改革开放之初就提出了排污收费制度,并将该制度正式列入1979年颁布的《环境保护法(试行)》。随后,国家于1982年颁布的《征收排污费暂行办法》标志着排污收费制度在我国正式建立。2003年,国家又颁布了《排污费征收使用管理条例》,对排污费的征收范围、标准和费用管理做了详细规定。此外,在《大气污染防治法》《水污染防治法》《固体废物污染环境防治法》《环境噪声污染防治法》等法律法规中都对排污收费做了详细的规定。至今,排污收费制度在我国已经实施了近40年,在保护与改善环境、维护生态平衡方面发挥了重要作用。但是,排污收费制度在执行过程中暴露出种种弊端,例如排污费征收一般由地方环保部门负责,在实践中经常出现征收程序不规范、强制手段差、甚至出现排污费截留、挪用等问题,使得排污费征收流于形式。基于此,我国于2018年1月废除了排污费征收制度,同时颁布《中华人民共和国环境保护税法》和《中华人民共和国环境保护税法实施条例》,实现了排污费制度向环境保护税制度的平移转换。相比排污收费,环保税的法律效力更高、征管机制更加严格,征收和使用制度更加规范,因此更有利于解决排污费征收制度存在的执法刚性不足、地方政府干预不当等问题,更有利于规范环保收费行为,提高排污企业环保意识,倒逼企业治污减排,从根本上减轻环境污染。

3.2.2.2 排污权交易制度

排污权交易起源于美国,是指在污染物排放总量控制的条件下,利用市场机制,建立合法的污染物排放权利(即排污权),并允许这种权利像商品一样被自由买入和卖出,以此来控制污染物总量排放,从而达到改善环境的目的。由于不同企业的污染治理存在成本差异,治理成本较低的企业可以通过降低污染排放,将排放指标剩余并出售给污染治理成本较高的企业。在市场资源配置作用下,企业为追求自身利益最大化就会自发采取措施降低污染治理成本,减少污染排放。

我国排污权交易实践最早出现在1988年的上海,黄浦江沿线60多家工厂实施了化学需氧量总量控制指标有偿转让,共达成30余次排污交易。1999年,中美环境合作项目正式确立江苏南通和辽宁本溪两地作为排污权交易试点。2001年,南通天生港发电公司与南通另一家大型化工公司进行了我国第一例二氧化硫排污权交易。2004年,南通泰尔特公司将废水排放权以每吨化学需氧量1 000元的价格(为期3年)出售给亚点毛巾厂,这是我国第一例水污染排放权交易。自2007年开始,国家先后批复江苏、浙江、天津、湖北、湖南、内蒙古、山西、重庆、陕西、河北和河南11个地区开展排污权交易试点,各个省份也自行开展了排污权交易试点工作。2014年颁布的《国务院办公厅关于进一步推进排污权有偿使用和交易试点工作的指导意见》明确提出建立排污权有偿使用和交易制度,是我国环境资源领域一项重大的、基础性的机制创新和制度改革,是生态文明制度建设的重要内容。经过多年政策推行,截至2017年年底,我国已在全国共28个省份开展了排污交易权试点。但由于目前排污权交易制度仍存在诸如法律法规支撑不足、排污权初始指标分配不公平、定价不统一、排污权市场交易不活跃、排放检测监管体系不完善等问题,现阶段我国排污权交易仍以试点工作为主,没有得到广泛推广,适应我国国情的排污交易市场机制尚未真正建立。但多年试点实践证明,排污权交易制度作为以市场机制为基础的制度安排,使治理污染行为从政府强制转变为企业自觉的市场行为,交易行为也从政府与企业之间的行政交易转变为市场的经济交易,是节省政府治理费用、减少环境污染的一种有效手段。

3.2.3 自愿参与型环境规制

行政命令型和市场激励型环境规制强调政府在环境治理中的作用,而自愿参与型环境规制更加强调企业、公众和社会团体等自愿参与环境保护工作,主要包括环境认证和公众参与制度。

3.2.3.1 环境认证

环境认证是环境管理工具的标准化产物,按照统一的标准对企业的产品和管理程序进行认证,保障企业环境绩效的改进。环境认证初期实施虽需要投入大量资金,但长期来看环境认证可以促使企业加强环境管理、节约能源、降低经营成本,并能增强企业员工的环境意识,有利于企业树立的良好社会形象,提高企业知名度。目前,我国环境认证主要有 ISO 14000 系列标准和产品认证。ISO 14000 的基本思路是引导建立起环境管理的自我约束机制,使企业自觉遵守环境法律、法规,在其生产、经营活动中考虑其对环境的影响,减少环境负荷。ISO 14000 标准是企业进入国际市场的"绿色通行证",其制定和实施一般高于法律强制性标准,因此在一定程度上提升了环境保护标准。在产品认证方面,环境标志产品认证是国内目前最为权威的绿色产品、环保产品认证,又被称作十环认证,由环保部指定中环联合(北京)认证中心(环保部环境认证中心)为唯一认证机构,通过文件审核、现场检查、样品检测三个阶段的多准则审核来确定产品是否达到国家环境保护标准的要求。通过环境标志产品认证表明该产品不仅质量合格,而且在生产、使用和处理处置过程中符合特定的环境保护要求,与同类产品相比,具有低毒少害、节约资源等环境优势。实施环境标志认证,实质上是对产品从设计、生产、使用到废弃处理,乃至回收再利用的全过程进行全方位控制。环境标志认证的最终目的是保护环境,它通过两个具体步骤得以实现:一是通过环境标志告知消费者哪些产品有益于环境,引导消费者购买、使用这类产品;二是通过消费者需求和市场竞争,引导企业自觉调整产品结构,采用清洁生产工艺,生产出对环境有益的产品。

3.2.3.2 环境听证与公众参与

环境听证与公众参与是政府通过制定一系列法律法规来保障公民参与环境保护的权利,通过公众舆论、社会道德压力间接推动环保法律法规的严格落实和实施,从而提高全社会的环境治理绩效。早在 1989 年颁布的《环境保护法》中,国家就明确规定了"一切单位和个人都有保护环境的义务,并有权对污染和破坏环境单位和个人进行检举和控告"。1996年,国家颁布了《国务院关于环境保护若干问题的决定》(国发〔1996〕31号),鼓励公众参与环境保护工作,检举和揭发各种违反环境保护法律法规的行为。2002年颁布的《环境影响评价法》对公众可参与环境影响评价做出明确规定,提出需通过论证会、听证会或其他形式征求专家、公众和有关部门对环评报告的意见。2006年颁布的《环境影响评价公众参与暂行办法》以法规形式确定了公民参与环境影响评价的程序、范围和组织形式。2014年修订的《环境保护法》从法律层面对公众参与环境保护工作做了详细界定,从而大大提升了公众参与环境问题的法律地位。2015年颁布的《环境保护公众参与办法》是我国首次对环境保护公众参与做出专门规定的政策,指出环境保护主管部门可以通过征求意见、问卷调查,组织召开座谈会、专家论证会、听证会等方式开展公众参与环境保护活动;规定了公众对污染环境和破坏生态行为的举报途径;地方政府和环保部门不依法履行职责的,公民、法人和其他组织有权向其上级机关或监察机关举报。

3.2.4 不同环境规制政策工具比较

从环境规制政策工具的演进趋势看,我国环境规制政策理念经历了从强调客观强制到强化市场激励,再到注重主动参与的发展历程,目前已初步形成行政命令型、市场激励型、自愿参与型"三维一体"的环境规制政策工具体系。

在环境规制政策初期,受传统计划经济体制影响,我国主要以行政命令型环境规制工具为主,强调通过立法和制定行政规章制度,以政府强制性命令要求企业必须遵守环保法律法规,具体表现为"三同时"、环境影响评价、污染物排放总量控制、环境标准、排污许可证、限期治理、限制生产和停产整治制度。这类环境规制工具的制定程序较为简单且容易操作,是目前我国运用最广泛的一类规制工具,并且是由国家强制力保证实施的,因此在短期内就可实现政府环境规制的目的,尤其在处理不可逆的或超过环境承载力的环境问题方面具有显著效果。但是,行政命令型环境规制政策工具对政府监管水平提出了较高的要求,且行政管理成本较高;对于企业来说,还存在"一刀切"的做法,灵活性差,可能会损害企业效率,不利于激发企业环保技术创新的积极性。

随着我国市场经济体制的建立与完善、市场化改革不断深化,我国环境规制政策工具逐渐开始注重发挥市场信号的引导作用,以排污费(税)、排污权交易为代表的市场激励型环境规制政策工具得到快速发展。这类环境规制工具具有较强的灵活性,有利于激发企业的环保技术创新,增强企业盈利能力,从而实现经济发展和环境保护的双赢。但是,这类环境规制工具的设计颇为复杂,技术性要求较高。例如,环保税的税率设计既要考虑现行排污收费标准,又要考虑税收收入与环保资金大体相当;既不能影响经济发展,又不能伤害企业生产的积极性。因此,环保税负担定多少、征税范围定多大等都需要考虑多方面的因素,制定程序非常复杂,且在执行上还需要克服财政、政治及制度的障碍。再如,目前排污权交易制度存在排污权初始指标核定复杂、指标初始分配困难等问题,排污权交易过程的监管也存在较大难度,以及价格机制不完善、交易制度不规范等种种原因均导致排污权交易市场发展较为缓慢。

近年来,随着企业和公众参与环境保护的意愿不断增强,自愿参与型环境规制工具日益受到关注,环境认证、环境听证与公众参与等形式的规制政策逐渐增多。这类环境规制有利于降低政府监管成本,发挥企业环境保护的主观能动性,提高公众的环保意识。但公众参与环境规制是自愿的,不具有强制性,使得这类规制工具发挥效力的时滞较长,容易流于形式,最后成为企业的一种宣传手段。此外,这类规制工具作用的有效发挥依赖于行政部门的强制力和法律法规的不断完善,目前我国企业和公众自愿参与环境规制的动力不足,自愿参与型环境规制政策还有很长的一段路要走。

各类环境规制政策工具的优缺点见表3-1。

表3-1 各类环境规制政策工具比较

类型	种类	优点	缺点
行政命令型	事前控制类:"三同时"、环境影响评价、污染物排放总量控制;事中控制类:环境标准、排污许可证;事后控制类:限期治理、限制生产和停产整治制度	简单易操作,见效快,在处理不可逆的或超过环境承载力的环境问题时效果突出	对政府监管能力要求较高,成本高,"一刀切"、缺乏灵活性,对企业环保技术创新的激励不强
市场激励型	排污费(税)、排污权交易	灵活性强,激励企业环保技术创新	设计复杂(如排污税率的确定、排污权的初始核定和分配),具有时滞性
自愿参与型	环境认证、环境听证与公众参与	降低政府监管成本,发挥企业环境保护的主观能动性,提高公众的环保意识	发挥效力时滞长,容易流于形式,依赖于行政部门的强制力

综上所述,上述三种类型的环境规制政策工具侧重点不同,各有优点和不足。必须承认的是,这三类环境规制政策工具在解决我国经济发展不同阶段出现的各种环境问题方面发挥了重要作用。随着国家环境治理体系的日益完善,环境规制政策工具将呈现类型日益多样化、内容日益丰富化的发展趋势。从总的发展趋势看,行政命令型环境规制和市场激励型环境规制的作用在一个较长的时期内仍然不可替代,而自愿参与型环境规制基于社会的进步和其他原因,将越来越引起人们的关注和重视,将在更广阔的领域内得到广泛运用和发展。

3.3 我国制造业环境规制实践

3.3.1 代表性行业选择和数据说明

《国民经济行业分类》(GB/T 4754)将国民经济行业划分为门类、大类、中类和小类四个级,代码由一位拉丁字母和四位阿拉伯数字组成。其中,制造业门类(代码为C)下面包括大类(2位阿拉伯数字代码)、中类(3位阿拉伯数字代码)和小类(4位阿拉伯数字代码)。在国家统计局公布的统计资料中,制造业数据多是以2位码大类行业为主进行统计的,更细层次分类的数据缺失较为严重,故本研究将考察对象定为制造业2位码大类行业。

《国民经济行业分类》于1984年(GB/T 4754—1984)首次发布,并分别于1994年(GB/T 4754—1994)、2002年(GB/T 4754—2002)、2011年(GB/T 4754—2011)和2017年(GB/T 4754—2017)进行了修订。由于2002年前与后续年份的行业分类标准差异较大,2017年的数据没有公布,故本研究采用2002年和2011年的分类标准。为保证数据的可比性,对这两版分类标准中行业统计口径不一致的情况做如下处理:① 将2002年国民行业分类标准中的"橡胶制造业"和"塑料制造业"合并,与2011年的国民行业分类标准中的"橡胶和塑料制造业"保持统一;② 将2011年国民行业分类标准中的"汽车制造业"与"铁路、船舶、航空航天和其他运输设备制造业"合并,与2002年的国民行业分类标准中"交通运输设备制造业"保持统一;③ 2002年国民行业分类标准中的"工艺品及其他制造业""废弃资源和废旧材料回收加工业"与2011年国民行业分类标准中的"金属制品、机械和设备修理业""废弃资源综合利用业""其他制造业"难以归类合并,故剔除这些数据;最终得到27个制造业2位码大类行业(表3-2)。

表 3-2 制造业细分行业名称代码对照

代码	行业	代码	行业
C01	农副食品加工业	C15	医药制造业
C02	食品制造业	C16	化学纤维制造业
C03	饮料制造业	C17	橡胶和塑料制品业
C04	烟草制品业	C18	非金属矿物制品业
C05	纺织业	C19	黑色金属冶炼及压延加工业
C06	纺织服装、鞋、帽制造业	C20	有色金属冶炼及压延加工业
C07	皮革、毛皮、羽毛(绒)及其制品业	C21	金属制品业
C08	木材加工及木、竹、藤、棕、草制品业	C22	通用设备制造业
C09	家具制造业	C23	专用设备制造业
C10	造纸及纸制品业	C24	交通运输设备制造业
C11	印刷业和记录媒介的复制	C25	电气机械及器材制造业
C12	文教体育用品制造业	C26	通信设备、计算机及其他电子设备制造业
C13	石油加工、炼焦及核燃料加工业	C27	仪器仪表及文化、办公用机械制造业
C14	化学原料及化学制品制造业		

3.3.2 制造业环境污染情况

现已公布的统计资料中,从行业口径统计的环境数据时间跨度2003—2015年,故本研究选择这一时期制造业的若干数据作为研究样本。样本数据主要来源于历年《中国统计年鉴》《中国环境统计年鉴》《中国环境年鉴》《中国环境统计公报》《中国能源统计年鉴》《中国工业经济统计年鉴》等。

3.3.2.1 制造业环境污染的整体情况

改革开放以来,特别是我国加入 WTO 以来,随着经济全球化深入发展和工业化进程不断加快,我国制造业从复苏到崛起,带动了我国经济发展规模水平的巨大提升。与此同时,我国制造业在世界价值链分工体系中一直处于中低端环节,由低端制造所造成的资源大量消耗、环境严重污染、生态系统退化等问题,已成为制约制造业高质量发展的突出瓶颈。工业污染是我国环境污染的主要组成部分,而制造业污染又是工业污染的重中之重。2015 年,我国制造业废水、废气排放量分别达到 148.77 亿吨和 46.23 万亿标准立方米,占到工业废水废气排放量的 74.57% 和 67.48%;制造业废气排放中二氧化硫、烟(粉)尘排放量分别达到为 864.11 万吨和 832.32 万吨,占到工业二氧化硫、烟(粉)尘排放量的 55.51% 和 75.15%。下面通过 2003—2015 年制造业各类污染物排放的事实数据对我国制造业环境污染情况进行描述(表 3-3)。

表 3-3 2003—2015 年我国制造业主要污染物排放整体情况

年份	废水及主要污染物								
	废水			化学需氧量			氨氮		
	排放量/亿吨	排放占比/%	排放强度/(吨/万元)	排放量/万吨	排放占比/%	排放强度/(吨/万元)	排放量/万吨	排放占比/%	排放强度/(吨/万元)
2003	148.68	70.03	366.75	404.90	79.11	0.126 6	35.27	87.30	0.007 0
2004	156.08	70.59	299.55	407.02	79.86	0.098 0	36.30	86.02	0.005 6
2005	164.79	67.79	261.81	434.12	78.26	0.083 3	44.56	84.88	0.005 9
2006	166.39	69.27	219.03	417.31	77.07	0.066 0	33.59	79.04	0.003 6
2007	180.58	73.23	194.86	408.71	79.97	0.053 2	27.60	80.94	0.002 4
2008	178.72	73.94	169.94	367.55	80.32	0.040 9	23.70	79.78	0.001 9
2009	174.27	74.35	145.22	345.36	78.54	0.033 5	21.73	79.32	0.001 5
2010	176.32	74.24	121.45	328.56	75.56	0.026 6	21.02	76.99	0.001 3
2011	172.44	74.68	104.13	298.26	84.06	0.021 2	25.24	89.82	0.001 3
2012	169.44	76.47	90.44	278.03	82.15	0.017 4	23.25	88.01	0.001 1
2013	156.87	74.77	75.00	259.05	81.08	0.014 6	21.33	86.71	0.000 9
2014	153.53	74.78	68.63	249.46	80.11	0.012 8	19.91	85.84	0.000 8
2015	148.77	74.57	61.17	230.37	78.49	0.010 8	18.38	84.72	0.000 7

表 3-3（续）

年份	废气及主要污染物								
	废气			二氧化硫			烟（粉）尘		
	排放量/（万亿标立方米）	排放占比/%	排放强度/（标立方米/元）	排放总量/万吨	排放占比/%	排放强度/（吨/万元）	排放量/万吨	排放占比/%	排放强度/（吨/万元）
2003	11.69	58.76	22.610 1	573.92	32.03	0.122 3	1 021.43	72.27	0.194 4
2004	15.09	63.50	21.021 5	693.65	36.67	0.110 0	1 181.90	73.31	0.170 4
2005	17.08	63.51	19.378 5	742.75	34.25	0.094 1	1 182.60	70.27	0.138 4
2006	21.67	65.47	19.357 1	753.00	33.69	0.077 6	1 076.70	71.92	0.100 0
2007	25.42	65.49	17.937 8	763.44	35.67	0.062 9	978.54	73.42	0.072 3
2008	27.35	67.73	15.802 2	726.80	36.50	0.051 8	828.32	72.73	0.051 0
2009	28.52	65.39	14.804 9	716.15	38.38	0.043 9	744.87	72.97	0.039 5
2010	32.79	63.16	13.805 2	759.28	40.73	0.038 6	711.85	74.29	0.031 0
2011	45.80	67.90	16.928 0	957.95	47.49	0.042 0	762.27	74.15	0.030 1
2012	41.98	66.05	12.961 7	946.49	49.51	0.036 3	679.13	70.93	0.023 3
2013	43.42	64.87	11.587 5	937.66	51.09	0.031 3	690.95	67.57	0.020 2
2014	46.79	67.40	11.384 2	931.71	53.53	0.028 5	934.63	73.68	0.022 7
2015	46.23	67.48	10.961 1	864.11	55.51	0.024 9	832.82	75.15	0.019 6

注：固体废物排放量数据缺失严重，故不统计。

数据来源：根据历年《中国环境统计年鉴》《中国工业经济统计年鉴》中的数据整理。

废水及其污染物（化学需氧量、氨氮）排放是我国工业水污染的重要来源，因此废水治理一直是我国环境规制的重要内容。由图 3-1 可知，从废水排放量[①]看，2003—2015 年，我国制造业废水排放量整体上经历了先逐渐上升又逐

---

① 废水排放量指报告期内经过企业厂区所有排放口排到企业外部的工业废水量，包括生产废水、外排的直接冷却水、超标排放的矿井地下水和与工业废水混排的厂区生活污水，不包括外排的间接冷却水（清污不分流的间接冷却水应计算在废水排放量内）。

渐下降的过程,但 2003 年和 2015 年的废水排放总量相近,均为 148 多亿吨,说明样本期间制造业整体废水污染问题并未得到根本缓解。从废水排放强度(规模以上工业企业废水排放量与主营业务收入之比)看,我国制造业单位废水排放量呈快速下降趋势,已从 2003 年的 366.75 吨/万元下降到 2015 年的 61.17 吨/万元,下降了 83.32%,这在一定程度上与《水污染防治法》的两次修订(1996 年、2008 年)以及环保部门监管力度逐年加强有关,也说明样本期间我国制造企业的废水综合处理和再利用能力大大提高。

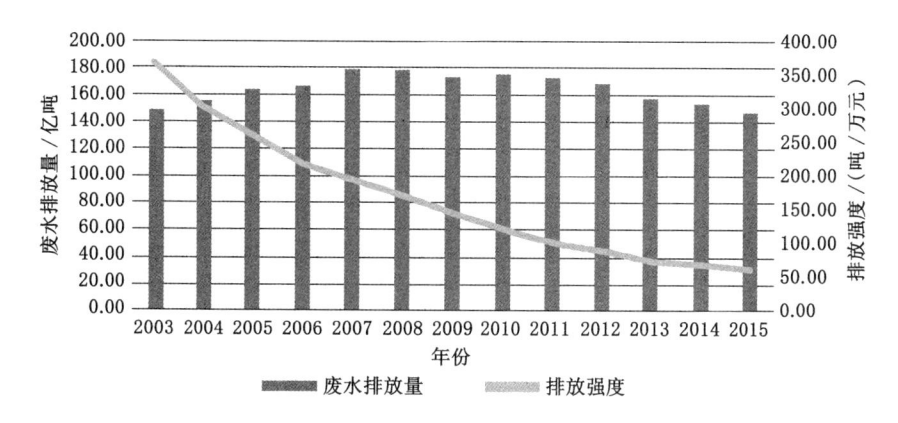

图 3-1 2003—2015 年制造业废水排放情况
数据来源:根据历年《中国环境统计年鉴》《中国工业经济统计年鉴》中的数据整理

由图 3-2 可知,从废水中化学需氧量[①]排放看,2003—2015 年,我国制造业废水中化学需氧量排放在前两年有轻微上升但之后逐年保持下降趋势,由 2003 年的 404.90 万吨下降到 2015 年的 230.37 万吨,下降了 43.10%,说明样本期间我国制造业废水中的化学需氧量大大减少,由化学需氧量排放造成的水污染问题得到了一定控制。从废水中化学需氧量排放强度(规模以上工业企业废水中化学需氧量排放量与主营业务收入之比)看,制造业单位废水排放中的化学需氧量呈快速下降趋势,已从 2003 年的 0.126 6 吨/万元下降到 2015 年的 0.010 8 吨/万元,下降了 91.47%,这在一定程度上与《水污染防治法》的两次修订(1996 年、2008 年)以及环保部门监管力度逐年加强有关,也说明样本期间我国制造企业的废水综合处理能力大大提高,化学需氧量去除效果大大增强。

---

① 废水中化学需氧量(COD)测量的是有机和无机物质化学分解所消耗氧的质量浓度的水污染指数。

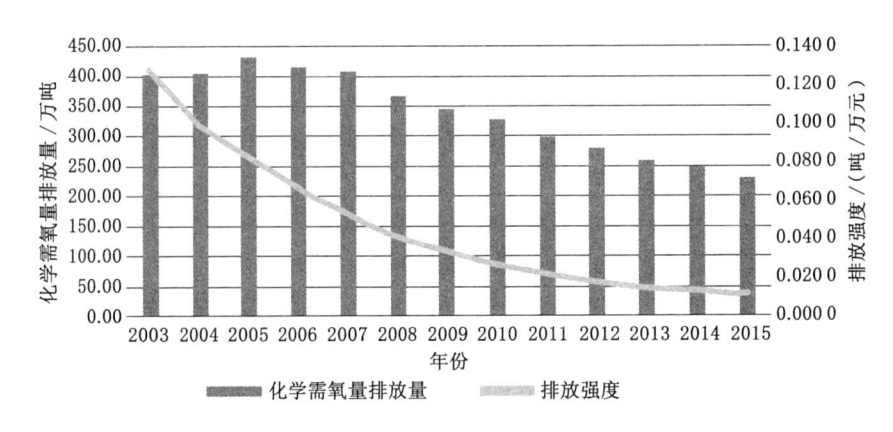

图 3-2　2003—2015 年制造业废水中化学需氧量排放情况

数据来源：根据历年《中国环境统计年鉴》《中国工业经济统计年鉴》中的数据整理

由图 3-3 可知，从废水中氨氮排放量①看，2003—2015 年，我国制造业废水中氨氮排放量除在 2005 年和 2011 年有明显上升外，其他年份均保持下降态势，由 2003 年的 35.27 万吨下降到 2015 年的 18.38 万吨，下降了 47.89%，说明样本期间我国制造业整体废水中的氨氮排放量大大减少，由氨氮排放造成的水污染问题得到了一定控制。从废水中氨氮排放强度（规模以上工业企业废水中氨氮排放量与主营业务收入之比）看，我国制造业单位废水排放中氨氮含量整体呈快速下降趋势，已从 2003 年的 0.007 吨/万元下降

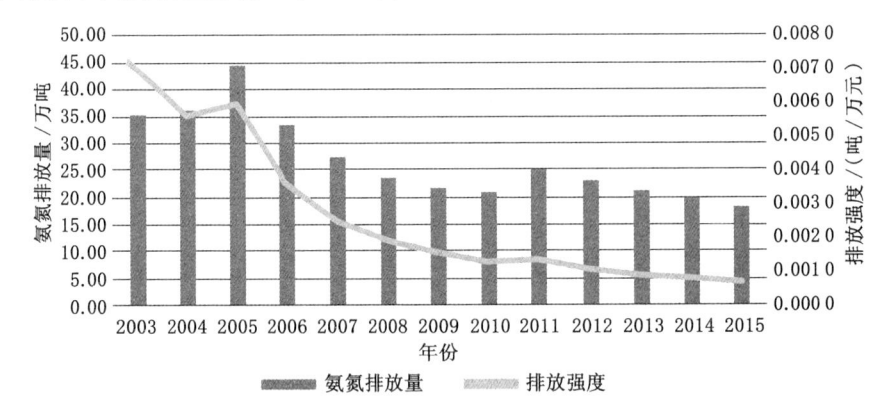

图 3-3　2003—2015 年制造业废水中氨氮排放情况

数据来源：根据历年《中国环境统计年鉴》《中国工业经济统计年鉴》中的数据整理

---

① 废水中氨氮排放是指废水排放中以游离氨（NH_3）和铵离子（NH_4）形式存在的氮。

到 2015 年的 0.000 7 吨/万元,下降了 90.00%,这在一定程度上与《水污染防治法》的两次修订(1996 年、2008 年)以及环保部门监管力度逐年加强有关,也说明样本期间我国制造企业的废水综合处理能力大大提高,氨氮去除效果大大增强。

废气及其污染物(二氧化硫、烟(粉)尘等)排放是我国大气污染的重要来源,大气污染问题近几年来受到国家高度关注,大气污染治理已成为当前我国环境规制的重中之重。由图 3-4 可知,从废气排放量[①]看,2003—2015 年,我国制造业产生的废气排放量总体呈上升态势,由 2003 年的 11.69 万亿立方米上升到 2015 年的 46.23 万亿立方米,增加了近 4 倍,说明样本期间我国制造业废气排放情况愈发严重,由此造成的大气污染问题已经非常严峻。从废气排放强度(规模以上工业企业废气排放量与主营业务收入之比)看,我国制造业单位废气排放量除 2011 年有所上升外,其他年份均呈逐年下降趋势,已从 2003 年的 22.61 标立方米/元下降到 2015 年的 10.96 标立方米/元,下降 51.53%,这在一定程度上与《水污染防治法》的两次修订(1996 年、2008 年)以及环保部门监管力度逐年加强有关,也说明样本期间我国制造企业的废气综合治理能力大大提高。

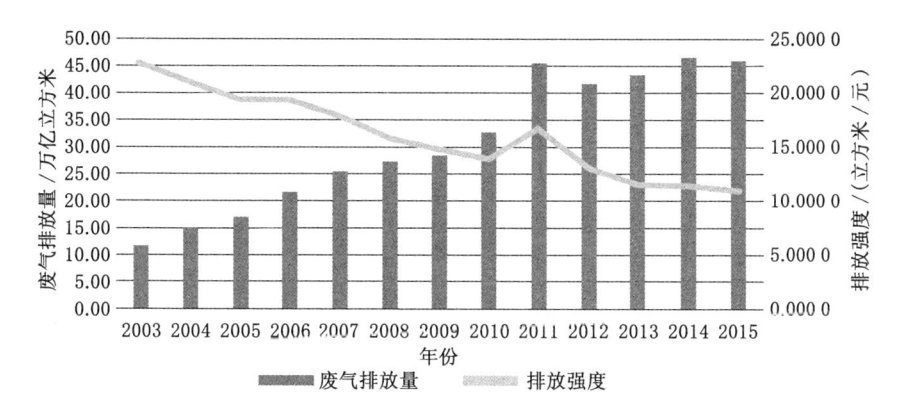

图 3-4 2003—2015 年制造业废气排放情况

数据来源:根据历年《中国环境统计年鉴》《中国工业经济统计年鉴》中的数据整理

---

① 废气排放量指报告期内企业厂区内燃料燃烧和生产工艺过程中产生的各种排入空气中含有污染物的气体的总量,以标准状态(273 K,101 325 Pa)计。

由图 3-5 可知,从废气中二氧化硫排放量①看,2003—2015 年,我国制造业废气中二氧化硫排放量总体呈波动上升趋势,由 2003 年的 573.92 万吨增长到 2015 年的 864.11 万吨,年均增长率为 3%,说明我国制造业整体排放废气中的二氧化硫含量整体呈增加趋势,由此造成的大气污染问题不容忽视。从废气中二氧化硫排放强度(规模以上工业企业废气中二氧化硫排放量与主营业务收入之比)看,我国制造业单位二氧化硫排放量除 2011 年有所上升,其他年份均呈快速下降趋势,已从 2003 年的 0.122 3 吨/万元下降到 2015 年的 0.024 9 吨/万元,下降了 79.64%,这在一定程度上与《大气污染防治法》的两次修订(2000 年和 2015 年)以及环保部门监管力度逐年加强有关,也说明样本期间我国制造企业的废气治理能力和二氧化硫去除率大大提高。

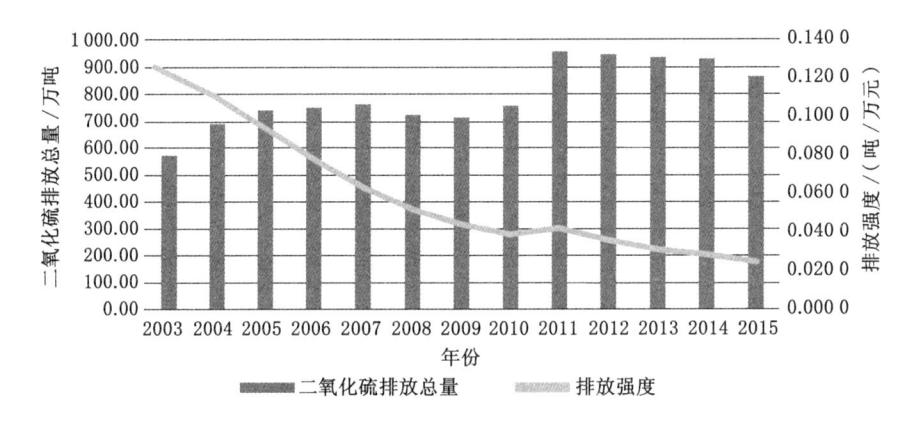

图 3-5 2003—2015 年制造业废气中二氧化硫排放情况
数据来源:根据历年《中国环境统计年鉴》《中国工业经济统计年鉴》中的数据整理

由图 3-6 可知,从废气中烟(粉)尘排放量②看,2003—2015 年,我国制造业废气中烟(粉)尘排放量总体呈波动下降趋势,由 2003 年的 1 021.43 万吨下降到 2015 年的 832.82 万吨,下降了 18.47%,说明我国制造业废气排放中的烟(粉)尘含量正逐年减少,由烟(粉)尘排放造成的大气污染问题得到了一定控

---

① 废气中二氧化硫排放量指报告期内企业在燃料燃烧和生产工艺过程中排入大气的二氧化硫总质量。工业中二氧化硫主要来源于化石燃料(煤、石油等)的燃烧,还包括含硫矿石的冶炼或含硫酸、磷肥等生产的工业废气排放。
② 废气中烟(粉)尘排放量指报告期内企业在燃料燃烧和生产工艺过程中排入大气的烟尘及工业粉尘的总质量之和。

制。从废气中烟(粉)尘排放强度(规模以上工业企业废气中烟(粉)尘排放量与主营业务收入之比)看,我国制造业单位烟(粉)尘排放总体呈快速下降趋势,已从2003年的0.1944吨/万元下降到2015年的0.0196吨/万元,下降了89.92%,这在一定程度上与《大气污染防治法》的两次修订(2000年和2015年)以及环保部门监管力度逐年加强有关,也说明样本期间我国制造企业的废气治理能力和烟(粉)尘去除率大大提高。

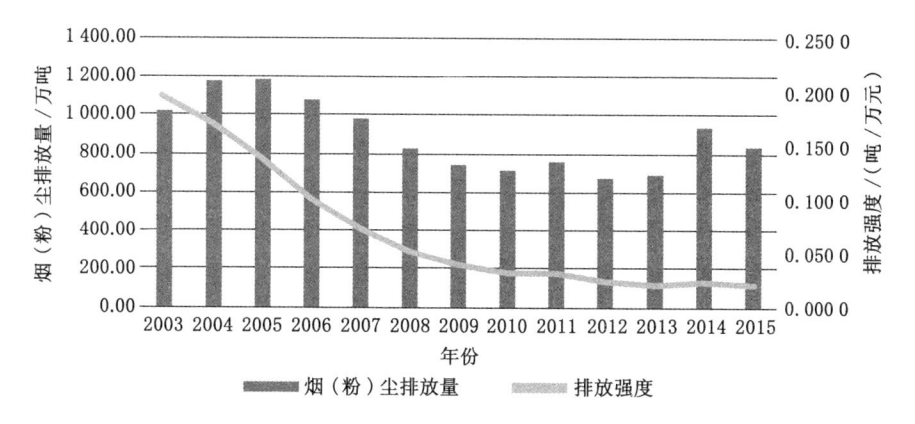

图3-6 2003—2015年制造业废气中工业烟(粉)尘排放情况
数据来源:根据历年《中国环境统计年鉴》《中国工业经济统计年鉴》中的数据整理

3.3.2.2 制造业细分行业的环境污染情况

以上从纵向视角分析了2003—2015年我国制造业整体污染排放情况。下面从横向视角,分别对我国27个制造行业的废水、废气及其污染物排放情况进行对比分析。

从2015年废水及其污染物排放的行业统计数据(图3-7)可以看出,在27个制造业细分行业中,废水排放强度最大的五个行业分别是造纸及纸制品业、纺织业、化学纤维制造业、饮料制造业和石油加工及核燃料加工业。其中,造纸及纸制品业的单位废水排放量达到16吨/万元,而纺织业、化学纤维制造业、饮料制造业和石油加工及核燃料加工业的单位废水排放量也都在4吨/万元以上,这五个行业的废水排放强度总和占到所有制造业废水排放强度的61.3%。废水中化学需氧量排放强度最大的五个行业分别是造纸及纸制品业、化学纤维制造业、饮料制造业、农副食品加工业和食品制造业。其中,造纸及纸制品业单位化学需氧量排放达到25吨/亿元,而化学纤维制造业、饮料制造业、农副食品加工业和食品制造业的单位化学需氧量排放也都在10吨/亿元以上,这五个行业的化学需氧量排放强度总和占到所有制造业废水化学需氧量排放强度的 62.1%。

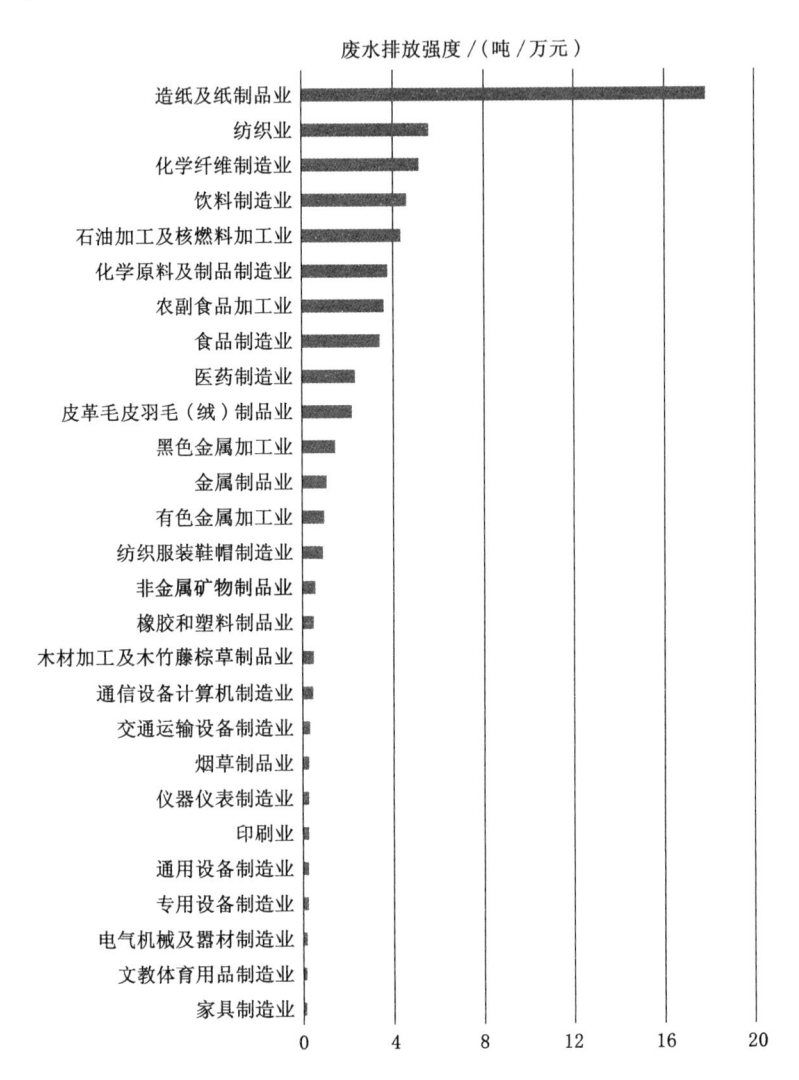

图 3-7　2015 年制造业细分行业废水及其污染物排放强度
数据来源：根据 2016 年《中国环境统计年鉴》《中国工业经济统计年鉴》中的数据整理

废水中氨氮排放强度最大的五个行业分别是造纸及纸制品业、化学原料及化学制品制造业、石油加工及核燃料加工业、化学纤维制造业和饮料制造业，这五个行业的氨氮排放强度均在 0.5 吨/亿元以上，总和占到所有制造业废水氨

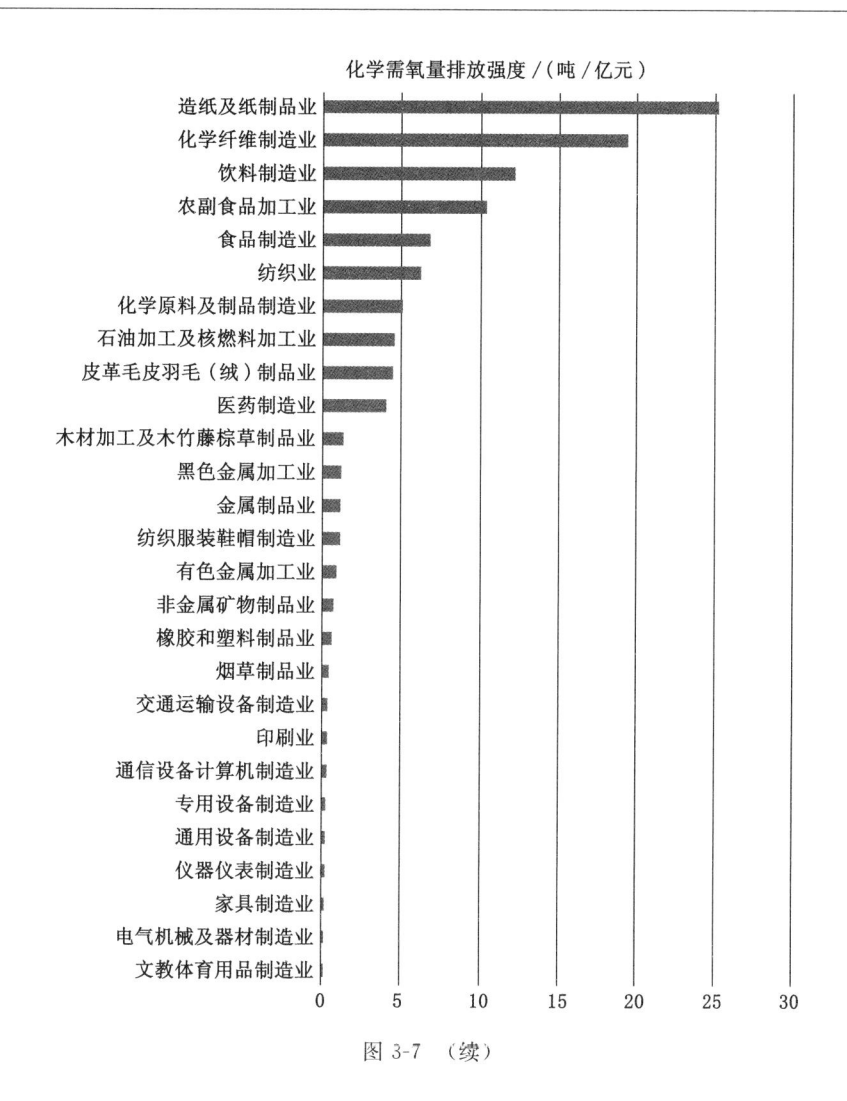

化学需氧量排放强度/(吨/亿元)

行业	
造纸及纸制品业	~26
化学纤维制造业	~20
饮料制造业	~12
农副食品加工业	~10
食品制造业	~7
纺织业	~6
化学原料及制品制造业	~5
石油加工及核燃料加工业	~5
皮革毛皮羽毛（绒）制品业	~5
医药制造业	~4
木材加工及木竹藤棕草制品业	
黑色金属加工业	
金属制品业	
纺织服装鞋帽制造业	
有色金属加工业	
非金属矿物制品业	
橡胶和塑料制品业	
烟草制品业	
交通运输设备制造业	
印刷业	
通信设备计算机制造业	
专用设备制造业	
通用设备制造业	
仪器仪表制造业	
家具制造业	
电气机械及器材制造业	
文教体育用品制造业	

图 3-7 （续）

氨排放强度的 55.4%。从以上分析可以发现，废水排放强度高的行业，往往其化学需氧量和氨氮排放强度都高居不下，我国制造业废水及其污染物排放具有较高的行业集中度。相反，27 个制造行业中废水及其化学需氧量、氨氮排放强度较低的行业非常统一，主要包括如下 10 个行业：家具制造业、文教体育用品制造业、电气机械及器材制造业、专用设备制造业、通用设备制造业、印刷业、仪器仪表制造业、烟草制品业、交通运输设备制造业、通信设备计算机制造业，其污染排放强度总和仅占所有行业污染排放强度的 4.1%、2.8%、2.5%。

氨氮排放强度/(吨/亿元)

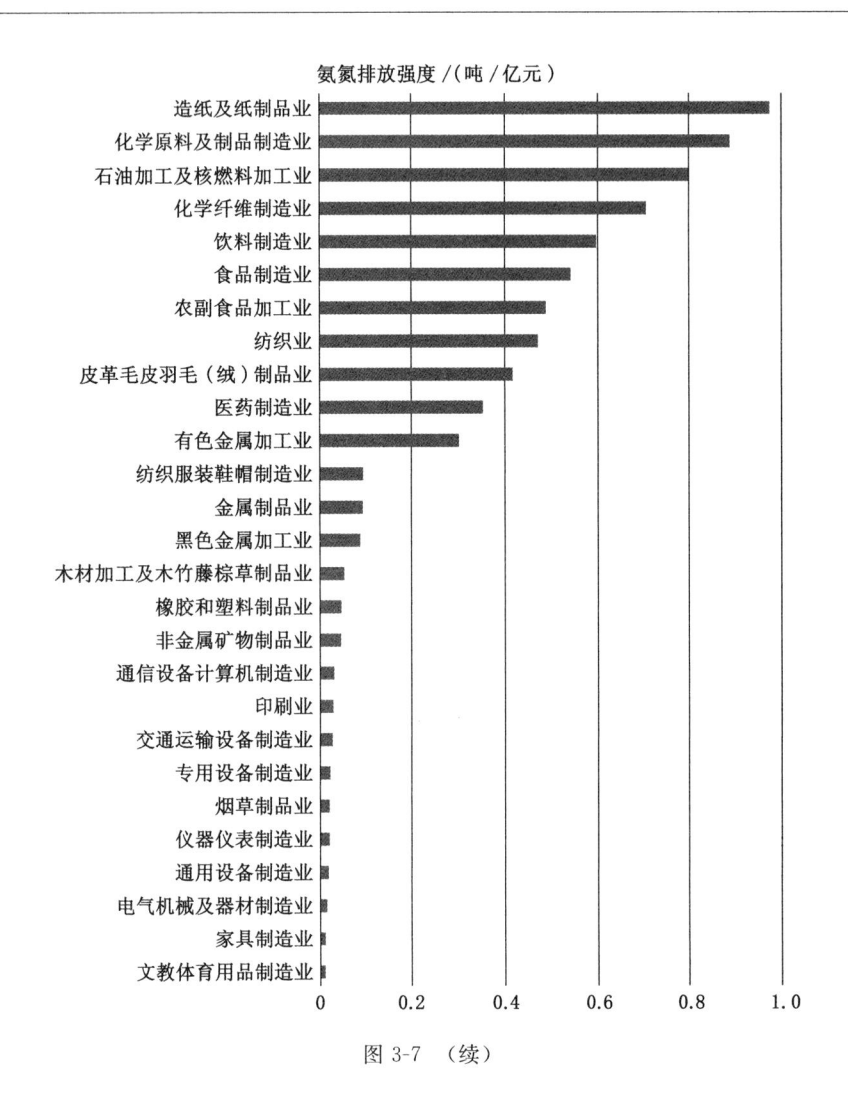

造纸及纸制品业	~0.95
化学原料及制品制造业	~0.88
石油加工及核燃料加工业	~0.80
化学纤维制造业	~0.70
饮料制造业	~0.60
食品制造业	~0.55
农副食品加工业	~0.48
纺织业	~0.45
皮革毛皮羽毛（绒）制品业	~0.40
医药制造业	~0.35
有色金属加工业	~0.30
纺织服装鞋帽制造业	~0.10
金属制品业	~0.09
黑色金属加工业	~0.09
木材加工及木竹藤棕草制品业	~0.05
橡胶和塑料制品业	~0.04
非金属矿物制品业	~0.04
通信设备计算机制造业	~0.03
印刷业	~0.02
交通运输设备制造业	~0.02
专用设备制造业	~0.02
烟草制品业	~0.02
仪器仪表制造业	~0.01
通用设备制造业	~0.01
电气机械及器材制造业	~0.01
家具制造业	~0.01
文教体育用品制造业	~0.01

图 3-7 （续）

从 2015 年废气及其污染物排放的行业统计数据（图 3-8）可以看出，在 27 个制造业细分行业中，废气排放强度最大的四个行业分别是黑色金属冶炼及压延加工业、非金属矿物制品业、有色金属冶炼及压延加工业、石油加工及核燃料加工业，这四个行业的单位废弃排放量均达到 1 标准立方米/元以上，排放强度总和占到所有制造业废气排放强度的 69%。废气中二氧化硫排放强度最大的六个行业分别是非金属矿物制品业、有色金属冶炼及压延加工业、石油加工及核燃料加工业、造纸及纸制品业、黑色金属冶炼及压延加工业和化学原料及化学制品制造业，这六个行业的单位二氧化硫排放量均在 19 吨/亿元以上，其排

3 我国环境规制政策演进与制造业环境规制实践

废气排放强度/(标准立方米/元)

行业	
黑色金属加工业	
非金属矿物制品业	
有色金属加工业	
石油加工及核燃料加工业	
化学原料及制品制造业	
木材加工及木竹藤棕草制品业	
造纸及纸制品业	
化学纤维制造业	
金属制品业	
橡胶和塑料制品业	
医药制造业	
饮料制造业	
食品制造业	
农副食品加工业	
纺织业	
交通运输设备制造业	
烟草制品业	
通信设备计算机制造业	
电气机械及器材制造业	
家具制造业	
印刷业	
通用设备制造业	
专用设备制造业	
皮革毛皮羽毛（绒）制品业	
仪器仪表制造业	
文教体育用品制造业	
纺织服装鞋帽制造业	

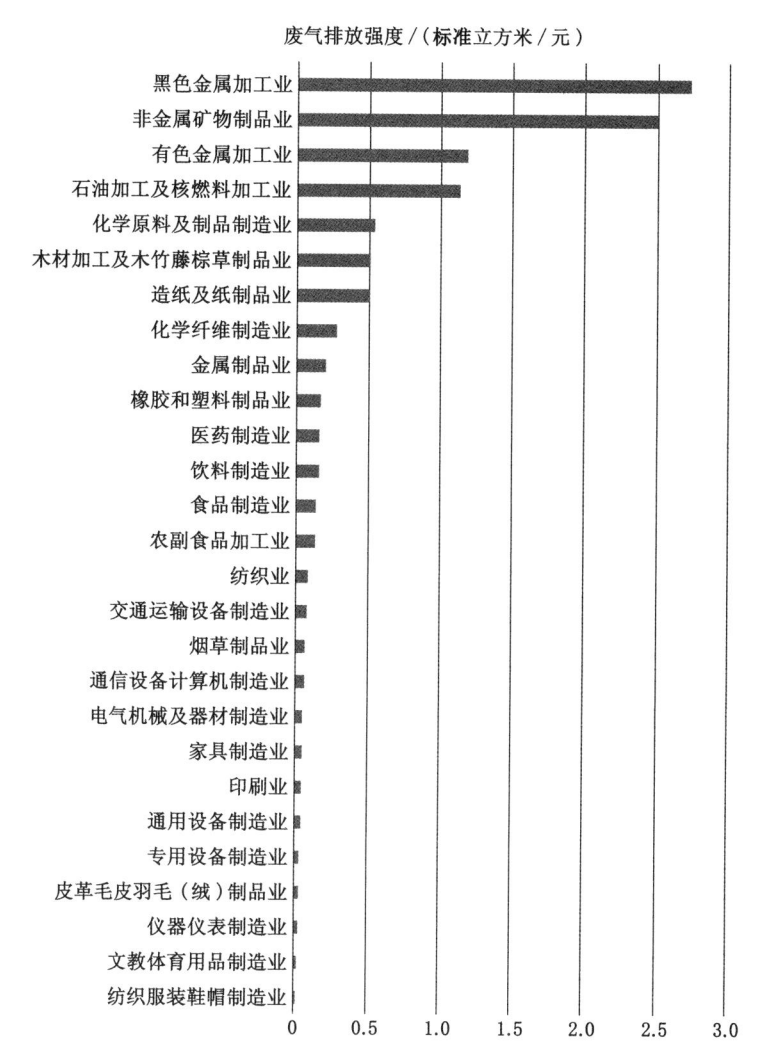

图 3-8　2015 年制造业细分行业废气及其污染物排放强度

数据来源：根据 2016 年《中国环境统计年鉴》《中国工业经济统计年鉴》中的数据整理

放强度总和占到所有制造业废气二氧化硫排放强度的 74.5%。废气中烟（粉）尘排放强度最大的七个行业分别是黑色金属冶炼及压延加工业、非金属矿物制品业、石油加工及核燃料加工业、木材加工及木竹藤棕草制品业、有色金属冶炼及压延加工业、造纸及纸制品业、化学原料及化学制品制造业，这七个行业的单位烟（粉）尘排放量均在 10 吨/亿元以上，仅黑色金属冶炼及压延加工业和非金属矿物制品业这两个行业的排放量就占到所有制造业排放的 53.4%。从以上

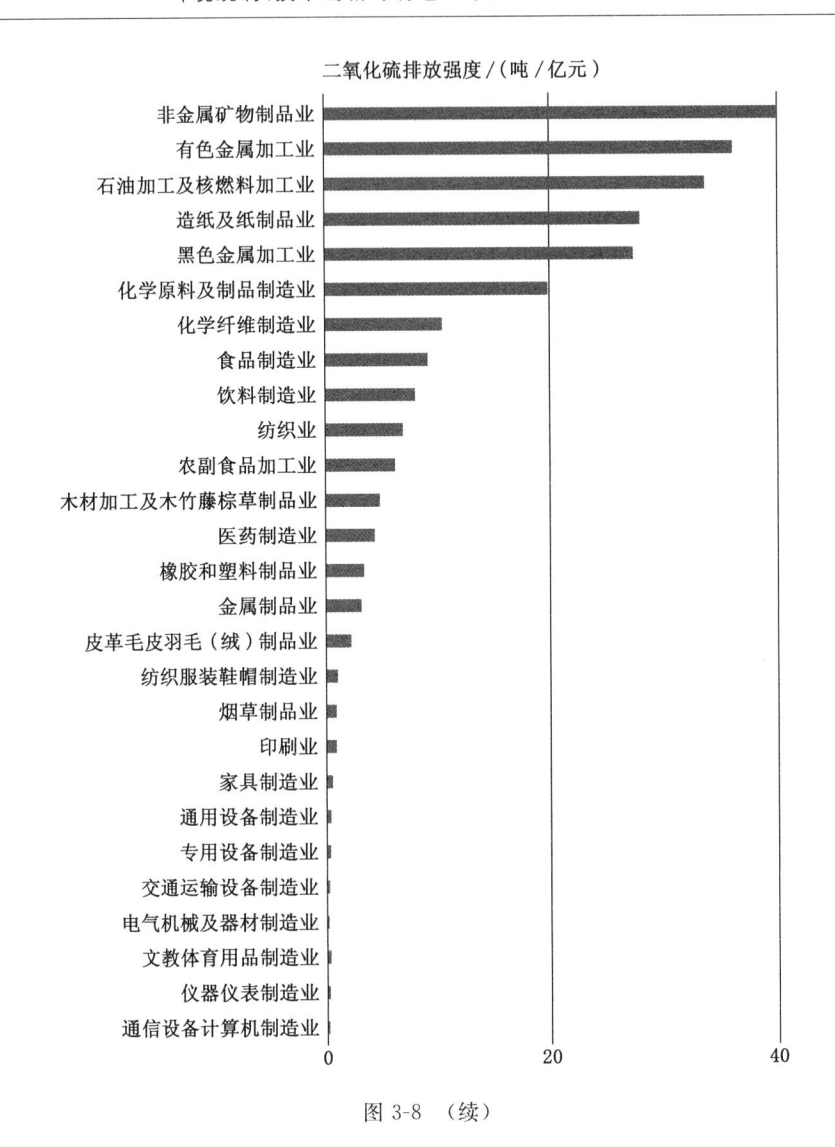

二氧化硫排放强度/(吨/亿元)

非金属矿物制品业	~40
有色金属加工业	~36
石油加工及核燃料加工业	~33
造纸及纸制品业	~28
黑色金属加工业	~27
化学原料及制品制造业	~20
化学纤维制造业	~9
食品制造业	~8
饮料制造业	~7
纺织业	~7
农副食品加工业	~6
木材加工及木竹藤棕草制品业	~5
医药制造业	~4
橡胶和塑料制品业	~3
金属制品业	~3
皮革毛皮羽毛（绒）制品业	~2
纺织服装鞋帽制造业	~1
烟草制品业	~1
印刷业	~1
家具制造业	~0.5
通用设备制造业	~0.5
专用设备制造业	~0.5
交通运输设备制造业	~0.5
电气机械及器材制造业	~0.3
文教体育用品制造业	~0.2
仪器仪表制造业	~0.1
通信设备计算机制造业	~0.1

图 3-8 （续）

分析可以发现，废气排放强度高的行业，往往其二氧化硫和烟（粉）尘排放强度都高居不下，我国制造业废气及其污染物排放具有较高的行业集中度。相反，27 个制造业中废气及其二氧化硫、烟（粉）尘排放强度均较低的行业主要有：文教体育用品制造业、仪器仪表制造业、通信设备计算机制造业、电气机械及器材制造业、通用设备制造业、专用设备制造业、印刷业、交通运输设备制造业、烟草制品业、家具制造业、皮革毛皮羽毛（绒）制品业、纺织服装鞋帽制造业，这 12 个行业各污染排放强度总和仅占所有行业的 4.8%、2.9%、2.6%。

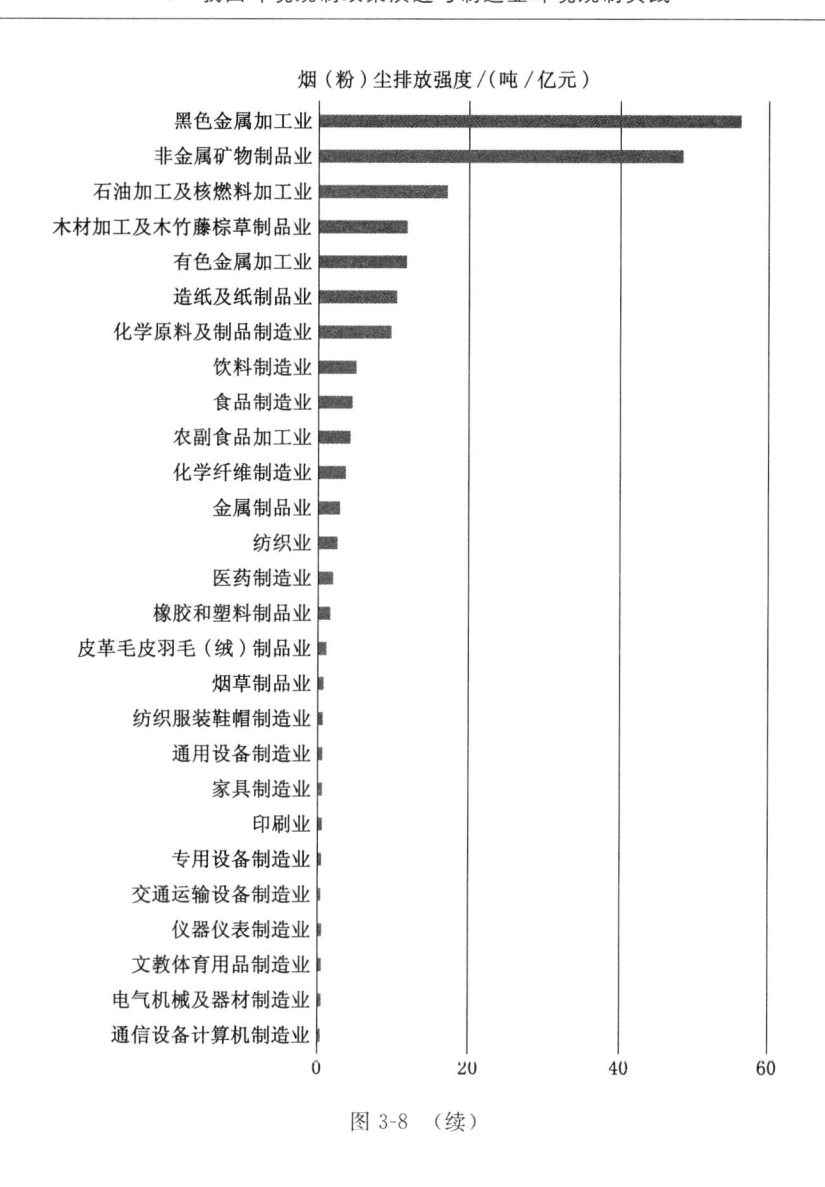

3 我国环境规制政策演进与制造业环境规制实践

烟（粉）尘排放强度/(吨/亿元)

行业	
黑色金属加工业	
非金属矿物制品业	
石油加工及核燃料加工业	
木材加工及木竹藤棕草制品业	
有色金属加工业	
造纸及纸制品业	
化学原料及制品制造业	
饮料制造业	
食品制造业	
农副食品加工业	
化学纤维制造业	
金属制品业	
纺织业	
医药制造业	
橡胶和塑料制品业	
皮革毛皮羽毛（绒）制品业	
烟草制品业	
纺织服装鞋帽制造业	
通用设备制造业	
家具制造业	
印刷业	
专用设备制造业	
交通运输设备制造业	
仪器仪表制造业	
文教体育用品制造业	
电气机械及器材制造业	
通信设备计算机制造业	

图 3-8 （续）

3.3.3 制造业环境规制强度测算

3.3.3.1 制造业环境规制强度的衡量

当前我国公布的统计资料中，关于环境规制政策的直接数据难以获得，且环境规制政策本身难以量化，这对实证研究造成了一定困难。对此，国内外学者采用各种测算方法，寻找不同的替代指标，希望能够较为准确地衡量环境规制强度。通过对已有文献进行梳理、归类,在此罗列出国内外学者描述环境规制强度的衡量指标(表3-4)。

表3-4 国内外学者关于环境规制强度的衡量指标

类型	衡量指标	研究者
行政命令型环境规制	环保规章、法规、标准的数量	包群(2006),李斌(2013),李树(2014),彭星(2015)
	环保政策执行评分	VanBeers & VandenBergh(2000),李钢(2010),王班班(2016)
	环境规制机构检查、监督次数	Conrad & Wastl(1995),Boyd & Mclelland(1999),Telle & Larsson(2004)
	污染治理成本(包括工业污染治理设备投资,工业污染治理运行费用、"三同时"项目环保投资等)	Jaffe & Palmer(1997),Dufour(1998),Sancho 等(2000),Berman & Bui(2001),Laonie et al.(2001),Arimura(2006),赵红(2007),张成(2011),沈能(2012),Yang 等(2012),韩晶等(2014),张江雪(2015),童键等(2016),张娟(2017),时乐乐(2018)
	污染排放密度	Cole & Elliott(2003),Domazlicky & Weber(2004),傅京燕等(2010),李玲等(2012),王文普(2013),蒋伏心等(2013),王杰等(2014),王班班等(2016),刘伟等(2017),叶琴等(2018),徐建中等(2018)
	排污费	马士国(2009),王兵等(2010),韩晶等(2014),贾瑞跃(2013),廖进球等(2013),彭星等(2015),张江雪等(2015)
市场激励型环境规制	综合能源价格	王班班(2016),杭雷鸣(2016),周五七(2016),叶琴(2018)
	人均GDP	Antweiler 等(2001)
替代指标	人均收入水平	Mani & Wheeler(2003),陆旸(2009)
	单位GDP能源消耗	傅京燕(2006)
	能源效率	Sonia BenKheder(2008)

资料来源:根据相关文献整理。

从表3-4可以看出,目前学者们对环境规制强度的衡量没有统一的方法。同时,现有文献主要对行政命令型和市场激励型环境规制进行了衡量,对自愿参与型环境规制衡量的文献较少,这主要是因为自愿参与型环境规制的衡量更为困难,目前只有少数学者从地区角度以各地区信访数量、环境宣传教育活动数等作为替代指标进行衡量,但这方面的行业数据并未公布。由于现阶段我国环境规制体系仍以行政命令型和市场激励型为主,本章及后续章节只选择这两类环境规制进行研究。

在上述衡量指标中,环保法律法规政策数量、环境规制机构检查和监督次数、排污费、人均 GDP、人均收入水平等指标数据均是以地区为口径进行统计的,没有分行业的统计数据。通过对上述指标进行筛选,本研究在衡量行政命令型环境规制时,采用各行业工业污染治理运行费用作为代理指标。当企业面对政府强制性的环境规制时,不得不按照规定进行污染治理。政府规制越强,企业投入污染治理的费用就越高,因此各行业工业污染治理运行费用可以在一定程度上反映行政命令型环境规制强度。工业污染主要包括废水、废气和固体废物。由于各行业固体废物治理运行费用数据残缺太多故舍弃,因此,本研究污染治理费用主要包括工业废水、废气两项,具体计算方法为:(工业废水治理运行费用+工业废气治理运行费用)÷主营业务收入。在衡量市场激励型环境规制时,采用各行业综合能源价格作为代理指标。由于现有统计资料中并未公布各行业综合能源价格,在此借鉴王班班、杭雷鸣、周五七于 2016 年提出的方法推算各行业综合能源价格[1],步骤如下:① 计算各行业的能源相对价格。用能源价格指数与工业生产出厂价格指数之比衡量,能源价格指数用燃料、动力类价格指数[2]替代,并将全部价格指数换算为 2003 年为基期的定基价格指数,价格指数可以从历年《中国统计年鉴》得到。②《中国能源统计年鉴》公布了历年各行业能源消费量,将其按对应的能源相对价格加权,以此估算各行业的能源成本。③ 用各行业能源成本除以各行业能源消费总量,得到各行业的综合能源价格。

3.3.3.2 制造业环境规制强度测算结果

本研究以 2003—2015 年我国 27 个制造业行业数据为研究样本,对环境规制强度进行计算。图 3-9 为样本期间我国制造业行政命令型环境规制强度的变化趋势。可以看出,行政命令型环境规制强度在 2003—2012 年期间是缓慢下降的,但到 2013 年后开始转为上升趋势。2003—2012 年这一时期是我国经济发展的黄金时期,自 2002 年我国正式加入 WTO,经济全球化迅猛发展为我国

---

[1] 从历年统计年鉴数据得知,煤炭、汽油、柴油、电力这四种能源消耗占总能源消耗的比重最大,因此选择这四种能源的综合价格表征能源综合价格。

[2] 燃料、动力费是指机械在运转或施工作业中所耗用的企业自制或外购的固体燃料(如煤炭、木材)、液体燃料(汽油、柴油)、电力等费用。

制造业发展带来了重大机遇,制造业贸易和外商直接投资额大幅上升,但一些污染产业和产品随着贸易和外商直接投资这一传导路径逐步向我国转移、扩散。同时,在工业化、城镇化加速发展的带动下,我国重化工业快速增长,高污染、高能耗项目纷纷涌现。在粗放的发展模式下,政府部门更加强调经济发展取得的辉煌成就,却对生态环境恶化问题重视不足。在很多时候,环保政策的制定较为滞后甚至让位于经济发展政策,由此引发的环境问题非常严峻。环境规制强度的明显转折点出现在2013年。在日益严峻的环境污染形势下,2012年11月党的十八大首次将生态文明建设作为"五位一体"总体布局的一个重要部分;十八届三中、四中全会先后提出"建立系统完整的生态文明制度体系""用严格的法律制度保护生态环境",将生态文明建设提升到制度层面;十八届五中全会提出"创新、协调、绿色、开放、共享"的新发展理念;以及2015年颁布被称为史上最严厉的环保法规——《新环境保护法》。党和国家近几年来高度重视环境问题,颁布了一系列的环境政策和法律法规,使得2013年后行政命令型环境规制强度逐渐增强。

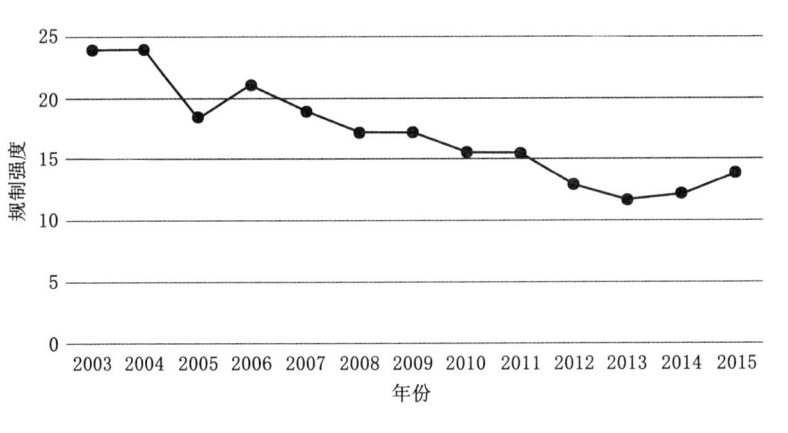

图3-9 2003—2015年制造业行政命令型环境规制强度变化

图3-10为2003—2015年我国制造业市场激励型环境规制强度的变化趋势。可以看出,市场激励型环境规制强度整体呈上升趋势。进入21世纪以来,我国改革开放在各领域不断推进,社会主义市场经济体制日益完善,市场配置资源的能力大大提高,这为政府采用市场化手段解决生态环境问题提供了条件。因此,市场激励型环境规制工具越来越受到地方政府和环保部门重视,规制强度也在不断提高。

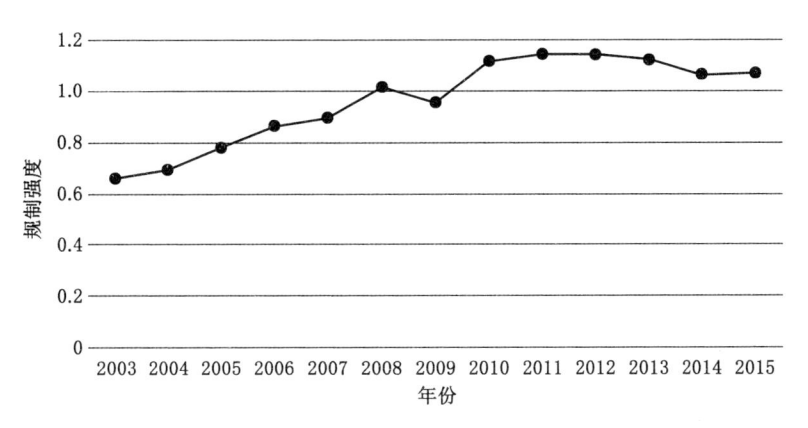

图 3-10　2003—2015 年制造业市场激励型环境规制强度变化

4 我国制造业技术创新状况与绿色发展水平测算

4.1 我国制造业技术创新状况

本研究通过我国制造业细分行业规模以上工业企业技术创新投入和产出的若干数据来分析制造业技术创新的整体状况和行业差异。

4.1.1 创新投入情况

对于制造业技术创新投入情况,主要用研发经费投入和新产品开发经费投入这两个指标来衡量,具体分析如下。

4.1.1.1 研发经费投入情况

研发经费投入反映了技术研发阶段的资金投入情况。由于技术研发需要投入大量资金,研发经费的投入情况在很大程度上决定了技术研发的成功与否。表4-1和图4-1反映了2003—2016年制造业各行业研发经费投入情况。

根据表4-1,从制造业整体来看,研发经费投入由2003年的1 043.65亿元增长到2016年的7 723.02亿元,增长了近9倍。特别是自2012年党的十八大提出创新驱动战略到2016年这5年期间,在国家政策的指导和政府支持下,我国制造企业的技术创新积极性大大提高,研发经费投入力度大大增加,年均增长率达到8.53%。从制造业细分行业来看,2012—2016年家具制造业(C09)、木材加工及木竹藤棕草制品业(C08)和文教体育用品制造业(C12)的研发经费投入增长占绝对优势,年均增长率均达到20%以上;饮料制造业(C03)和烟草制品业(C04)的研发经费投入增长较为缓慢,年均增长还不到5%;黑色金属加工业(C19)的研发经费投入还出现负增长(−3.05%)。

4 我国制造业技术创新状况与绿色发展水平测算

表 4-1 2003—2016 年制造业各行业研发经费投入情况   金额单位:亿元

行业	2003年	2004年	2005年	2006年	2007年	2008年	2009年	增长率/%
C01	11.26	13.24	24.33	33.16	45.22	87.26	52.75	
C02	10.45	15.17	18.46	25.25	36.28	62.72	40.28	
C03	20.06	27.32	58.54	49.00	57.93	78.11	44.96	
C04	10.95	17.02	20.87	18.05	25.33	28.66	12.86	
C05	40.08	54.91	63.64	74.07	98.54	133.72	81.17	
C06	9.99	12.08	15.64	20.35	25.58	31.00	16.88	
C07	4.06	4.68	6.30	9.52	11.58	17.62	9.87	
C08	2.92	4.65	5.98	6.83	9.13	18.90	10.35	
C09	0.61	2.78	3.07	4.61	7.16	11.24	6.93	
C10	17.29	24.00	29.78	45.90	51.59	62.92	36.81	
C11	3.78	3.95	6.87	6.70	11.49	17.08	10.97	
C12	2.31	5.47	5.12	5.98	6.66	17.22	10.71	
C13	15.20	33.86	42.47	40.23	50.74	61.26	37.09	
C14	108.66	155.03	196.34	227.76	305.05	461.00	266.31	
C15	52.73	61.37	76.81	94.79	116.94	184.07	134.54	
C16	20.62	21.55	27.51	37.70	55.62	61.70	35.76	
C17	23.83	42.88	52.47	71.15	98.95	141.43	85.64	
C18	31.51	35.58	51.32	57.81	70.97	146.11	81.54	
C19	153.80	226.13	290.46	354.72	496.13	658.56	311.80	
C20	30.74	53.30	69.99	116.30	146.49	205.76	115.06	
C21	15.89	24.38	33.92	41.71	63.93	108.09	65.86	
C22	77.82	103.89	140.03	193.24	243.48	393.23	272.05	
C23	65.57	76.06	97.05	138.30	203.76	332.75	250.21	
C24	198.62	253.43	365.42	457.34	537.60	743.33	490.22	
C25	142.35	179.17	215.48	282.57	374.58	572.87	400.33	
C26	288.30	361.95	416.81	507.74	636.30	798.95	601.13	
C27	15.21	21.70	32.15	38.34	57.96	102.65	74.55	
总计	1 374.61	1 835.55	2 366.83	2 959.12	3 844.99	5 538.21	3 556.63	
行业	2010年	2011年	2012年	2013年	2014年	2015年	2016年	增长率/%
C01	47.83	92.07	135.72	172.98	195.92	216.00	249.72	12.97
C02	38.87	62.61	86.86	98.53	112.67	135.43	152.82	11.96

表 4-1（续）

行业	2010年	2011年	2012年	2013年	2014年	2015年	2016年	增长率/%
C03	46.04	69.34	80.05	82.74	98.80	90.00	100.64	4.68
C04	13.85	15.97	19.80	22.11	20.92	20.79	21.43	1.59
C05	84.64	136.02	138.03	158.49	177.70	207.67	219.94	9.77
C06	16.56	28.95	55.59	69.29	74.16	90.08	106.97	13.99
C07	10.35	15.44	27.44	33.89	40.09	51.05	59.02	16.55
C08	5.63	14.47	18.72	27.16	32.72	42.82	52.87	23.07
C09	4.04	9.03	14.53	22.47	27.07	33.01	42.87	24.16
C10	36.67	55.89	75.80	87.79	96.42	107.61	122.76	10.12
C11	10.31	19.01	24.58	30.39	34.24	36.90	46.75	13.72
C12	7.36	13.70	34.12	49.59	65.54	73.71	91.89	21.91
C13	43.83	62.54	81.64	89.32	106.57	100.84	119.63	7.94
C14	247.53	469.92	553.60	660.37	746.54	794.46	840.75	8.72
C15	122.63	211.25	283.31	347.66	390.32	441.46	488.47	11.51
C16	40.97	58.76	63.44	66.79	75.01	78.50	83.82	5.73
C17	93.29	135.77	172.87	199.46	227.90	242.60	278.77	10.03
C18	81.33	139.72	163.57	215.03	246.46	277.62	323.08	14.58
C19	402.12	512.65	627.85	633.04	642.05	561.23	537.71	−3.05
C20	118.86	190.19	271.15	301.11	330.55	371.55	406.82	8.45
C21	61.86	111.29	187.44	230.02	251.24	282.66	326.35	11.73
C22	237.32	406.67	474.60	547.89	620.60	632.65	665.73	7.00
C23	234.89	365.66	424.94	512.32	540.87	567.14	577.13	6.31
C24	582.20	785.25	913.36	1 052.32	1 213.32	1 340.05	1 508.37	10.55
C25	425.10	624.01	704.16	815.39	922.85	1 012.73	1 102.38	9.38
C26	686.26	941.05	1 064.69	1 252.50	1 392.51	1 611.68	1 810.97	11.21
C27	57.38	120.87	123.72	149.29	169.03	180.93	185.70	8.46
总计	3 757.72	5 668.1	6 821.58	7 927.94	8 852.07	9 601.17	10 523.36	8.53

注：增长率为自2012年党的十八大召开至2016年共5年期间的年均增长率，单位为%。
资料来源：根据历年《中国工业统计年鉴》和《中国科技统计年鉴》中的数据整理。

图4-1是对各行业研发经费投入规模的横向比较。2003年，27个制造业中

研发经费投入规模排名前五位的行业构成为：通信设备计算机制造业（C26）、交通运输设备制造业（C24）、有色金属加工业（C20）、电气机械及器材制造业（C25）和化学原料及化学制品制造业（C14），这五个行业各自的研发经费投入都在100亿元以上，其投入之和占制造业总投入的比重达到65%。也就是说，整个制造业一半以上的研发都由这五个行业承担。而排名后五位的行业构成为：家具制造业（C09）、文教体育用品制造业（C12）、木材加工及木竹藤棕草制品业（C08）、印刷业（C11）和皮革毛皮羽毛（绒）制品业（C07），这五个行业各自研发经费投入还不到5亿元，其投入之和占制造业总投入的比重仅为2%。至2016年，制造业研发经费投入规模排名前五名的行业构成为：通信设备计算机制造业（C26）、交通运输设备制造业（C24）、电气机械及器材制造业（C25）、化学原料及化学制品制造业（C14）和通用设备制造业（C22），这五个行业各自的研发经费投入都在600亿元以上，其投入之和占制造业总投入的比重达到56%。而排名后五位的行业构成为：烟草制品业（C04）、家具制造业（C09）、印刷业（C11）、木材加工及木竹藤棕草制品业（C08）和皮革毛皮羽毛（绒）制品业（C07），这五个行业的研发经费投入不到60亿元，其投入之和占制造业总投入的比重仅为2%。

从以上分析和2003—2016年各行业研发经费投入的增长趋势可以发现，行业之间的研发投入差别很大。诸如通信设备、计算机及其他电子设备制造业、交通运输设备制造业、电气机械及器材制造业等行业的研发投入规模多年来一直保持领先水平，这些行业基本上都是技术密集型的行业，本身的技术基础相对于其他行业要好。而早期投入规模小的行业这些年来也一直落后于行业总体水平，尽管以家具制造业、木材加工及木竹藤棕草制品业和文教体育用品制造业为代表的轻工业研发经费投入近几年增长很快，但投入规模还远远不够。此外，仅五个行业的研发投入就占到了所有行业研发投入的一半以上，说明我国制造业研发投入的行业集中度较高，这一方面有利于技术创新资源的集中配置并发挥创新的规模效应，但另一方面由于行业之间存在关联效应，某一行业的发展会影响其他行业的发展，也受制于其他行业的发展水平，多数行业研发投入不足会产生关联影响，最终可能不利于制造业整体技术创新能力的提升。

上述只是对各行业研发投入的总体规模实力进行比较，研发经费投入强度（研发经费投入占主营业务收入的比重）能够更好地衡量行业的研发竞争力水平。以欧盟统计标准，研发经费投入强度在5%以上属于高研发强度，一般认为具备充分的研发竞争优势；2%以上属于中高强度，说明具备较强的研发竞争力；2%以下属于中低强度，说明研发竞争能力一般；不足1%则属于低强度，说明研发竞争能力较弱。从各行业研发经费投入强度的对比（图4-2）可以看出，

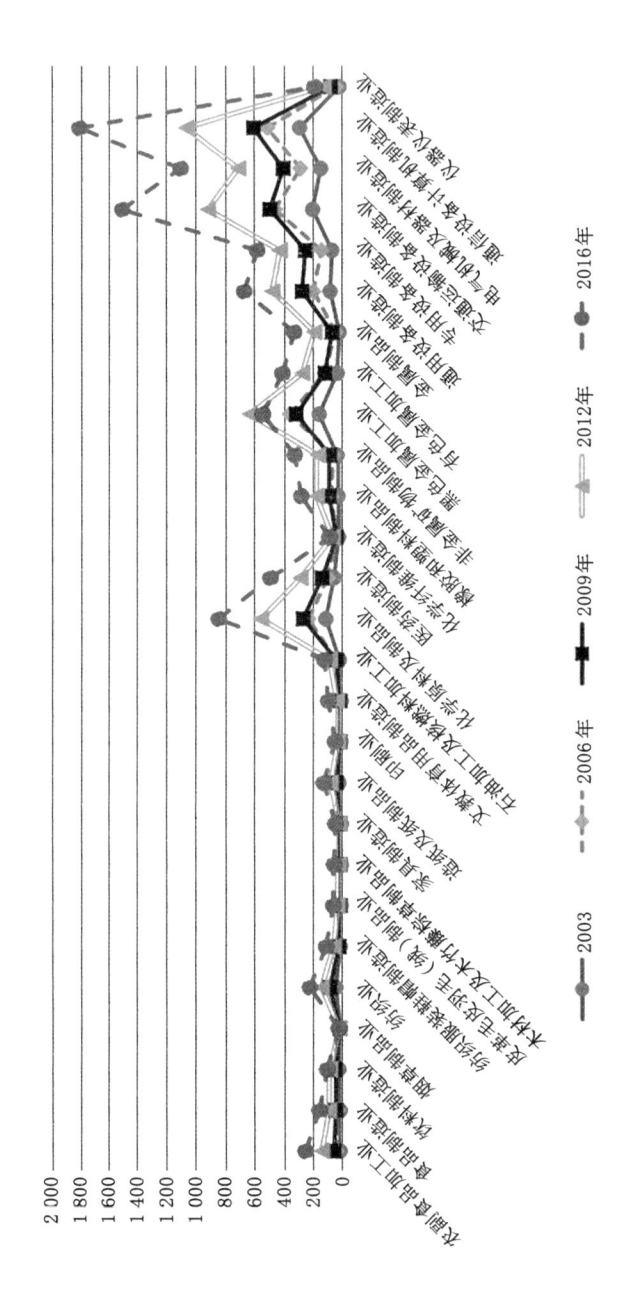

图 4-1 制造业各行业研发经费投入情况

资料来源：根据历年《中国工业统计年鉴》和《中国科技统计年鉴》中的数据整理

4 我国制造业技术创新状况与绿色发展水平测算

2016年我国制造业平均研发经费投入强度仅为0.87,有18个行业的研发投入强度都不足平均水平;研发投入强度最高的行业为仪器仪表制造业(C27),但投入强度也不超过2%,说明我国制造业研发经费投入还远远不足,与其庞大的行业体量不相符,致使企业技术创新活动难以维持,企业研发投入主体地位还未形成,未来需要切实加大制造企业的研发投入强度。

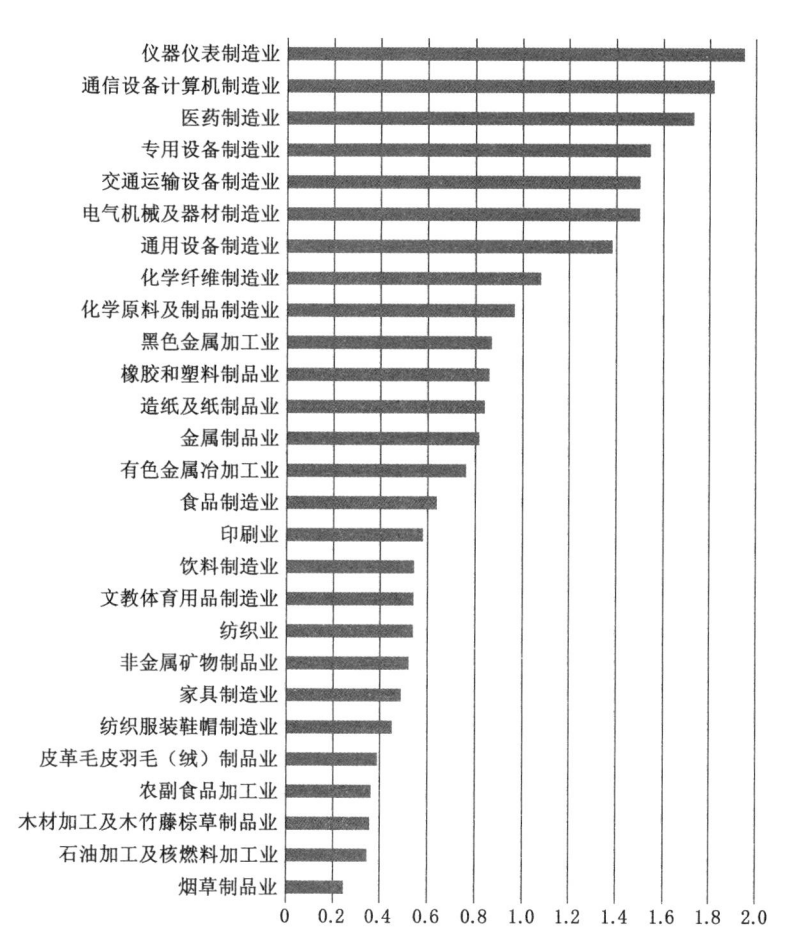

图4-2 2016年制造业各行业研发经费投入强度比较

资料来源:根据2017年《中国工业统计年鉴》和《中国科技统计年鉴》中的数据整理

4.1.1.2 新产品开发经费投入情况

新产品开发经费投入是指新产品研究、设计、模型研制、测试、试验等方面的资金投入。企业新产品开发阶段需要投入大量资金,新产品开发经费投入情况在很大程度上决定了新产品开发的成功与否。表4-2和图4-3反映了制造业各行业2011—2016年新产品开发经费的投入情况①。

根据表4-2,从制造业整体来看,新产品开发经费投入由2011年的6 696.60亿元增长到2016年的11 524.21亿元,年均增长率为9.47%。从制造业细分行业来看,文教体育用品制造业(C12)、家具制造业(C09)、皮革毛皮羽毛(绒)制品业(C07)和木材加工及木竹藤棕草制品业(C08)和新产品开发经费投入增长占绝对优势,年均增长率均达到20%以上。但石油加工及核燃料加工业(C13)、饮料制造业(C03)和化学纤维制造业(C16)的新产品开发经费投入增长较为缓慢,年均增长还不到5%,而黑色金属加工业(C19)的新产品开发经费投入还出现负增长(-0.94%)。

表4-2 2011—2016年制造业各行业新产品开发经费投入情况　　金额单位:亿元

行业	2011年	2012年	2013年	2014年	2015年	2016年	增长率/%
C01	119.71	161.17	214.07	225.07	226.20	274.39	14.83
C02	68.27	89.74	104.91	131.59	138.23	158.63	15.09
C03	71.66	82.58	94.19	84.15	75.04	89.50	3.78
C04	16.44	15.24	19.60	20.14	15.01	23.35	6.02
C05	165.24	176.20	190.56	204.68	208.14	223.00	5.12
C06	40.19	74.65	86.04	86.92	92.49	119.32	19.89
C07	20.94	33.09	41.42	48.90	56.57	71.35	22.67
C08	16.09	24.07	30.04	37.06	42.88	51.16	21.26
C09	12.96	20.85	28.33	34.30	41.28	56.35	27.76
C10	63.52	74.27	79.54	82.82	87.04	117.20	10.75
C11	21.95	28.78	32.81	34.15	37.26	47.20	13.61
C12	17.23	48.38	66.60	81.80	84.13	108.45	35.88
C13	60.79	79.72	113.14	103.79	83.87	78.25	4.30
C14	446.08	543.30	629.25	693.46	687.30	745.39	8.93
C15	233.07	308.23	364.50	407.93	427.95	497.88	13.49
C16	84.76	88.55	93.94	100.24	94.26	98.26	2.49
C17	172.98	202.23	241.53	252.03	256.02	307.20	10.04

---

① 现已公布的统计资料中,规模以上工业企业新产品开发经费数据的时间跨度为2011—2016年。

表 4-2（续）

行业	2011年	2012年	2013年	2014年	2015年	2016年	增长率/%
C18	137.52	166.05	219.35	250.66	248.75	303.51	14.10
C19	536.87	607.18	606.02	615.55	483.82	507.40	−0.94
C20	178.47	212.85	262.90	272.15	273.25	329.68	10.77
C21	127.54	212.67	247.34	270.13	280.85	337.67	17.62
C22	500.40	571.91	655.60	701.54	669.01	728.71	6.46
C23	458.01	513.93	588.73	637.04	610.87	626.26	5.35
C24	973.45	1 094.15	1 237.82	1 409.81	1 521.00	1 753.66	10.31
C25	768.36	863.08	1 045.32	1 128.70	1 129.01	1 300.05	9.16
C26	1 235.80	1 363.98	1 555.80	1 782.27	1 982.27	2 349.44	11.30
C27	148.31	161.86	177.86	206.01	204.24	220.93	6.87
总计	6 696.61	7 818.71	9 027.21	9 902.89	10 056.74	11 524.19	9.47

注：增长率为 2011—2016 年的年均增长率，单位为%。
资料来源：根据历年《中国工业统计年鉴》和《中国科技统计年鉴》中的数据整理。

图 4-3 是对各行业新产品开发经费投入规模的横向比较。2011 年，27 个制造业中新产品开发经费投入规模排名前五位的行业构成为：通信设备计算机制造业(C26)、交通运输设备制造业(C24)、电气机械及器材制造业(C25)、黑色金属加工业(C19)和通用设备制造业(C22)，这五个行业各自的新产品开发经费投入都在 500 亿元以上，其投入之和占制造业总投入的比重达到 60%。也就是说，一半以上的新产品开发都有这五个行业完成。而排名后五位的行业构成为：皮革毛皮羽毛(绒)制品业(C07)、文教体育用品制造业(C12)、烟草制品业(C04)、木材加工及木竹藤棕草制品业(C08)和家具制造业(C09)，这五个行业各自新产品开发经费投入还不到 20 亿元，其投入之和占制造业总投入的比重仅为 1.2%。至 2016 年，制造业新产品开发经费投入规模排名前五名的行业构成为：通信设备计算机制造业(C26)、交通运输设备制造业(C24)、电气机械及器材制造业(C25)、化学原料及制品制造业(C14)和通用设备制造业(C22)，这五个行业各自的新产品开发经费投入都在 700 亿元以上，其投入之和占制造业总投入的比重达到 60%。而排名后五位的行业构成为：皮革毛皮羽毛(绒)制品业(C07)、家具制造业(C09)、木材加工及木竹藤棕草制品业(C08)、印刷业(C11)和烟草制品业(C04)，这五个行业的新产品开发经费投入不到 70 亿元，其投入之和占制造业总投入的比重仅为 2%。

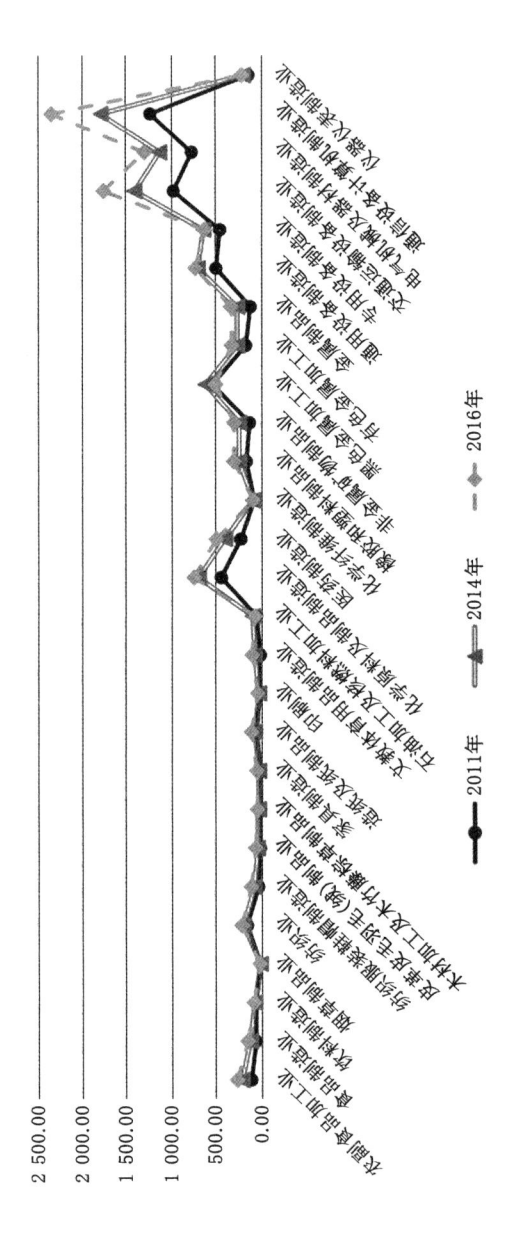

图 4-3 制造业各行业新产品开发经费投入情况

资料来源：根据历年《中国工业统计年鉴》和《中国科技统计年鉴》中的数据整理

从以上分析和 2011—2016 年各行业新产品开发经费投入的增长趋势可以发现,行业之间的新产品开发经费投入差别很大,以通信设备计算机制造业、交通运输设备制造业、电气机械及器材制造业等为代表的技术密集型行业这些年来用于新产品开发的经费投入规模一直保持行业领先水平。尽管以家具制造业、木材加工及木竹藤棕草制品业、皮革毛皮羽毛(绒)制品业和文教体育用品制造业为代表的轻工业新产品开发经费投入近几年增长很快,但其投入规模还远远不够,多年来一直落后于行业总体水平。此外,五个行业的新产品开发经费投入就占到了所有行业新产品开发投入的一半以上,说明我国制造业新产品开发经费投入的行业集中度较高,这一方面有利于技术创新资源的集中配置并发挥创新的规模效应,但另一方面由于行业之间存在关联效应,某一行业的发展会影响其他行业的发展,也受制于其他行业的发展水平,多数行业新产品开发投入不足会产生关联影响,最终可能不利于制造业整体技术创新能力的提升。

上述只是对各行业新产品开发投入总体规模进行比较,图 4-4 对 2016 年各行业新产品开发投入强度(新产品开发经费投入与主营业务收入之比)进行了对比。可以看出,2016 年我国制造业平均新产品开发投入强度仅为 0.95%,有 19 个行业的投入强度都不到平均水平,仅通信设备计算机制造业和仪器仪表制造业这两个行业的新产品开发经费投入强度超过 2%。总体上说,我国制造企业对新产品开发重视不足,资金投入力度还远远不够,主要以贴牌代工生产为主,没有形成自主知识产权的产品,严重制约了我国制造业竞争力的提升。

4.1.2 创新产出情况

对于制造业技术创新产出情况,主要用发明专利申请数和新产品销售收入这两个指标来衡量,具体分析如下。

4.1.2.1 发明专利申请情况

发明专利申请是企业技术创新产出的重要表现方式,专利申请数越多,表明企业技术创新能力越强。表 4-3 和图 4-5 反映了制造业各行业发明专利申请情况。从表 4-3 可以看出,2003—2016 年,中国制造业发明专利申请数量整体呈上升态势,由 2003 年的 9 106 件到 2016 年的 272 545 件,增长了近 30 倍。特别是自 2012 年党的十八大提出创新驱动战略至 2016 年这 5 年期间,由于研发投入的大大增加,我国制造业技术创新产出水平也大大提升,发明专利申请迅速增长,年均增长率达到 10.06%。从制造业细分行业来看,有 17 个行业的年

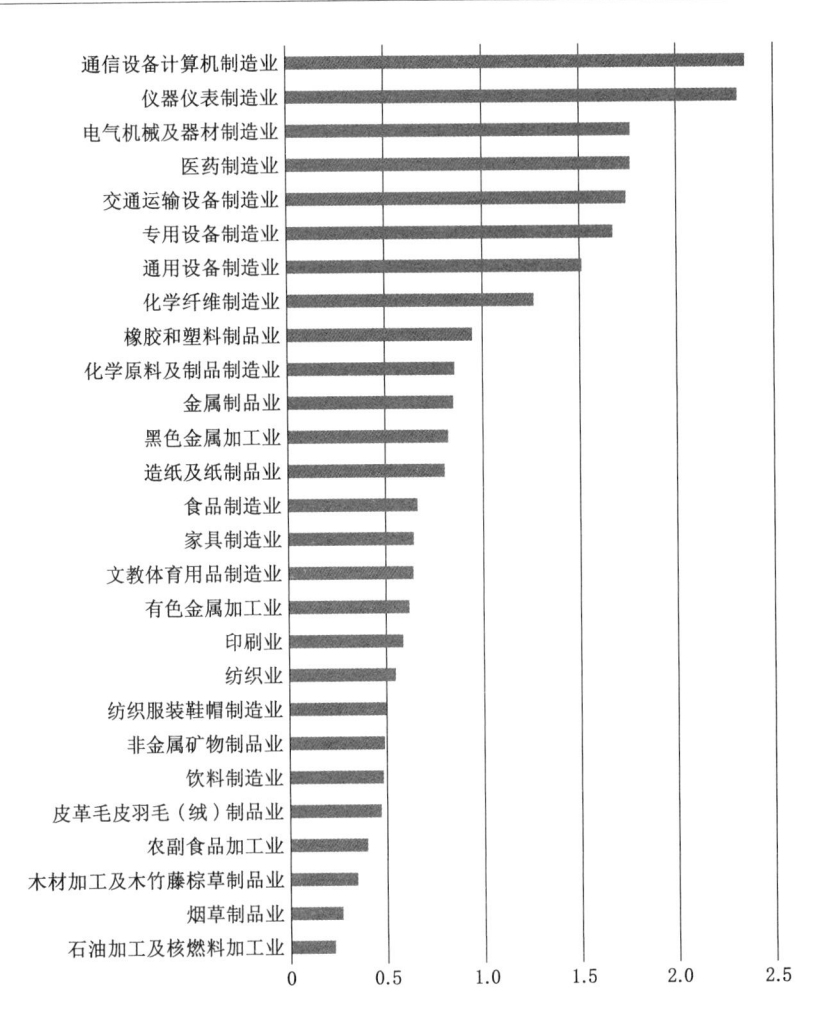

图 4-4　2016 年制造业各行业新产品开发经费投入强度比较

资料来源:根据 2017 年《中国工业统计年鉴》和《中国科技统计年鉴》中的数据整理

均增长水平都高于行业总体水平,其中家具制造业(C09)的发明专利申请增长最快,年均增长率达到 33.12%,文教体育用品制造业(C12)和烟草制品业(C04)的发明专利申请数增长也很快,年均增长保持在 20% 以上;黑色金属加工业(C19)、石油加工及核燃料加工业(C13)、医药制造业(C15)和化学纤维制造业(C16)的发明专利申请数增长较为缓慢,年均增长率不足 5%。不过总的来说,近五年多数行业的发明专利申请数都有较快增长,说明我国制造业技术创新产出水平正在不断提升。

表 4-3 2003—2016 年制造业各行业发明专利申请数　　数量单位：件

行业	2003年	2004年	2005年	2006年	2007年	2008年	2009年	2010年	2011年	2012年	2013年	2014年	2015年	2016年	增长率/%
C01	48	75	51	137	111	203	424	558	1 689	2 398	3 090	3 632	4 072	4 552	13.68
C02	63	165	138	178	296	480	705	834	1 512	1 809	2 147	2 752	2 677	3 075	11.19
C03	217	141	90	88	115	120	266	272	600	994	937	1 164	1 193	1 317	5.79
C04	24	39	56	53	123	271	230	245	381	550	965	919	1 188	1 395	20.46
C05	84	134	145	397	394	661	878	809	1 854	1 998	2 220	2 697	3 619	3 804	13.74
C06	9	31	19	48	56	87	169	197	345	730	946	1 197	1 561	1 681	18.15
C07	10	8	20	63	47	63	66	114	214	436	604	569	708	822	13.52
C08	7	86	39	62	43	82	190	172	541	526	687	660	789	992	13.53
C09	58	10	34	37	41	43	67	215	303	387	593	800	1 225	1 618	33.12
C10	55	67	63	58	82	197	248	294	619	963	1 122	1 478	1 403	1 665	11.57
C11	42	42	41	41	54	79	137	183	365	604	882	852	989	1096	12.66
C12	31	128	66	217	141	125	256	248	555	903	1 331	2 143	2 005	2 404	21.63
C13	165	188	192	174	154	175	252	345	632	796	814	1 051	974	940	3.38
C14	440	649	903	1 122	1 350	2 098	3 079	2 902	9 417	12 268	14 883	16 940	16 300	19 193	9.36
C15	757	1 018	1 659	1 475	1 483	2 538	2 938	3 705	6 968	9 050	10 475	12 620	10 019	10 483	2.98
C16	47	52	82	114	230	182	188	365	560	801	1 090	937	875	861	1.46
C17	139	180	180	236	280	405	847	1 189	2 904	3 279	4 168	4 967	5 247	6 599	15.01
C18	138	433	350	364	429	530	2 665	1 800	2 715	3 798	4 932	5 659	5 200	6 332	10.76
C19	197	287	442	801	1 133	1 331	1 836	2 102	2 911	4 644	5 767	6 337	6 090	5 791	4.51
C20	229	237	288	520	585	1 104	1 165	1 194	2 456	3 250	3 464	3 814	3 962	4 322	5.87
C21	129	242	329	395	418	644	754	1 170	2 575	4 578	5 152	5 791	6 819	7 868	11.44
C22	305	424	678	1 078	1 382	1 820	2 676	3 330	8 637	11 691	14 292	15 723	16 744	19 847	11.17
C23	261	354	611	889	1 578	2 494	2 991	4 027	10 300	13 711	17 528	17 889	18 196	20 975	8.87
C24	267	490	803	1 237	1 822	2 549	3 911	5 391	9 267	14 691	19 329	21 825	25 397		15.30
C25	2 406	3 297	2 807	2 266	3 022	4 466	6 173	8 339	16 667	24 697	25 283	31 336	30 914	41 383	10.88
C26	2 790	4 511	7 666	12 704	19 447	18 939	26 560	28 913	40 980	46 623	50 516	58 088	60 533	70 883	8.74
C27	188	188	151	400	460	843	1 333	1 485	4 319	4 805	5 950	7 796	6 554	7 250	8.57
总计	9 106	13 476	17 903	25 154	35 276	42 529	61 004	70 398	130 286	168 750	194 776	227 140	231 681	272 545	10.06

注：增长率为自 2012 年党的十八大召开至 2016 年共 5 年期间的年均增长率，单位为%。
资料来源：根据历年《中国工业统计年鉴》和《中国科技统计年鉴》中的数据整理。

图 4-5 是对各行业发明专利申请数的横向比较。2003年,27个行业中发明专利申请数排名前五位的行业构成为：通信设备计算机制造业(C26)、电气机械及器材制造业(C25)、医药制造业(C15)、化学原料及化学制品制造业(C14)和通用设备制造业(C22),这五个行业的发明专利申请数之和占到制造业整体的74%,集中度较高,仅通信设备计算机制造业(C26)和电气机械及器材制造业(C25)这两个行业的发明专利申请数之和就占到制造业整体的57%。也就是说,整个制造业的一半以上的发明专利申请都由这两个行业完成。2003年排名后五位的行业构成为：木材加工及木竹藤棕草制品业(C08)、纺织服装鞋帽制造业(C06)、皮革毛皮羽毛(绒)制品业(C07)、烟草制品业(C04)和文教体育用品制造业(C12),这五个行业发明专利申请数之和还不足制造业整体的1%。处于末位的木材加工及木竹藤棕草制品业(C08),发明专利申请数仅为7件,与处于首位的通信设备计算机制造业(C26)的2 790件相差近400倍。可见,各行业之间发明专利申请数差异之大,体现了行业间技术创新产出转化能力的巨大差异。至2016年,发明专利申请数排名前五位的行业构成为：通信设备计算机制造业(C26)、电气机械及器材制造业(C25)、交通运输设备制造业(C24)、专用设备制造业(C23)和通用设备制造业(C22),这五个行业的发明专利申请数之和占到整个制造业的65%以上。而排名后五位的行业构成为：皮革毛皮羽毛(绒)制品业(C07)、化学纤维制造业(C16)、石油加工及核燃料加工业(C13)、木材加工及木竹藤棕草制品业(C08)和印刷业(C11),这五个行业的发明专利申请数之和不到制造业整体的2%。处于末位的皮革毛皮羽毛(绒)及其制品业(C07)的发明专利申请数为822件,与第一位的通信设备计算机制造业(C26)相差86倍多。虽然差距仍然很大,但与2003年400倍的差距相比已大大,这说明中国制造业行业间技术创新产出差距在逐渐缩小。

从以上分析和2003—2016年各行业发明专利申请数的增长趋势可以看出,行业之间的发明专利申请情况差异很大,但专利申请集中度很高。以通信设备计算机制造业和电气机械及器材制造业等为代表的技术密集型行业多年来的专利申请总数一直保持行业领先水平;而以皮革毛皮羽毛(绒)制品业和木材加工及木竹藤棕草制品业为代表的劳动密集型行业多年来专利申请情况一直较差,远落后于行业平均水平。另外,近几年化学纤维制造业和石油加工及核燃料加工业的专利申请在全行业排名下降较快,间接反映了这两个行业的持续创新动力不足。

4 我国制造业技术创新状况与绿色发展水平测算

图 4-5 造业各行业发明专利申请数

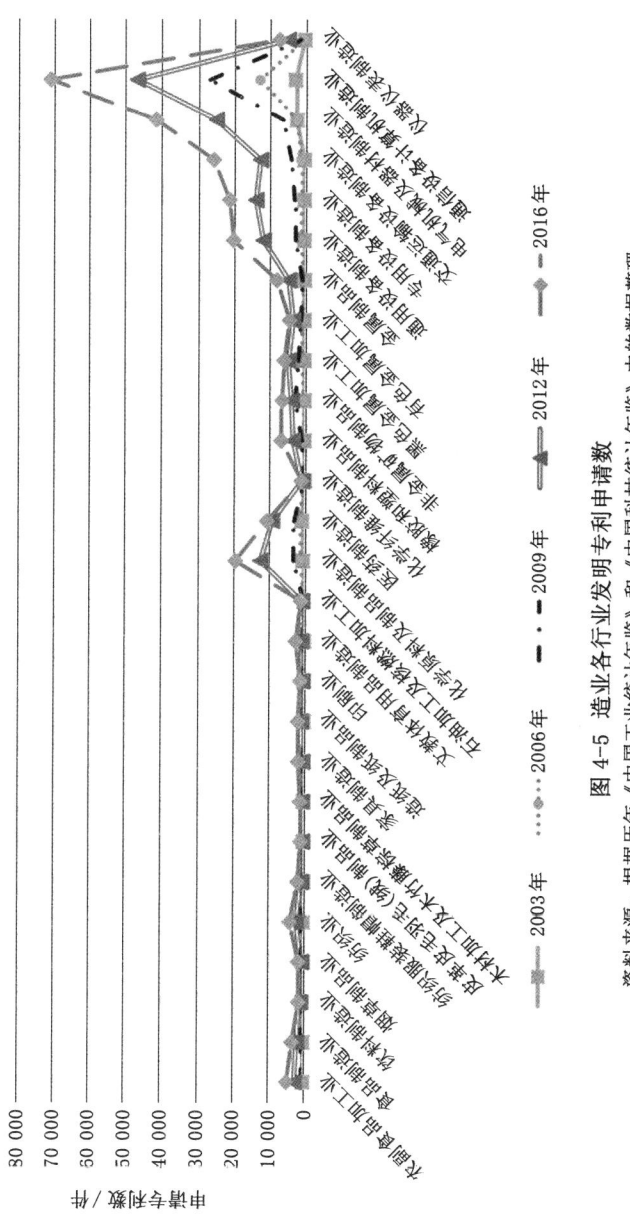

资料来源：根据历年《中国工业统计年鉴》和《中国科技统计年鉴》中的数据整理

上述只是对制造业各行业发明专利申请的绝对数量进行了比较,图4-6描述了2016年制造业各行业的人均发明专利数量,可以更直观地比较行业之间技术创新产出水平。可以看出,2016年中国制造业总体人均发明专利数量为27件;只有9个行业的专利发明超过了平均水平,这些行业大多都是技术密集型行业;而多数劳动密集型行业的人均发明专利申请数都远远不够,未来需加快通过高新技术改造提升这些行业的技术创新水平。

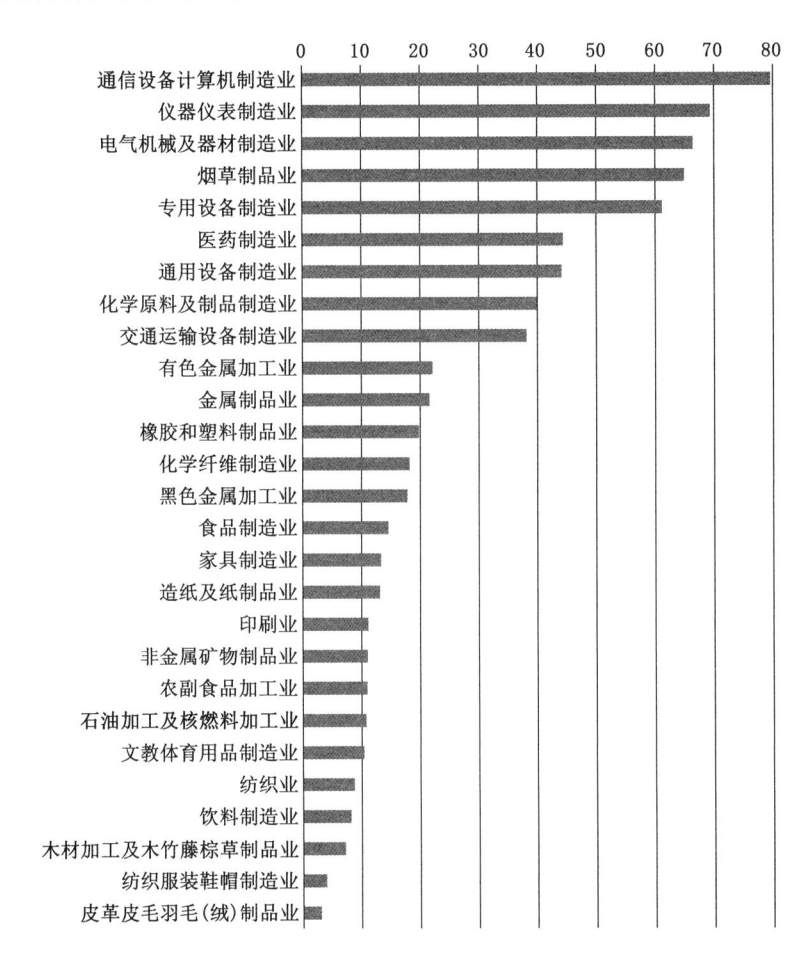

图4-6 2016年制造业各行业人均发明专利数比较

资料来源:根据历年《中国工业统计年鉴》和《中国科技统计年鉴》中的数据整理

4.1.2.2 新产品销售收入情况

新产品销售收入反映了企业技术创新的经济效益和对创新成果的市场转

化能力。从表 4-4 可以看出,2011—2016 年中国制造业新产品销售收入整体呈上涨态势,由 2011 年的 98 643.79 亿元到 2016 年的 172 558.19 亿元,年均增长率为 9.77%。从制造业细分行业来看,有 18 个行业的年均增长水平都高于平均水平,其中文教体育用品制造业(C12)和家具制造业(C09)的年均增长率分别达到 36.79% 和 24.44%,增速远超其他行业;而黑色金属加工业(C19)新产品销售收入的年均增长还不足 1%。不过总的来说,多数行业的新产品销售收入都有较快增长,说明近年来我国制造业技术创新的市场转化能力有着较大提升。

表 4-4 2011—2016 年制造业各行业新产品销售收入情况　　　　单位:亿元

行业	2011 年	2012 年	2013 年	2014 年	2015 年	2016 年	增长率/%
C01	1 467.73	2 004.18	2 121.65	2 465.06	2 848.43	3 331.94	14.64
C02	681.44	844.48	1 096.84	1 158.71	1 334.52	1 603.93	15.33
C03	783.38	1 068.62	1 133.77	1 050.18	1 004.76	1 133.05	6.34
C04	1 492.88	1 383.69	1 591.31	1 522.27	1 650.74	1 774.27	2.92
C05	3 253.94	3 371.19	4 051.26	4 310.73	4 742.10	5 174.61	8.04
C06	807.57	1 266.55	1 476.61	1 707.64	1 826.52	2 194.46	18.13
C07	507.82	612.83	738.94	814.40	907.61	1 085.78	13.50
C08	246.47	323.30	335.57	472.90	533.66	609.55	16.29
C09	254.90	290.84	391.07	509.38	601.70	946.62	24.44
C10	1 018.23	1 125.53	1 382.25	1 541.06	1 668.80	2 092.65	12.76
C11	279.52	369.15	436.00	513.35	565.83	648.46	15.06
C12	207.98	588.98	872.17	1 050.88	1 128.55	1 362.62	36.79
C13	1 157.13	1 742.08	2 646.94	2 864.76	2 507.90	2 673.70	14.98
C14	6 432.90	7 873.08	9 137.63	10 169.12	10 704.15	11 762.27	10.58
C15	2 317.04	2 928.60	3 606.17	4 301.83	4 736.27	5 422.75	15.23
C16	1 284.56	1 439.30	1 509.34	1 584.51	1 713.72	1 845.41	6.22
C17	2 017.75	2 339.60	2 931.66	2 898.84	2 994.27	3 748.21	10.87
C18	1 452.39	1 783.67	2 410.81	2 601.09	2 901.03	3 395.39	15.20
C19	6 835.25	7 591.75	7 971.92	8 042.86	6 629.09	7 120.03	0.68
C20	3 410.39	3 990.64	5 191.56	5 940.34	5 817.05	6 976.01	12.67
C21	1 554.77	2 368.57	2 721.97	3 205.13	3 554.89	3 965.61	16.89

表 4-4（续）

行业	2011年	2012年	2013年	2014年	2015年	2016年	增长率/%
C22	5 929.36	6 277.31	7 269.36	7 640.91	8 043.57	8 948.55	7.10
C23	4 479.25	5 179.22	5 894.71	6 112.81	6 027.65	6 430.05	6.21
C24	20 087.92	18 992.00	19 840.26	23 862.72	25 561.27	31 921.90	8.03
C25	10 998.02	11 792.24	13 860.51	16 156.99	16 502.59	19 409.08	9.93
C26	18 226.78	19 471.54	24 163.52	26 765.16	30 657.73	34 838.67	11.40
C27	1 458.43	1 384.08	1 489.87	1 768.05	1 873.44	2 142.61	6.62
总计	98 643.79	108 403.02	126 273.66	141 031.68	149 037.87	172 558.19	9.77

注：增长率为 2011—2016 年的年均增长率，单位为%。
资料来源：根据历年《中国工业统计年鉴》和《中国科技统计年鉴》中的数据整理。

图 4-7 是对各行业新产品销售收入规模的横向比较。2011 年，27 个行业中新产品销售收入排名前五位的行业构成为：交通运输设备制造业（C24）、通信设备计算机制造业（C26）、电气机械及器材制造业（C25）、黑色金属加工业（C19）、化学原料及化学制品制造业（C14）和通用设备制造业（C22），这五个行业的新产品销售收入之和占到制造业整体的 63%，也就是说，制造业大部分的发明专利申请都由这五个行业完成。而排名后五位的行业构成为：文教体育用品制造业（C12）、木材加工及木竹藤棕草制品业（C08）、印刷业（C11）、皮革毛皮羽毛（绒）制品业（C07）和家具制造业（C09），这五个行业各自的新产品销售收入之和还不到制造业整体的 2%。至 2016 年，新产品销售收入排名前五位的行业构成为：通信设备计算机制造业（C26）、交通运输设备制造业（C24）、电气机械及器材制造业（C25）、化学原料及化学制品制造业（C14）和通用设备制造业（C22），这五个行业的新产品销售收入之和占制造业全行业发明专利申请总数量的比重达到 62%。而新产品销售收入排名后五位的行业有：木材加工及木竹藤棕草制品业（C08）、印刷业（C11）、皮革毛皮羽毛（绒）制品业（C07）、家具制造业（C09）和饮料制造业，这五个行业的新产品销售收入之和不到整个制造业的 3%。

从以上分析和 2011—2016 年各行业新产品销售收入的增长趋势可以发现，行业之间的新产品销售收入差距很大，但集中度较高。以通信设备计算机制造业、交通运输设备制造业、电气机械及器材制造业等为代表的技术密集型行业多年来新产品销售收入一直保持行业领先水平；尽管文教体育用品制造业（C12）和家具制造业（C09）为代表的轻工业新产品销售收入近几年增长很快，但由于基数小、底子薄，仍远远落后于其他行业。

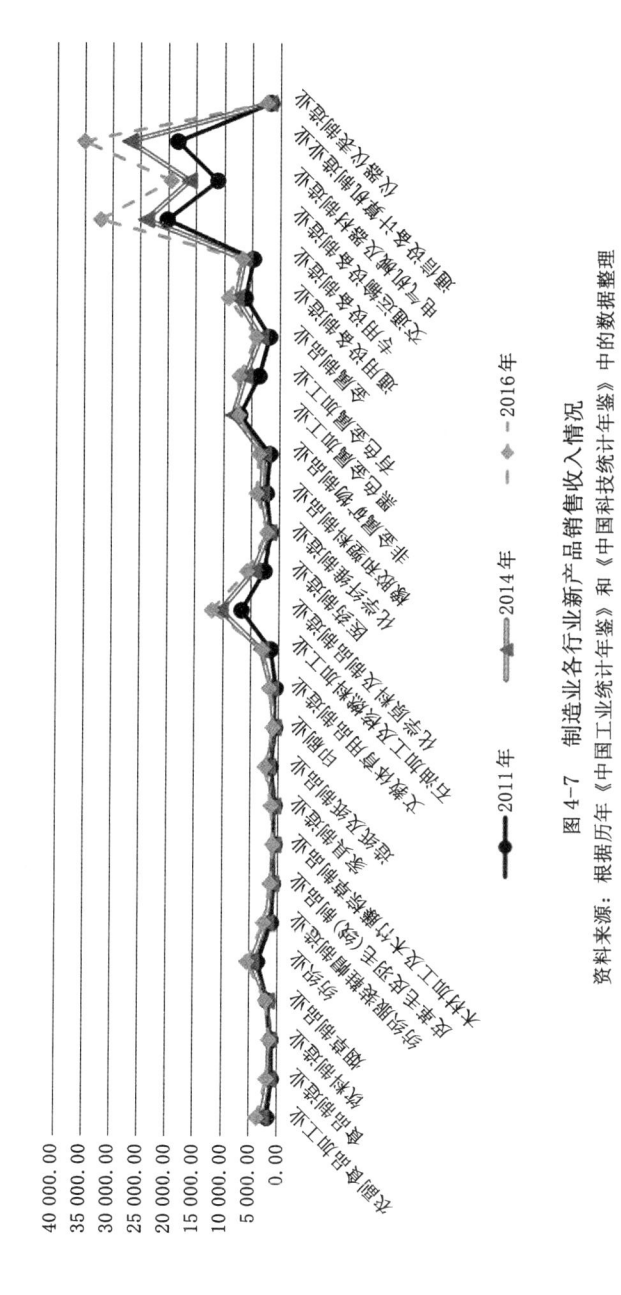

4 我国制造业技术创新状况与绿色发展水平测算

图 4-7 制造业各行业新产品销售收入情况

资料来源：根据历年《中国工业统计年鉴》和《中国科技统计年鉴》中的数据整理

上述只是对制造业各行业新产品销售收入规模进行了比较,图4-8描述了2016年制造业各行业新产品销售收入占主营业务收入比重,可以更清楚地对比行业之间的技术创新市场转化能力。可以看出,2016年我国制造业新产品销售收入占主营业务收入比重的平均水平为14%,只有10个行业超过了平均水平,这些行业大多都是技术密集型行业;而多数劳动密集型行业由于不重视新产品开发等原因,造成新产品销售不理想,企业创新效益不强。

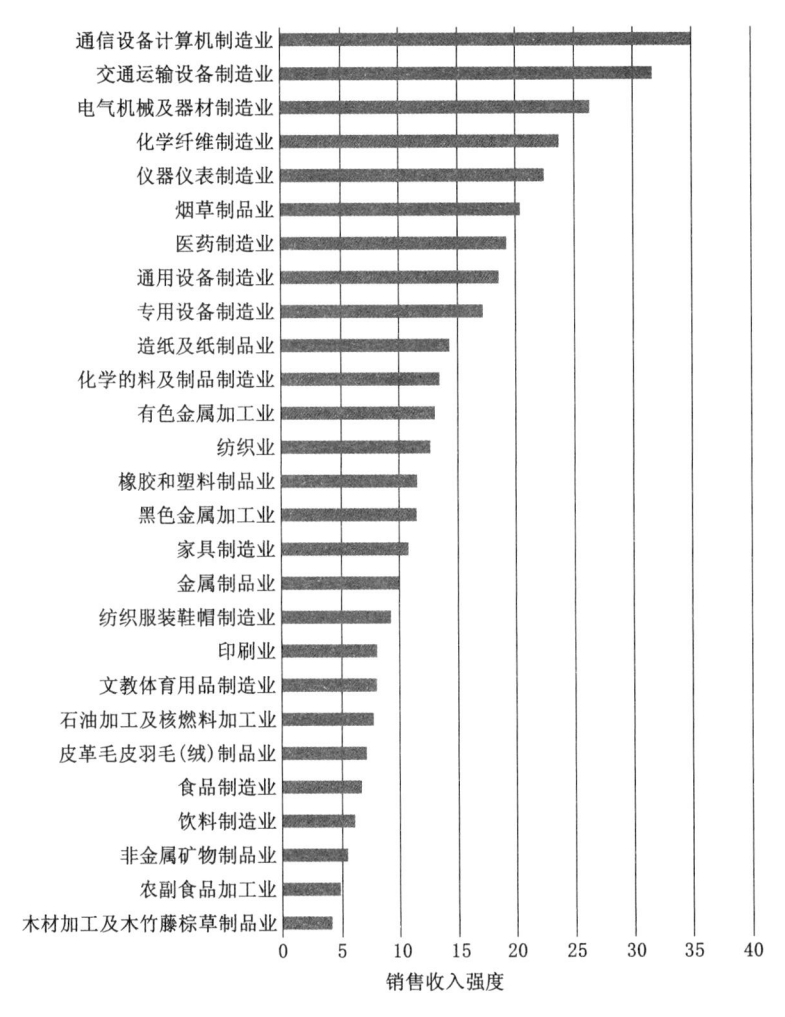

图4-8 2016年制造业各行业新产品销售收入强度比较

资料来源:根据2017年《中国工业统计年鉴》和《中国科技统计年鉴》中的数据整理

4.2 我国制造业绿色发展水平测算与评价

本节通过2003—2015年我国规模以上制造企业的若干数据对制造业绿色发展水平进行测算和评价,首先大致介绍了当前学术界常用的评价方法,选择绿色全要素生产率指标来衡量我国制造业绿色发展水平;其次采用数据包络分析(DEA)与方向性距离函数(DDF)构建绿色全要素生产率的测算模型,并选取合适的测算指标;最后对绿色全要素生产率的测算结果进行分析,以此来考察我国制造业绿色发展水平。

4.2.1 绿色发展水平的测算方法

关于绿色发展水平的测算和评价,学术界采取了不同方法进行研究,综合来看,主要有以下两种。

4.2.1.1 综合指标体系法

综合指标体系法是通过构建影响绿色发展的指标体系,根据指标的重要程度赋予不同的权重,并对各指标进行无量纲化处理以消除原始数据的变异程度,以此来测算某个地区或行业的绿色发展水平。国内外不同学术机构对绿色发展指标的选取存在差异。例如国外有经济合作与发展组织提出的"绿色发展指标"、国际原子能机构组织开发的可持续发展能源指标体系(EISD)和耶鲁大学和哥伦比亚大学联合小组提出的"环境绩效指数(EPI)"等。在国内,由北京师范大学经济与资源管理研究院、西南财经大学发展研究院和国家统计局中国经济景气检测中心联合发布的"中国绿色发展指数",形成了当前中国省级绿色发展指数和中国城市绿色发展指数两套体系,全面评估了中国30个省(区、市)及100个城市的绿色发展水平;国家发展改革委、国家统计局、环境保护部、中央组织部制定的《绿色发展指标体系》,构建了包含资源利用、环境治理、环境质量、生态保护、增长质量和绿色生活6个一级指标和55个二级指标的综合指标体系,结合"十三五"规划纲要和相关部门规划目标,测算了我国绿色发展指数。

4.2.1.2 绿色全要素生产率

绿色发展的关键在于发展方式从粗放向集约转变,不断提高绿色全要素生产率,扩大其对绿色发展的贡献率。绿色全要素生产率是以生产率理论为基础,将能源消耗纳入生产要素,并将环境污染作为非期望产出,以此测算资源环境约束下的全要素生产率。生产率是经济学中一个非常重要的概念,用于衡量生产的效率,是指社会生产过程中产出与投入的比率。生产率提升的速度决定了一国经济的发展速度。早期生产率主要是指资本生产率、劳动生产率等单要素生产率(Single Factor Productivity,SFP)。之后学者发现由于不同生产要素的投入彼此具有一定的替代性,那么用单要素生产率衡量生产效率就会出现偏差,因此提出全要素生产率的概念(Total Factor Productivity,TFP)。全要素生产率是指一个系统的总产出量与全部生产要素(常指资本和劳动)投入量之比,是各个要素的综合生产率。全要素生产率又称为索罗剩余,这是因为1957年索罗(Solow)在其发表的《技术进步与总量生产函数》中将技术进步引入生产函数,指出全要素生产率的增长是由技术进步引起的,这一观点现已被大多数学者接受并采纳。

全要素生产率的测算一般采用美国著名运筹学家查恩斯(Charnes)1978年提出的数据包络分析(DEA),以资本、劳动力为投入变量,以地区或行业的生产总值为产出变量进行测算。但是,传统的全要素生产率没有将资源消耗和环境污染影响考虑在内,这样测算出来的全要素生产率就会出现估计偏差。例如,经济增长严重依赖资源消耗和大量污染排放的地区或行业,全要素生产率往往被高估,而注重资源节约利用或和治理环境污染的地区或行业,全要素生产率则会被低估。在当前全世界资源环境约束日益趋紧的背景下,为全面、科学地反映全要素生产率的变化,全要素生产率的测算指标不仅要考虑资本、劳动等传统要素的影响,还要考虑能源消耗和环境污染的影响。1996年,莫赫塔迪(Mohtadi)尝试将能源消耗、污染物与资本、劳动一同纳入全要素生产率的投入要素中。但污染排放是经济发展带来的负面后果,将其纳入投入要素并不合适,更应放在产出中。1997年,钟(Chung)等学者将方向性距离函数(DDF)应用于数据包络分析(DEA),并将产出分为期望产出("好"产出)和非期望产出("坏"产出),其中污染排放为非期望产出,与期望产出的方向相反。自此,全要素生产率的测算开始向绿色转型,绿色全要素生产率(Green Total Factor Productivity,GTFP)的概念应运而生,即综合考虑了资源消耗和环境污染的全要素生产率。由于方向性距离函数具有径向性与角度性要求,既要求径向的投入或产出变量同比例变化,又要求角度上假设投入或产出不变。2003年,托恩(Tone)提出了非径向、非角度的方向距离函数SBM测度模型,更好地解决了效率测算的松弛问题,可以综合考虑投入、期望产出与非期望产出的关系。

当前,我国制造业发展模式主要是以大量能源消耗和环境污染为代价的粗放型发展。大量研究指出,制造业要实现绿色发展,关键在于不断提高绿色全要素生产率。因此,本研究以生产率理论为基础,将能源消耗纳入生产要素投入,并将环境污染作为非期望产出,通过测算资源环境约束下的制造业绿色全要素生产率,以此来衡量制造业绿色发展水平。

4.2.2 绿色发展水平的测算模型

本研究运用数据包络分析(DEA)与方向性距离函数(DDF)测算我国制造业绿色全要素生产率,以此作为制造业绿色发展的衡量指标。方向性距离函数(DDF)的生产前沿面同时考虑了期望产出的增加和非期望产出的减少,而环境技术是考虑了环境因素后的生产可能性前沿,因此是测算绿色全要素生产率的基础。本研究在此运用数据包络分析(DEA)定义一个包含期望产出和非期望产出的环境技术模型。根据法尔(Fare)等学者2007年的定义,假设该模型满足投入要素与期望产出的强可处置性、非期望产出的联合弱可处置性、期望产出与非期望产出的零和性。其中,期望产出用向量 y 表示,非期望产出用向量 b 表示,投入要素用向量 x 表示($x \in R_+^N$),则定义如下环境技术模型:

$$P(x) = \{(x, y, b), x \text{ 可生产的}(y, b)\}$$

$P(x)$表示投入生产要素 x,得到期望产出 y 和非期望产出 b 的生产可能性集合。每一个制造业行业可视为一个生产决策单元,通过引入方向性距离函数(DDF),可计算出每个决策单元的相对效率。假设对于某个制造行业 k 而言,第 t 期的方向性距离函数可以通过求解如下的线性规划而得到:

$$\vec{D}_0^t(x^t, y^t, b^t; g_y, -g_b) = \max \beta$$

$$\text{s.t.} \sum_{k=1}^{K} z_k^t b_{kj}^t \geqslant y_{k'j}^t + \beta g_{yj}^t, j = 1, 2, \cdots, u$$

$$\sum_{k=1}^{K} z_k^t b_{ks}^t \geqslant b_{k's}^t + \beta g_{bs}^t, s = 1, 2, \cdots, v$$

$$\sum_{k=1}^{K} z_k^t x_{ki}^t \leqslant x_{k'i}^t, i = 1, 2, \cdots, n$$

其中,g 为方向向量,表示对其期望产出和非期望产出的偏好,z_k^t 为第 t 期的权重值,$k=1,2,\cdots,K$。在通过线性规划求解得到方向性距离函数后,便可构造全要素生产率指数(Malmquist-Luenberger,ML)。根据 Chung 等(1997)学者 1997 年提出的方法可以得到第 t 期到 $t+1$ 期 ML 指数:

$$\text{ML}_t^{t+1} = \left\{ \frac{1 + \vec{D}_0^t(x^t, y^t, b^t; g^t)}{1 + \vec{D}_0^t(x^{t+1}, y^{t+1}, b^{t+1}; g^{t+1})} \times \frac{1 + \vec{D}_0^{t+1}(x^t, y^t, b^t; g^t)}{1 + \vec{D}_0^{t+1}(x^{t+1}, y^{t+1}, b^{t+1}; g^{t+1})} \right\}^{1/2}$$

ML 指数的测算需要通过线性规划求解上述 4 个方向性距离函数,分别为:第 t 期和 $t+1$ 期的距离函数 $\vec{D}_0^t(x^t, y^t, b^t; g^t)$ 和 $\vec{D}_0^{t+1}(x^t, y^t, b^t; g^t)$,以及基于 $t+1$ 期技术的第 t 期距离函数 $\vec{D}_0^t(x^{t+1}, y^{t+1}, b^{t+1}; g^{t+1})$ 和基于 t 期技术的第

$t+1$ 期距离函数 $\vec{D}_0^{t+1}(x^{t+1},y^{t+1},b^{t+1};g^{t+1})$。

然而,越来越多的研究发现,ML 指数因不具传递性或循环性,且在测算跨期方向性距离函数时可能面临潜在的线性规划无解问题。为了弥补上述缺陷,本研究采用托恩(Tone)2003 年提出的非径向、非角度的方向距离函数 SBM 测度模型,进一步构造了 GML 指数,计算公式如下:

$$\begin{aligned}
\text{GML}_t^{t+1} &= \frac{1+D^G(x^t,y^t,b^t)}{1+D^G(x^{t+1},y^{t+1},b^{t+1})} \\
&= \left[\frac{1+D_0^t(x^t,y^t,b^t)}{1+D^{t+1}(x^{t+1},y^{t+1},b^{t+1})}\right] \times \\
&\quad \left[\frac{1+D^G(x^t,y^t,b^t)}{1+D^t(x^{t+1},y^{t+1},b^{t+1})} \times \frac{1+D^{t+1}(x^{t+1},y^{t+1},b^{t+1})}{1+D^G(x^{t+1},y^{t+1},b^{t+1})}\right]
\end{aligned}$$

GML 指数反映的是绿色全要素生产率的增长率,GML 指数大于 1 表示绿色全要素生产率增长,GML 指数小于 1 表示绿色全要素生产率下降。本章以 GML 指数来分析我国制造业绿色全要素生产率的动态变化趋势,以此来衡量制造业绿色发展水平变化。

4.2.3 绿色发展水平的测算指标

4.2.3.1 投入指标

(1) 资本。资本存量是测算绿色全要素生产率的基础。已有文献估算了总资本存量。本研究借鉴陈诗一(2011)工业行业资本存量估算方法,采用永续盘存法来测算我国制造业分行业的资本存量,具体步骤如下:

首先,计算工业分行业折旧率,计算公式为:

累计折旧 t = 固定资产原值 t − 固定资产净值 t

本年折旧 t = 累计折旧 t − 累计折旧 $t-1$

折旧率 t = 本年折旧 t/固定资产原值 $t-1$

其次,计算分行业每年新增实际投资额,计算公式为:

当年价投资额 t = 固定资产原值 t − 固定资产原值 $t-1$

可比价投资额 t = 当年价投资额 t/固定资产投资价格指数 t

最后,按照永续盘存法估算制造业分行业的资本存量:

资本存量 t = 可比价全部口径投资额 t + (1 − 折旧率 t) × 资本存量 $t-1$

其中,基期的资本存量用 2003 年的固定资产净值表示。分行业固定资产原值、固定资产净值、固定资产投资价格指数(上年=100)数据来源于历年《中国工业经济统计年鉴》,并换算为 2003 年可比价。

4 我国制造业技术创新状况与绿色发展水平测算

（2）劳动。由于劳动投入既包括劳动时间又包括劳动效率，这一指标衡量较为复杂，现有文献中几乎均采用从业人数作为劳动投入的代理变量。因此，本研究采用规模以上工业企业中制造业分行业的全部从业年平均人数表征劳动投入，数据来源于历年《中国工业经济统计年鉴》。

（3）能源投入。采用规模以上工业企业中制造业分行业的能源消费总量（单位为万吨标准煤）进行衡量，数据来源于《中国能源统计年鉴》。

4.2.3.2 产出指标：分为期望产出和非期望产出

（1）期望产出。由于2009年后的分行业工业总产值数据残缺，故本研究采用规模以上工业企业中制造业分行业的主营业务收入表示期望产出，根据分行业工业品出厂价格指数（PPI）进行平减，并以2003年为基期换算为可比价的主营业务收入。分行业工业品出厂价格指数（上年＝100）数据来源于《中国城市（镇）生活与价格年鉴》，主营业务收入数据来源于历年《中国工业经济统计年鉴》。

（2）非期望产出。在衡量非期望产出时，现有文献大多采用分行业工业废水、废气和固体废物排放量本研究综合采用工业三废排放和二氧化碳排放两个指标来衡量非期望产出。

在工业三废的衡量中，固体废物排放量的数据缺失严重故舍弃这一指标，本研究实际衡量的是工业废气和工业废水的排放情况。历年《中国环境统计年鉴》中统计了分行业的工业废气和工业废水排放量的数据，但工业废气排放量的单位为亿立方米，工业废水排放量的单位为万吨，因此需要对这些数据进行标准化处理，计算公式为：

$$\omega_{i,n,t}^{*}=\frac{\omega_{i,n,t}-\omega_{(\min)i,n}}{\omega_{(\max)i,n}-\omega_{(\min)i,n}}$$

其中，i 表示我国27个制造行业，$i=1,2,\cdots,27$，t 表示各个年份，$t=2003$，$2004,\cdots,2015$，n 表示污染排放物种类，包括工业废水和工业废气，$n=1,2$。$\omega_{i,n,t}$ 为2003—2015年第 i 个行业第 n 种污染排放量，$\omega_{(\max)i,n}$ 和 $\omega_{(\min)i,n}$ 为第 i 个行业第 n 种排放物的最大排放量和最小排放量，$\omega_{i,n,t}^{*}$ 为2003—2015年第 i 个行业第 n 种污染排放量标准化处理后的数据。在对工业废水和废气排放量数据完成标准化处理后，采取等比权重分配，最终得到环境污染综合指数。

在衡量二氧化碳排放时，联合国政府间气候变化专门委员会（Intergovernmental Panel on Climate Change，IPCC）关于《国家温室气体清单指南》介绍了二氧化碳排放的核算方法，公式如下：

$$CO_2=\sum_{i=1}^{3}CO_{2,i}=\sum_{i=1}^{3}E_i\times NCV_i\times CEF_i\times COF_i\times (44/12)$$

其中，CO_2 表示估算出来的二氧化碳排放量，$i=1,2,3$ 分别表示煤炭、石油和天然气三种能源①，E 表示能源消耗量，NCV 表示净发热值②，CEF 为 IPCC 提供的碳排放系数，COF 表示碳氧化因子（设定煤炭为 0.99，原油和天然气为 1），12 和 44 分别表示碳和二氧化碳的分子量。

本章共涉及 6 个变量，其中投入变量有三个，分别是资本、劳动和能源；期望产出为主营业务收入；非期望产出有两个，分别是工业三废和二氧化碳排放，各变量的描述性统计特征如表 4-5 所示。

表 4-5 描述性统计特征

指标	衡量方法	数据来源	样本	均值	标准差	最小值	最大值
资本	采用永续盘存法测算，并利用固定资产投资价格指数平减为 2003 年可比价	《中国工业经济统计年鉴》	351	4 459.91	4 652.37	187.16	25 826.89
劳动	采用规模以上工业企业中制造业分行业全部从业年平均人数表示	《中国工业经济统计年鉴》	351	270.97	191.40	18.61	909.26
能源	采用规模以上工业企业中制造业分行业能源消费总量（单位为万吨标准煤）表示	《中国能源统计年鉴》	351	7 316.60	13 536.90	120	69 342
主营业务收入	采用规模以上工业企业中制造业分行业主营业务收入表示，并利用分行业工业品出厂价格指数平减为 2003 年可比价	《中国工业经济统计年鉴》《中国城市（镇）生活与价格年鉴》	351	17 203.90	19 324.46	693.83	128 242.50
工业三废	工业固体废物排放量数据缺失严重故剔除，综合采用工业废气和工业废水排放量表示，并进行标准化处理	《中国环境统计年鉴》	351	0.135 06	0.196 63	0.000 03	0.852 56
二氧化碳	以煤炭、石油和天然气这三种消耗量较大的一次能源为基准来核算	《中国能源统计年鉴》	351	14 368.44	36 525.46	41.21	245 508.60

---

① 为计算方便，以煤炭、原油和天然气这三种消耗量较大的一次能源为基准来核算制造业分行业的二氧化碳排放量。

② 2017 年《中国能源统计年鉴》附录 4 提供了煤炭、原油、天然气三种一次能源的净发热值。

4.2.4 绿色发展水平的测算结果与分析

基于 2003—2015 年 27 个制造行业的投入产出数据①,本研究利用 MaxDea7.6.1 软件测算出中国制造业细分行业的 GML 指数(表 4-6)。由于 GML 指数反映的是绿色全要素生产率(GTFP)的增长率,因此对制造业绿色全要素生产率应以动态变化的视角来分析。2004—2015 年中国制造业整体绿色 GML 指数的均值为 0.998 7,说明样本期内我国制造业绿色全要素生产率整体呈下降态势,平均下降幅度为 0.13%,这意味着样本期间我国制造业整体发展处于以牺牲环境为代价换取增长的粗放型发展模式,绿色发展水平不高。接下来从时间和行业维度进行具体分析。

表 4-6 2004—2015 年中国 27 个制造业行业的 GML 指数

行业	2004 年	2005 年	2006 年	2007 年	2008 年	2009 年	2010 年	2011 年	2012 年	2013 年	2014 年	2015 年	年均值
C01	0.915 6	1.011 0	0.972 3	0.905 8	0.864 5	0.962 1	0.895 3	1.014 1	1.002 1	0.964 8	0.934 6	0.979 6	0.951 8
C02	0.940 0	1.063 2	1.000 5	0.994 4	0.900 2	0.957 4	0.975 5	0.971 6	0.996 1	0.998 9	0.967 4	0.956 3	0.976 8
C03	0.964 7	1.071 6	1.048 8	1.019 1	0.944 7	1.011 5	1.002 7	1.111 8	1.026 2	0.966 2	0.974 6	0.966 0	1.009 0
C04	0.930 3	0.987 4	0.990 3	1.074 1	1.016 4	1.020 9	1.023 8	1.134 6	1.127 7	1.123 6	1.084 8	1.066 9	1.048 4
C05	0.982 7	1.044 5	0.972 1	1.024 9	0.941 4	1.009 2	0.956 0	0.950 8	0.983 3	1.000 1	0.988 4	1.010 3	0.988 6
C06	0.935 4	0.872 6	1.195 6	1.072 6	0.903 3	1.077 6	1.043 7	0.770 3	0.942 3	0.937 2	0.519 3	0.989 3	0.938 2
C07	0.809 4	0.947 1	0.986 2	1.053 4	0.810 3	1.087 9	1.022 9	0.804 0	1.131 6	1.033 3	0.974 0	0.966 9	0.968 5
C08	1.006 4	1.066 0	1.062 9	1.082 4	0.961 1	1.054 0	0.976 9	1.016 9	0.961 7	1.033 4	1.033 0	0.990 9	1.020 5
C09	1.151 5	0.842 2	0.942 9	0.953 1	1.080 5	1.026 4	1.028 9	0.987 6	0.967 3	0.930 3	0.997 5	1.025 7	0.994 5
C10	0.982 4	0.962 5	1.026 7	1.036 5	0.925 3	0.978 3	0.915 2	1.037 1	0.984 7	1.025 2	1.005 8	0.984 5	0.988 9
C11	1.184 6	0.949 6	1.263 0	0.953 1	1.008 9	0.893 4	0.909 7	0.898 8	1.001 0	1.053 5	0.992 9	0.887 6	0.999 7
C12	0.910 6	1.215 3	1.017 8	0.997 9	0.946 8	0.856 3	1.133 0	0.925 4	0.950 9	0.972 5	0.991 1	0.965 6	0.990 3
C13	0.981 4	0.897 7	0.850 1	0.947 1	0.850 3	1.012 6	0.914 9	1.012 0	0.939 7	0.943 7	0.959 9	1.027 3	0.928 5
C14	1.043 2	0.915 6	0.958 2	1.023 2	0.873 3	1.008 9	0.934 5	1.052 5	1.016 3	1.030 7	0.991 0	0.992 1	0.986 6
C15	0.874 4	1.034 5	1.006 1	1.039 8	0.957 7	1.070 7	0.984 5	1.073 9	1.052 5	1.048 7	0.940 1	0.955 0	1.003 2
C16	0.952 7	1.041 7	1.046 3	1.044 8	0.889 3	1.022 5	0.981 8	1.014 9	1.053 7	1.017 2	1.004 0	1.039 5	1.009 1
C17	0.945 8	0.965 1	0.996 1	0.992 5	0.930 3	0.989 3	0.993 5	0.956 9	0.978 3	1.045 7	0.986 6	0.988 1	0.980 8

---

① 现已公布的统计资料中,分行业污染排放数据的时间跨度为 2003—2015 年,故本研究测算这一时期的绿色全要素生产率。

表 4-6（续）

行业	2004年	2005年	2006年	2007年	2008年	2009年	2010年	2011年	2012年	2013年	2014年	2015年	年均值
C18	0.977 5	1.027 1	1.038 1	1.070 8	0.949 7	0.964 4	0.980 5	1.063 4	0.983 0	0.965 4	0.991 6	0.987 0	0.999 9
C19	1.083 3	0.942 0	0.961 2	1.019 5	0.886 8	0.946 1	0.921 5	1.043 6	1.075 1	0.971 4	1.002 4	1.019 5	0.989 4
C20	1.007 1	0.934 3	1.057 6	0.917 6	0.854 7	1.063 9	0.888 5	1.014 1	1.053 3	1.007 2	1.008 1	1.015 6	0.985 2
C21	0.927 0	0.963 2	0.986 3	0.992 5	0.892 8	0.942 8	0.973 0	0.981 3	0.984 9	1.013 0	1.024 0	1.063 1	0.978 7
C22	1.084 7	0.983 6	1.111 5	1.098 5	0.846 1	0.996 3	0.980 2	1.050 8	1.077 1	1.061 1	0.985 3	1.022 1	1.024 8
C23	1.075 2	1.026 1	1.080 5	1.161 9	1.091 4	0.729 8	1.077 0	1.053 2	1.001 6	1.112 8	1.136 9		1.055 5
C24	0.955 5	0.989 3	1.036 5	1.065 1	0.931 8	1.087 7	1.076 0	0.993 7	1.006 4	1.041 0	1.101 7	0.980 9	1.022 2
C25	1.127 3	1.106 7	1.119 7	0.999 9	0.912 3	1.031 7	1.040 6	0.999 5	1.102 2	1.217 6	1.064 0		1.063 4
C26	1.077 7	0.845 1	0.954 8	0.978 8	0.795 3	0.971 1	0.883 3	1.181 1	1.039 2	1.092 3	1.078 4	0.975 1	0.989 3
C27	1.051 2	1.051 1	1.037 1	0.988 7	0.977 4	0.911 1	1.046 2	1.143 9	1.132 1	1.107 8	1.186 1	1.231 2	1.072 1
行业均值	0.995 5	0.991 0	1.026 6	1.018 8	0.923 9	0.981 0	0.983 7	1.011 1	1.017 5	1.022 2	1.002 9	1.010 0	0.998 7

从时间维度来看（图 4-9），我国制造业绿色全要素生产率变化呈阶段性特征。2005 年前的 GML 指数小于 1，说明绿色全要素生产率逐年降低，其可能的原因是 21 世纪以来，在工业化、城市化加速发展的推动下，我国重化工业获得快速增长，重化工业虽在短期内能够带来经济的高速增长，但这种粗放型发展方式以大量资源消耗为代价，对环境造成了严重破坏，导致绿色全要素生产率出现倒退现象。2006—2007 年的 GML 指数大于 1，说明这两年制造业绿色全要素生产率出现了一定的增长，这主要是因为党的十七大报告第一次明确提出建设生态文明的目标，强调加强能源资源节约和生态环境保护，增强可持续发展能力，国家这两年也重点调控了能源、资源密集型重化工业的规模扩张现象，因此推动绿色全要素生产率得到了一定提升。2008—2010 年的 GML 指数小于 1，说明这三年来制造业绿色全要素生产率又出现了下降，这主要是受到全球金融危机的影响，国家为保增长实施了钢铁、汽车、船舶、石化、纺织、轻工、有色金属、装备制造业等行业的调整振兴计划和对重大基础设施等领域高达 4 万亿元的投资计划，而这一时期对这些行业的环境规制政策执行并不严格，使这些行业的资源消耗和环境污染现象愈发严重，绿色全要素生产率出现大幅下滑。2011 年后 GML 指数大于 1，说明我国制造业绿色全要素开始呈现上涨态势。自党的十八大以来，国家高度重视生态文明建设和绿色发展，制定和实施了一系列促进制造业绿色发展的环境政策和产业政策。在这些政策的推动下，我国

产业结构趋于优化,制造业发展方式正逐步由传统粗放型向绿色集约型转变,发展动力正逐步由要素驱动向创新驱动转变,并体现为绿色全要素生产率的逐步提升。

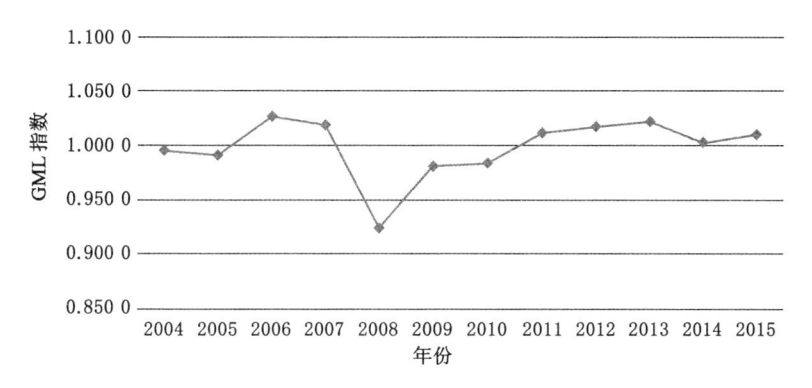

图 4-9　2004—2015 年中国制造业 GML 指数变化

从行业维度来看(图 4-10),我国制造业绿色全要素生产率的变化存在行业异质性。其中,仪器仪表制造业的年平均 GML 指数为 1.072 0,说明仪器仪表制造业的绿色全要素生产率在样本期间有所增长,平均增长率达到 7.2%,增长幅度居所有行业首位;电气机械及器材制造业的年平均 GML 指数为 1.063 4,即电气机械及器材制造业的绿色全要素生产率在样本期间平均增长率为 6.34%,增长幅度位于所有行业第二位;专用设备制造业的年平均 GML 指数为 1.055 5,即专用设备制造业的绿色全要素生产率在样本期间平均增长率为 5.55%,增长幅度位于所有行业第三位。以上三类行业都属于技术密集型产业,具有较高的附加值,能够带来较高的利润率,同时又可以通过技术创新促进资源高效利用,污染排放降低,因此绿色全要素生产率实现了较大幅度的提高。

除此之外,烟草制品业、通用设备制造业、交通运输设备制造业、木材加工及木竹藤棕草制品业、化学纤维制造业、饮料制造业和医药制造业的绿色全要素生产率在样本期间都实现了增长,增长率分别为 4.84%、2.48%、2.22%、2.05%、0.91%、0.90%,这些行业大多数属于技术密集型产业,具有低消耗、低污染、低排放的特征,因而绿色全要素生产率得到一定程度的增长。反之,石油炼焦核加工业的年平均 GML 指数为 0.928 5,说明石油加工及核燃料加工业的绿色全要素生产率在样本期间出现了降低,下降幅度达到了 7.15%,居所有行业首位;纺织服装鞋帽制造业的年平均 GML 指数为 0.938 2,即纺织服装鞋帽

图 4-10　2004—2015 年中国 27 个制造业平均 GML 指数比较

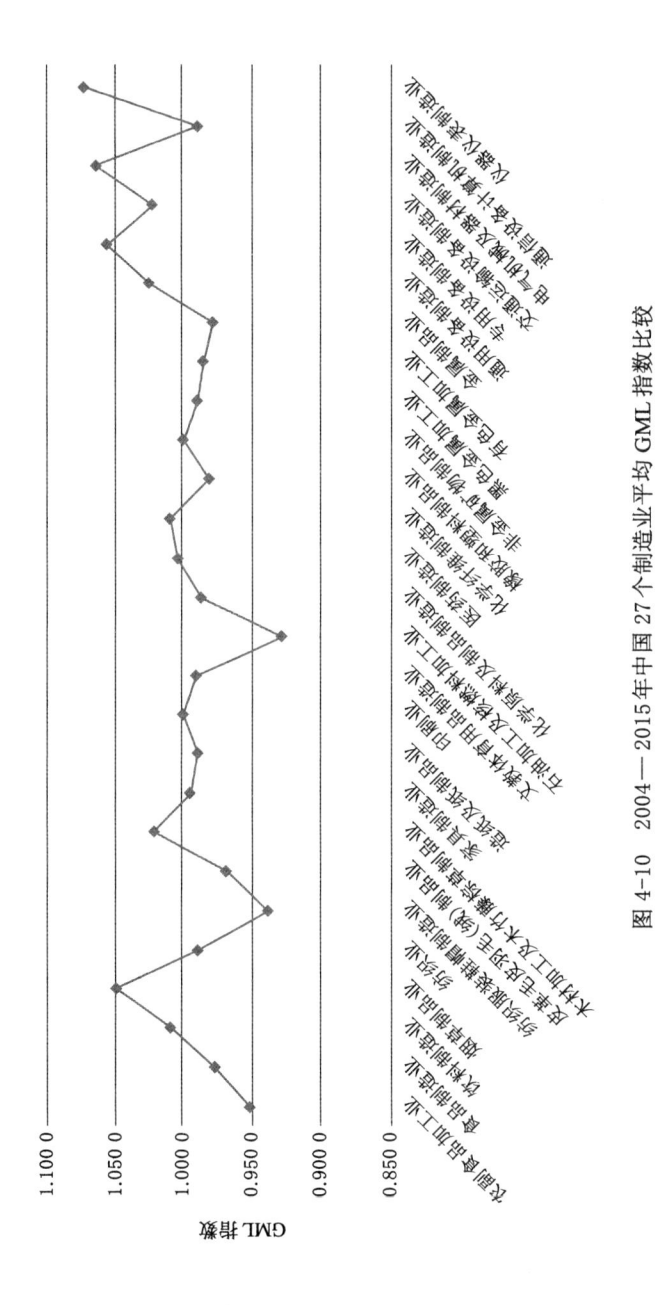

制造业的绿色全要素生产率在样本期间降低了6.18%,在所有行业中下降幅度位于第二位;农副食品加工业的年平均GML指数为0.9518,即农副食品加工业的绿色全要素生产率在样本期间降低了4.82%,在所有行业中下降幅度位于第三位。除此之外,皮革毛皮羽毛(绒)制品业、食品制造业、金属制品业、橡胶和塑料制品业、有色金属加工业、化学原料及制品制造业、纺织业、造纸及纸制品业、通信设备计算机制造业、黑色金属加工业、文教体育用品制造业、家具制造业、印刷业以及非金属矿物制品业的绿色全要素生产率在样本期间都出现了降低,下降幅度分别为3.11%、2.32%、2.13%、1.92%、1.48%、1.34%、1.14%、1.11%、1.07%、1.06%、0.97%、0.55%、0.03%、0.01%。以上行业要么属于资源消耗多、污染排放大的重化工产业,要么属于技术含量、附加值双低的劳动密集型产业,因而绿色全要素生产率难以提高,若不及时采取政策措施引导这些行业转变发展方式,那么长期看我国制造业绿色发展目标将难以实现。

5 环境规制、技术创新与制造业绿色发展的作用机理

本章采用规范分析方法,首先,对环境规制与技术创新的相关理论进行梳理,提炼出本研究的理论依据,主要包括:资源稀缺性理论、外部性理论、产权理论、公共物品理论、信息不对称理论和技术创新动力理论。其次,基于上述理论,深入分析环境规制、技术创新与制造业绿色发展之间的作用机理,实际上是回答如下三个问题:① 环境规制如何影响绿色发展? ② 技术创新如何影响绿色发展? ③ 环境规制如何影响技术创新?

5.1 理论依据

5.1.1 资源稀缺性理论

资源的稀缺性是指由于人类需求的多样性和无限性,使得满足人类需求的各种资源相对有限。它是指在某一特定时空里,相对于人类欲望的无限增长而言,特定资源的有限性无法满足人类欲望的总体需求。对于人类活动的有限时间而言,稀缺资源本身无法再生或者无法在短时间内找到替代品以满足人类不断增长的欲望。按照西方经济学的解释,资源的稀缺性会导致竞争,有序的竞争会促进资源的优化配置,进而弥补资源稀缺带来的限制,无序的竞争则会造成资源的浪费,加重资源的稀缺性。在理论层面,资源的稀缺性可相应分为物质稀缺性和经济稀缺性。物质稀缺性是指资源在绝对数量方面短缺,不能长时间满足人类的需要;经济稀缺性是指资源的绝对数量虽能够长时间满足人类的需要,但由于为获取资源需要投入一定数量生产成本,进而导致获取的资源数量是有限的、供不应求的。

环境资源的稀缺性是环境规制提出的首要依据。环境资源作为人类赖以生存和发展的物质基础,不仅为人类提供资料来源和物质居所,还接纳人类在生产生活中排放的各种废弃物。在一定时空范围内,某些环境资源只能满足人

们的生活需要,却难以同时满足人们的生产需要,或者只能满足一部分人的生产需要,却难以满足其他人的生产需要,由此便导致环境资源出现某种稀缺性。环境资源的稀缺性主要表现在以下方面:第一,相对稀缺性。理性经济人基于追求利益最大化的目标,本着降低成本、提高效率的原则,必然会尽可能地多利用"可以自由取用"的自然资源。相对人类无限的欲望,环境资源的供给是有限的,尤其是对不可再生环境资源而言,可获得、可利用的数量是有限的。第二,绝对稀缺性。尽管人类可以通过技术创新和提高资源使用效率对环境资源减量化使用,但是环境资源的供给要受到自然规律的支配,其再生产周期比其他经济资源的再生产周期要长得多,必须对其消耗进行限制,维持其自身循环再生回复,才能达到永久续用。一旦超过其自身再生的界限,即环境资源被破坏到一定程度而超过其承载容量,就会使得其再生产过程被打断,存量急剧衰减,产生不可逆转的后果。第三,结构性稀缺。任何一项生产活动都需要多种投入的组合,这就要求有一个合理的资源结构,否则即使环境资源再丰富,但只要某种环境物品短缺,也会形成资源"瓶颈",使生产无法顺利进行。缓解资源稀缺的主要途径是依赖技术进步、有效的制度安排和政策体系等。由此可见,政府环境规制成为解决环境资源稀缺性问题的必要手段之一。

5.1.2 外部性理论

外部性最早由西奇威克(Sidgwick)于1883年发现,他以灯塔为例描述了免费搭便车的情形,为经济学家分析外部性问题打开了思路。马歇尔(Marshall)在其1890年出版的《经济学原理》一书中,首次提出"外部性"和"外部经济"这一概念,他认为外部性是指企业或个人的活动对他人带来的无意、且无须补偿的副作用,外部经济是指厂商之间的经济活动给彼此带来的积极影响。马歇尔只考虑了外部经济问题,却没有考虑外部不经济问题。庇古(Pigou)于1920年出版的《福利经济学》一书,首次从福利经济学角度系统地研究了外部性问题。他在马歇尔提出的"外部经济"概念基础上对"负外部性"和"外部不经济"做出了解释。庇古指出,如果每一种生产要素的边际社会成本和边际私人成本、边际社会收益和边际私人收益彼此相等,就意味着资源配置达到最佳状态。当边际私人成本与边际社会成本、边际私人收益与边际社会收益的不一致时,经济个体以追求自身利益最大化为目标,就会利用环境作为媒介向外界释放负外部性。对于负外部性,庇古认为可以通过征税和补贴的方式解决,即对边际私人成本小于边际社会成本的生产者征税,对边际私人收益小于边际社会收益的生产者进行补贴,就能够实现外部效应的内部化,这一理论后来被称为"庇古税"

理论。"庇古税"理论提出不久后就被许多国家接受并用于实践,如今的资源税、环境税等绿色税收以及补贴的思想就是以"庇古税"为理论依据制定的。1948年,萨缪尔森和诺德豪斯(Samuelson & Nordhouse)的《经济学》著作将马歇尔和庇古的解释综合起来,提出外部性是企业或个人在生产或消费生过程中对其他企业或个人带来的无须补偿的成本或收益。由此可见,外部性是人类经济社会活动过程中产生的外溢效应,这种外溢效应既有正面的,也有负面的,正的外部效应被称为"外部经济",负的外部效应被称为"外部不经济"。

环境规制产生的根源就在于环境污染所导致的负外部性。市场经济中,污染者作为理性经济人,只会追求自身利益最大化,而不会考虑其行为对环境带来的损害,其对环境资源损害获得的收益由污染者独享,而对环境资源造成的损害却由全体社会成员来承担,这是典型的负外部性行为,造成外部不经济。负外部性的存在导致市场机制无法充分发挥资源配置功能,仅仅依靠环保意识和社会道德难以有效约束负外部性行为,此时就需要通过政府规制。政府可以制定相应的惩罚机制对污染者进行处罚或收费,使环境在经济价值上获得补偿,以实现资源的有效利用和环境污染减少,解决环境的外部性问题。

5.1.3 产权理论

经济是否能够实现资源的有效配置,取决于经济中的产权的性质。产权一般由四种基本权利构成,即所有权、使用权、用益权和让渡权。产权具有四个特征,即排他性、可分割性、可转让性和永久性。美国经济学家科斯(Coase)被认为是现代产权理论的创始人。他的产权理论是对庇古税进行批判的基础上形成的。1960年,科斯在其所著的《社会成本问题》一书中对庇古税解决环境外部性问题做了如下批判:第一,外部性往往不是一方侵害另一方的单向问题,而是存在相互影响关系。例如在化学工厂与住宅区之间存在环境纠纷的情况下,若没有明确化学工厂是否具有污染排放权,对化学工厂一旦排放污染物就征税,显然是不合理的。第二,在交易费用为零的条件下,庇古税根本不需要。因为如果交易费用为零,只要产权明确,不管产权初始是如何界定的,都可以通过市场交易和自愿协商实现资源配置的帕累托最优。第三,在交易费用不为零的条件下,要解决外部效应内部化问题,需要通过比较各种政策工具的成本-收益来确定。因此,庇古税可能是有效的制度安排,也可能是低效的制度安排。科斯认为,产权界定是市场交易的先决条件。根据科斯的产权理论,如果交易费用不为零,产权的初始界定将影响到最终资源配置,明确界定产权将有助于降低交易成本并提高效率。

产权理论为利用市场机制解决环境问题提供了重要的理论依据,排污权交易制度就是科斯产权理论的一个具体运用。根据科斯的理论,环境污染造成的外部性是一种市场失灵现象,而市场失灵的根本原因是对环境资源的产权没有明确界定。如果环境污染权利是明确的且可以交易,那么环境污染的外部问题只需要通过市场机制便可解决。此时,政府就不必直接参与干预和管理,只需要做好产权的保护和监督执行工作即可。然而现实经济中,环境问题十分复杂,往往不满足科斯定理中的"产权明确"和"交易费用低"这两个限定性条件,造成产权制度功能无法有效发挥。很多环境资源并不具备一般产权制度所拥有的属性。例如,空气、河流、海洋、地下水等环境资源具有很强的公共物品属性,对这些环境资源界定产权的难度和成本很高。而对于森林、土地、矿产等环境资源,即使法律将其划归国家,但由于缺乏有效的监督和管理机制,所有者与使用者之间的产权关系不清晰,在实践中通常被看作公共资源。不清晰的环境产权是造成环境外部性的重要原因之一,这意味着在某些情况下,通过适当地界定所有权可以在一定程度上消除外部性引起的扭曲。为了解决环境外部性问题,政府首先要做的是环境资源产权的初始界定和分配,以便为市场互动交易创造条件,例如可以通过国家立法界定排污权的产权属性;其次是设计出有效的交易机制,规范交易市场,加强产权保护,提高交易各方的积极性;最后是建立全方位的环境监管机制,保障产权交易的公开、公平、公正。

5.1.4 公共物品理论

公共物品的概念最早由休谟(Hume)于1793年提出,现代经济学对公共物品理论的研究始于萨缪尔森。他在1954年和1955年分别发表的《公共支出的纯粹理论》和《公共支出理论的图式探讨》中将公共物品定义为这样一种产品:每一个人对这种产品的消费并不减少任何他人也对这种产品的消费。在此基础上,马斯格雷夫(Musgrave)于1989年出版的《财政理论研究》一书提出了有益物品的概念。自此,公共物品理论在新古典范式的基础上建立,并成为主流经济学的一个重要部分。公共物品具有两大特性,即消费的非竞争性与非排他性。非竞争性是指增加某个人的消费不会影响其他人的消费水平,或者说增加消费者的边际成本为零;非排他性是指某个人对公共物品的享用并不影响其他人同时享用,公共物品一旦被提供,便会有众多的消费者共同享用,要排除其他人的享用是不可能的。1968年,英国经济学家哈丁(Hardin)在其发表的《公地悲剧》一文中指出,公地作为一项资源或财产有众多拥有者,他们中的每一位都有使用权,但没有权利阻止其他人使用,从而造成资源的过度使用和枯竭,这就是所谓的"公共悲剧"。根据公共物品理论和"公地悲剧"现象,仅靠市场不能很好地提供满足社会需要的公共物品,公共物品的非竞争性和非排他性使得市场价格对资源配置变得无能为力,因此,就必须借助政府手段来解决。

环境资源具有公共物品性质。由于环境资源的产权界定难度很大,界定成本也很高,使得水、土地、空气等等大家都可以自由使用,意味着环境资源具有非排他性。同时,由于环境具有一定的自我净化能力,当污染排放在一定限度内时,对环境资源的使用是非竞争性的。环境公共物品的非竞争性和非排他性导致人们在对环境资源的利用和保护方面存在免费"搭便车"现象。在利益最大化驱使下,每个人都希望在被他人贡献的基础上自己搭便车,而不愿意主动为改善环境而做出努力。最后,由于所有人对环境资源只索取不保护,必然导致环境质量的不断恶化,最终突破环境承载极限,造成"公地悲剧"。例如,过度砍伐的森林、过度捕捞的渔业资源及污染严重的河流和空气都是"公地悲剧"的典型例子。要解决"公地悲剧",就必须由政府建立一套清晰有力的规制制度,环境资源的公共物品性质为环境规制提供了理论基础。

5.1.5 信息不对称理论

信息不对称是指交易中的各方掌握的信息的程度不同。在市场经济活动中,各类人员对有关信息的了解是有差异的;掌握信息比较充分的人员,往往处于相对有利的地位,而信息贫乏的人员,则处于相对不利的地位。信息不对称现象最早是由阿罗(Arrow)1963年提出的。信息不对称产生的原因是多方面的,社会分工造成的交易主体分别掌握不同的信息,搜索信息的高成本、信息垄断等都会产生信息不对称,信息不对称会导致逆向选择。1970年,阿克洛夫(Akerlof)在其发表的《柠檬市场》一文中,首次提出通过建立"柠檬"市场分析二手车市场的信息不对称造成的逆向选择问题。在此之后,三位美国经济学家维基(Vikrey)、彭斯(Apence)和斯蒂格勒(Stigler)对信息不对称问题进行了更深入的研究,使其成为信息经济学的核心理论。该理论认为:市场中卖方比买方更了解有关商品的各种信息;掌握更多信息的一方可以通过向信息贫乏的一方传递可靠信息而在市场中获益;买卖双方中拥有信息较少的一方会努力从另一方获取信息;市场信号显示在一定程度上可以弥补信息不对称的问题;信息不对称是市场经济的弊病,要想减少信息不对称对经济产生的危害,政府应在市场体系中发挥强有力的作用。

在环境规制过程中,政府和企业掌握的信息存在较大差异,致使环境规制过程中产生信息不对称和逆向选择问题。一方面,作为被规制者,企业比规制者(政府)更加了解自己的环境行为、治污成本以及排污后果。以最大化自身利益为目标的企业在生产过程中通常只注重经济效益,对政府隐瞒真实的排污和治污情况。而政府很难确切掌握企业真实的环境污染信息,很容易被企业提供的虚假信息欺骗,导致政府难以做出最有利于社会福利的环境规制政策。另一方面,被规制者(企业)对规制者(政府)的政策目标、执行决心等信息的也无法做到充分了解,就会导致部分企业存在机会主义心理,不购买污染处理设备,或购买后闲置,导致环境规制的效果不佳。由于存在信息不对称,政府在进行环境规制时,应尽量减少规制对信息的依赖程度,采取各种方式公开社会环境状况,对企业的污染情况进行强制性披露,维护社会公众对环境信息的知情权,降低各方的信息索取成本,从而消除政府和企业之间因信息不对称而造成的道德风险和逆向选择问题。

5.1.6 技术创新动力理论

技术推动、需求拉动以及两者的共同作用被视为技术创新的重要动力。早期学者认为技术创新始于科学发现。1939年,熊彼特从创新源泉的角度第一次提出技术推动说。他认为科学技术是促进经济增长的主要动力,而科学技术通常产生于规模庞大、资金雄厚的大企业实验室中。熊彼特将创新称为"创造性毁灭"的过程。企业家和科研人员在创新过程中都发挥着不可替代的作用,科研人员主要致力于发明创造,而企业家则是致力于促进新成果的后期实施与运用,加速其市场化进程,从而促进企业转型升级。因此,熊彼特认为企业不能局限于现有的传统运营模式,应更加注重激发企业内部的创新积极性,提升产品的技术附加值,转变发展模式以适应激烈的竞争环境。1966年,斯穆克勒(Schmookler)认为技术创新是靠需求拉动的,而非仅聚焦在科学技术知识的研发推动上,市场需求决定着技术创新的方向和活跃程度。斯穆克勒1973年的研究发现指出,企业在紧张的竞争环境下,对新技术、新产品的迫切需求直接促进了创新活动的展开;同时,企业为了早日获得创新收益会加大创新资本的投入,这也在一定程度上刺激了企业创新。迈尔斯和马奎斯(Myers & Marquis)1969年提出"需求拉动"的线性技术创新模型,认为企业R&D构思来源于市场,市场需求驱动产品创新和工艺创新。莫厄里和罗森堡(Mowery & Rosenberg)1979年的研究认为,创新活动能否成功取决于市场的供求状况,新技术与市场相适应是创新成功的必要条件。在此之后,多数学者普遍认为科技推力和需求拉力的影响因素虽然在产业发展和企业运营的各个时期所发挥的作用不同,但是两者仍是紧密联系的,需求拉力和技术推力既相互独立又相互促进。除此之外,还有学者从政策、企业家行为等角度来考虑技术创新的动力,如政府行为推动论、企业家创新偏好驱动论等。

环境规制作用下,企业技术创新的各种动力因素构成,按照一定规则运行的完整动力系统,共同推动企业技术创新活动的开展。环境规制对技术创新的影响主要表现在技术推动和需求拉动两方面。技术推动是增加作为企业创新驱动力的知识积累,影响新知识积累或降低创新私人成本的技术推动主要有政府对 R&D 的补贴、税收优惠等。需求拉动是通过市场需求的扩大和变化为企业创新提供激励,企业会投资于绿色技术创新以满足环境消费偏好。需求拉动的政策主要包括排污权交易系统、排放税、税收优惠、政府采购、可再生能源技术命令和各种规制标准等等。技术供方的推动、需求方的拉动以及环境规制制度因素的激励和约束共同构成了技术创新的驱动力。

5.2　环境规制对绿色发展的作用机理

环境规制如何影响绿色发展?环境规制对制造业绿色发展的作用机理实质上是指政府环境规制政策对制造业绿色全要素生产率的作用机制。该机制主要通过影响制造企业的生产成本和市场进入壁垒,进而影响环境效率和生产效率,最终影响制造业绿色发展(图 5-1)。

图 5-1　环境规制影响绿色发展的传导机制

5.2.1　成本效应

对于制造企业来说,在其生产过程中会产生各种废气、废水和固体废物,这些废弃物一旦排放到空气、河流、海洋中就会造成环境污染问题。根据外部性理论,环境污染具有很强的负外部性,仅仅依靠市场机制难以根本解决环境污染问题,即存在"市场失灵",因此政府规制解决环境问题成为必要。政府通过制定环境法律法规对企业的经济活动进行干预,目的是将环境污染的外部成本内部化。从微观上看,当企业面临政府环境规制约束时,不得不投入一定的人力、物力、财力资源用于环境治理，这些被称为企业的环境成本。例如，在生产前，为应对政府"三同时"监督检查和环评等要求，企业需要投入大量资金用于污染防治设施建设；在生产中，企业为达到政府各类环境标准要求，需要引进先进的污染净化设备、购买价格高昂的清洁生产资料，当企业污染排放超过政府规定的环境标准时，又需要缴纳更多的排污费（税），或向其他企业购买排污权；在生产后，企业因污染排放行为造成较严重的环境损害时，为应对政府污染限期治理的要求，企业又需投入大量资金进行污染治理。由于企业可利用的资源是有限的，环境规制强度提高时会增加企业的环境成本，企业环境成本增加会影响企业的生产活动，进而影响绿色发展。

（1）环境成本增加对绿色发展的负向影响。当企业受到环境规制的约束时，在原有技术保持不变的情况下，环境成本增加会在一定程度上挤占企业的生产投资。从短期看，企业由于生产资金不足导致生产率下降，从而对绿色全要素生产率产生负向影响，不利于绿色发展。

（2）环境成本增加对绿色发展的正向影响。随着政府环境规制愈发严格，从长期看，企业逐渐意识到为环境规制造成的环境成本增加是持续性的，且这一成本将越来越高。对于以利润最大化为目标的企业来说，会对维持原有污染排放，被动支付环境成本与主动减少环境污染，降低环境成本两种方式进行衡量。当企业发现主动减少环境污染更有利时，将会自觉对原有高污染、高能耗的生产方式进行变革，改进生产工艺和流程，引进和利用先进的生产技术，或将废弃物转化为可利用的资源进行循环利用，提高资源的利用效率。因为这样不仅会降低企业的污染排放，而且会降低企业环境成本，从而提高企业的经济效益和环境效益，最终有助于制造业绿色发展。

由以上分析可知，根据成本效应，环境规制会增强企业环境成本，短期内会挤占企业生产投资，降低生产率，从而阻碍绿色发展。但从长期看，环境规制会倒逼企业进行生产方式变革，加强资源循环利用，减少污染排放，提高生产率，最终促进绿色发展（图5-2）。

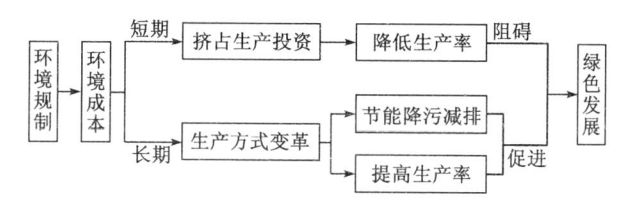

图 5-2 环境规制通过企业环境成本影响绿色发展的传导机制

5.2.2 进入壁垒效应

进入壁垒是影响市场结构的重要因素,是新进入企业与在位企业竞争过程中所面临的不利因素。进入壁垒的形成原因有很多,诸如规模经济、资本优势、产品差异化、低成本优势、专有的政策法律等都可能成为新进企业需要克服的不利因素。严格的环境规制主要从资本和技术两个方面对新进入企业造成进入壁垒。

5.2.2.1 资本壁垒

为了保护环境,环境规制部门通常会从制度上对企业制定各种环保规定,例如"三同时"制度规定新建项目的污染防治设施和其他环境保护设施必须与主体工程同时设计、同时施工、同时投产使用。新企业要进入这一市场,为达到环保要求,首先必须投入大量资本购买先进的污染防治设施和其他环保设施。此时,规模较小的企业由于缺乏足够资金用于环保投资,因此无法进入该市场,这就无形对新企业形成了一道资本壁垒。随着环境规制政策愈发严格,新进入企业面临的资本壁垒就会越来越高,最终可能会产生两种结果:一方面,资本壁垒的提高使得资金规模有限的小企业逐渐退出市场,而资本实力雄厚、规模较大的企业留在市场,这样就提高了市场集中率,有助于发挥规模经济效应,降低生产成本,提高绿色全要素生产率,促进制造业绿色发展;另一方面,资本壁垒的提高使很多企业无法进入市场,在一定程度上减少了现有企业的市场竞争,当市场内的大企业足以形成垄断势力时,就会阻碍市场效率,导致资源配置的低效率,最终造成制造业绿色发展受到阻碍。

5.2.2.2 技术壁垒

除了上述环保规定,环境规制部门通常还会对企业制定详细的技术标准。从技术标准的颁布到市场中的所有企业都能达到这项技术标准需要一个较长的过程。为了防止环境进一步恶化,同时又不影响地区经济的正常发展,地方政府一般会对新进入企业严格实施技术标准准入管理,未达到标准的企业严格禁止进入市场;而对于市场中已经存在的企业,一般会给予一段过渡时间,允许其在一定时间内继续使用原技术,之后再慢慢过渡到新技术,这种环境规制又被称为"祖父"法则,并导致新进入企业和现有企业之间产生技术差距。从新进入企业的角度看,这一技术差异就形成了技术壁垒,技术壁垒的提高可能产生两种结果:一方面,技术壁垒的提高阻碍了未达到技术标准的企业进入,能够进入市场的新企业都具有较先进的清洁技术,从而有助于绿色生产。但另一方面,现有市场中存在大量的未达标企业仍采用落后的污染技术进行生产,不利于绿色发展。

由以上分析可知,从进入壁垒效应来看,环境规制以各种环保规定、环境标准等形式对新进入企业形成资本壁垒和技术壁垒。不论哪种壁垒,壁垒提高最终可能促进也可能阻碍制造业的绿色发展(图 5-3)。

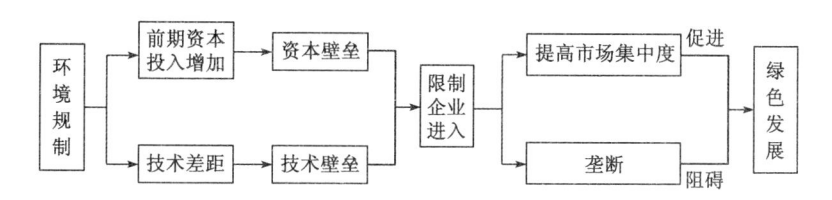

图 5-3 环境规制通过市场进入壁垒影响绿色发展的传导机制

5.3.3 不同类型环境规制对制造业绿色发展的影响差异

在环境规制政策的具体实施中,不同类型的环境规制工具对制造业绿色发展的影响具有较大的差异,下面分别进行分析。

5.3.3.1 行政命令型环境规制对绿色发展的影响

行政命令型环境规制政策工具强调以强制性手段来制止企业的环境损害行为,它是目前我国环境规制的主要途径。行政命令型环境规制政策工具对政府的决策能力要求较高,一般情况下,政府受制于自身能力或其他客观因素制约(如信息不对称),无法充分获取市场信息,从而不能做出科学的决策。例如,污染物排放总量控制这一行政性规定,它是政府对企业生产过程中所产生的污染物最终排入环境的数量限制。政府应根据一定时期内的降污减排目标,并结合不同行业或地区的具体情况来制定企业的污染排放上限,若企业污染排放超出这一上限就要受到处罚。但由于企业之间的环境成本互不相同,企业也可能刻意隐瞒或夸大真实的污染排放情况,这样政府就很难制定出适合每个企业的排放标准。对于高能耗、高污染、高排放的企业来说,其污染排放量要远远大于一般企业,通常会超过政府规定的污染排放上限。当企业通过比较发现,执行政府排污标准所需支付的成本比不执行排污标准所需缴纳的处罚还要高,出于自身利益最大化考虑,企业就会选择甘愿受罚而不遵守排污标准。这种情况下,污染物排放总量控制这一行政性规定可能就无法达到最初的目的。因此可以说,行政命令型环境规制工具的规制效果能否有效发挥,很大程度上取决于政府的行政效能,若规制不当,最终可能对制造业绿色发展产生不利影响。

5.3.3.2　市场激励型环境规制对绿色发展的影响

与行政命令型环境规制相比,市场激励型环境规制对政府决策能力的要求相对不高,主要依靠市场竞争和价格机制发挥作用,企业会自觉对政府环境规制要求做出最有利的选择。例如环保税和排污权交易制度,每个企业面临的边际环境成本是相同的,通过市场机制能够最大限度地激励企业进行节能减排,实现资源配置的帕累托最优。对于环保税制度来说,它可以促使环境外部成本内生化,且这一成本完全可以由企业自行控制,若企业降污减排效果显著就可以少缴税或不缴税,否则就要多缴税。这样一来,企业就会自觉寻求减少污染排放的技术手段。环保税有助于鼓励企业形成清洁生产、集中处理、循环利用的生产方式,倒逼高污染、高耗能产业转型升级,推动制造业转向节约能源资源、保护生态环境的绿色发展模式。排污权交易作为以市场机制为基础的制度安排,对企业的经济激励在于降污减排能够带来额外的经济收益。一方面,排污权供给方由于超量减排,可以出售剩余排污权从而获得额外经济回报,这实质上是市场对企业治理污染的经济补偿;另一方面,排污权购买方由于超量排污,不得不购买排污权以维持生产,其支出的费用实质上是企业因损害环境而付出的代价。从经济学角度分析,政府作为信息不对称的弱势方,采取排污权交易更有效率,因为政府部门无须了解企业边际成本和社会边际成本等信息,只需要规定一定时期内社会所能承受的污染排放总量,通过市场自由交易就能够实现污染治理资源的最佳配置。排污权交易制度使得治理污染行为从政府强制转变为企业自觉的市场行为,交易行为也从政府与企业之间的行政交易转变为市场的经济交易。这一制度是实现制造业污染总量控制的有效手段,有助于降低污染排放,减少非期望产出,从而提升绿色全要素生产率,推动绿色发展。

综上所述,环境规制主要通过成本效应和进入壁垒效应影响制造业的绿色发展。成本效应从短期看不利于制造业绿色发展,长期看是有力的;壁垒效应可能促进也可能阻碍制造业的绿色发展;对于不同类型的环境规制政策,行政命令型环境规制对制造业绿色发展的影响受到政府行政效能约束,市场激励型环境规制则有利于制造业的绿色发展。

5.3　技术创新对绿色发展的作用机理

制造业绿色发展不仅需要依靠环境规制这一外部驱动机制,更需要依靠技术创新这一内在驱动机制。技术创新是制造业绿色发展的内在动力,那么技术创新是如何影响绿色发展的？技术创新对绿色发展的作用机理可以从以下几个方面进行分析（图 5-4）。

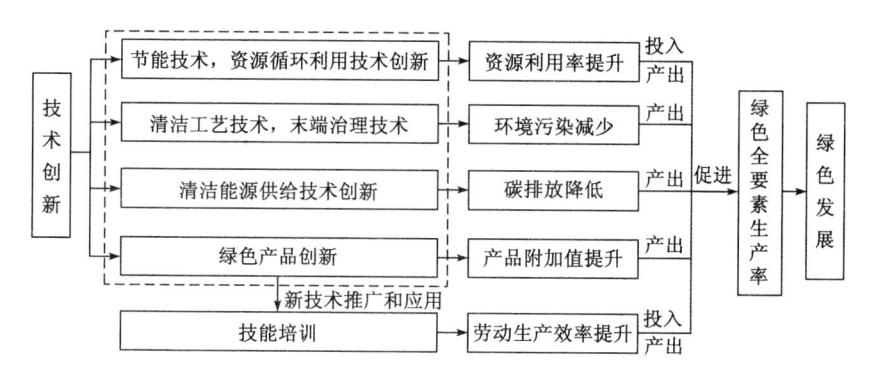

图 5-4 技术创新影响绿色发展的传导机制

5.3.1 节能和资源循环利用技术创新

制造业绿色发展中，绿色的重要体现之一就是资源能源的节约。在节约资源能源方面，经济学的一个基本假定是资源的稀缺性，不论是何种资源其供给都是受到限制的，技术创新能够提高资源要素的利用效率，节约资源能源消耗，这在一定程度上缓解了资源的稀缺性。当前，我国多数企业生产过程中对原材料和能源等生产要素的利用并不充分，资源能源浪费问题十分严重。若企业能够采用先进技术（如资源循环再利用技术、节能技术、能源末端使用技术、智能控制技术等）对生产工具、生产工艺和生产流程进行改进升级，采用先进设备对现有资源进行深度加工与开发，在一定程度上则可以提升资源能源要素的利用效率。当资源能源要素利用效率提高时，一方面，在总产出不变的情况下可以减少生产过程中资源能源要素的单位投入，节约人力、物力、财力和能源消耗，达到节能减排的目的，即从投入角度提升了绿色全要素生产率；另一方面，在总产出改变的情况下，生产率提高意味着同样的资源要素投入可以实现更高的产量，从产出角度提升了绿色全要素生产率，不论哪种方式都体现了绿色发展的意义。

5.3.2 生产工艺和末端治理技术创新

制造业绿色发展的内涵，绿色的另一个重要体现就是减少污染排放，清洁工艺技术创新和末端治理技术创新在减少污染排放方面发挥着重要作用。一方面,企业通过清洁工艺技术创新,在生产过程中采用更为先进的脱硫技术、污染控制技术、绿色基础制造技术等先进技术可以有效降低废弃物产生,从源头阻止了污染排放;另一方面,企业按照原有生产工艺和流程进行生产,会产生大量的废气、废水和固体废物,此时通过末端治理技术创新,采用先进的净化技术对废弃物进行分离、处置、处理和焚化,可以大大减少废弃物排放对大气、土地和水资源的污染。因此,技术创新有利于减少污染排放,降低对生态环境的破坏程度,从减少非期望产出角度提升了绿色全要素生产率,促进制造业绿色发展。

5.3.3 清洁能源供给技术创新

长期以来,我国制造业发展严重依赖煤炭、石油等传统化石能源,对环境的污染十分严重。煤炭、石油都属于不可再生能源,随着多年来的过度开采和使用,能源约束日益趋紧,可持续发展遭到严峻挑战。但是,制造业的发展离不开能源供给,而技术创新是解决制造业能源需求的关键途径。技术创新可以拓展可利用的能源范围,通过对清洁能源如太阳能、风能、核能、生物质能等提炼、处理、传输和转化成为末端使用者能够利用的形式,从而实现对煤炭、石油等传统化石能源的替代。这样不仅可以节约能源使用成本,而且可以大大降低碳排放和对环境的污染,从投入和产出角度促进了绿色全要素生产率提升,有利于制造业绿色发展。

5.3.4 绿色产品创新

对企业来说,差异化意味着不断进行技术创新,推出改善型和创新型的产品,适应越来越细化的市场需求。随着消费结构升级加快,绿色消费需求快速增长。为了抢占绿色消费市场份额,企业的生产方式也随之加快向绿色转变。企业通过绿色产品设计、绿色材料研发、绿色包装等产品技术创新生产出差异化的绿色产品,有助于提高市场认可度并形成品牌效应,进而提升产品附加值,增强企业竞争力,长期来看能够为企业带来更高的经济利润。此外,若企业的技术创新是独创性的,生产出来的产品是独有的,即企业成为新技术和新产品的唯一提供者时,就可以形成一定的垄断势力,使企业获得超额利润。当企业利润较高时,就可以拿出更多的资金用于环保技术创新和环境治理,从而实现经济效益和环境保护的良性循环。因此可以说,企业为实现长期收益最大化,通过技术创新形成的差异化优势有助于绿色发展。

5.3.5 新技术的推广和应用

新技术的推广和应用过程中,对劳动者的技能提出了更高的要求。因此,企业在淘汰落后设备,更换为更加先进的设备以及改进生产工艺的同时,需要对劳动者开展必要的技术培训。技术培训可以提高劳动者的素质,提升劳动者的技能,从而提高劳动生产率。一方面,劳动生产率的提高可以在总产出不变的情况下大大减少单位劳动投入,降低生产成本,从投入角度提升企业经济效益;另一方面,劳动生产率的提高可以在总产出改变的情况下以同等的投入生产出更多的产品,从产出角度提升企业经济效益。不论哪种方式,技术创新都可以提升劳动生产率进而提升企业经济效益。从长期看,当企业经济效益提高时,就有更多的资金用于绿色研发和污染治理,从而可以通过上述几条路径提升环境效益。因此可以说,技术创新提高劳动生产效率,不仅可以提升经济效益,还可以提升环境效益,从产出角度促进绿色发展水平提升。

综上所述,无论企业采取上述任何形式的技术创新,其最终结果要么从投入角度降低污染排放,要么会从产出角度增加期望产出或减少非期望产出,最终都会促进制造业绿色全要素生产率提升。因此可以说,技术创新有利于制造业绿色发展。

5.4 环境规制对技术创新的作用机理

技术创新具有高投入、回报慢、风险大等特征,尤其是基于环境保护的技术创新,更加具有不确定性和外溢性,企业自觉开展的内在动力不强,因此通过环境规制给技术创新施加外部压力是促进企业技术创新的重要方式。那么,环境规制是如何影响技术创新的?环境规制对技术创新的作用机理可以从遵循成本和创新补偿效应、先动优势效应、承诺效应、惯性阻力效应四个方面去分析(图5-5)。

5.4.1 遵循成本和创新补偿效应

我们知道,企业要满足环境规制的要求,不得不投入大量资金用于购买符合环保标准的污染防治设施、缴纳环保税、进行污染治理等等。企业为了达到环境规制要求而付出的各种成本被称为"遵循成本"。"遵循成本"会造成企业生产成本上升,生产率下降,最终导致利润下降。但是,企业通过技术创新有助于增强竞争优势,提高生产率,最终促进利润提升。当企业有较高的利润时就

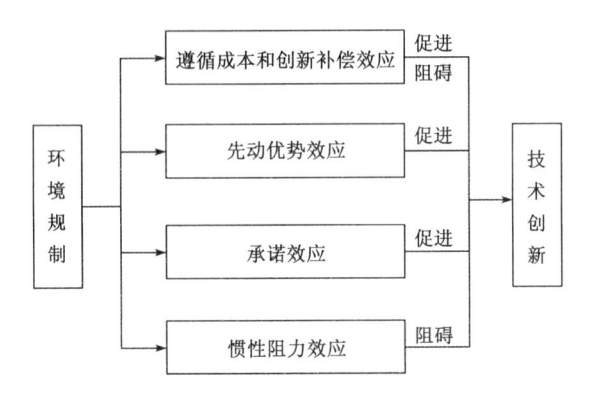

图 5-5　环境规制影响技术创新的传导机制

能够投入更多的资金用于生产,在一定程度上可以补偿企业因遵循环境规制而造成的成本增加,这被称为"创新补偿效应"。不过企业从事技术创新活动也需要投入大量的人力、物力和财力成本,当企业可利用的资源有限时,因遵循环境规制的投入可能会挤出企业技术创新投入,即产生"挤出效应"。是否产生"挤出效应"取决于"遵循成本"和"创新补偿效应"的大小。以利润最大化为目标的企业通常会将两者进行比较,当"创新补偿效应"小于"遵循成本"时则会产生"挤出效应",此时环境规制不利于技术创新;反之,环境规制有利于技术创新。

一般情况下,环境规制政策在颁布之初不会过于严苛,而会给予企业一段调整适应的时间。同时,由创新投入到创新产出再到给企业带来高利润这一过程具有一定的时滞性,技术创新投入初期对企业而言主要表现为成本而非收益。因此短期来看,企业从事技术创新的动力不足,"创新补偿效应"没有有效发挥作用。此时,"创新补偿效应"小于"遵循成本",企业生产过程主要表现为"遵循成本",并挤出企业的技术创新投入,不利于技术创新,这一"挤出效应"为"遵循成本"对技术创新投入的直接挤出。除此之外,"遵循成本"还会在一定程度上会挤出企业的生产性投资,造成企业生产受阻、利润下降,进而又会减少技术创新投入,不利于技术创新,这一"挤出效应"为"遵循成本"对技术创新投入的间接挤出。可见,短期来看,环境规制从直接和间接两个方面对技术创新产生负面影响。

长期来看,随着环境规制强度愈发严苛,企业治理环境污染的"遵循成本"会大大提高,且是持续性的提高。同时长远来看,技术创新活动会给企业带来持续性的高收益。当企业发觉"创新补偿效应"大于"遵循成本"效应时,则会倾向于通过技术创新达到环境规制要求的同时实现自身收益最大化。为达到政府环境规制要求,企业可以采取以下两种技术创新方式:一是通过环保技术创新减少污染排放和提高资源利用效率;二是通过生产技术创新降低生产成本或提升产品质量,从而提高企业利润率,使企业有更多的资金用于环境治理。不论采取哪种方式,环境规制都有利于技术创新。

总的来说,环境规制对技术创新既有激励作用,又有阻碍作用,其最终影响取决于"遵循成本"和"创新补偿效应"的相对大小。一般情况下,环境规制的"创新补偿效应"往往落后于"遵循成本"。短期来看,环境规制强度较弱,"遵循成本"起着主要作用,"遵循成本"会直接或间接的挤出企业技术创新投资,从而阻碍技术创新;长期来看,随着环境规制强度的提高,"创新补偿效应"会逐渐超越"遵循成本",此时企业更倾向采取技术创新的方式(环保技术创新或生产技术创新)来实现环境保护和经济收益的双赢。可见,随着环境规制的愈发严苛,短期内对技术创新具有阻碍作用,但长期看对技术创新具有激励作用。基于遵循成本和创新补偿效应,环境规制影响技术创新的传导机制如图5-6所示。

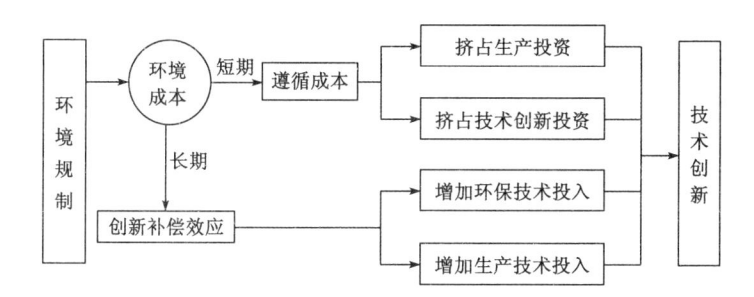

图5-6 环境规制通过遵循成本和创新补偿效应影响技术创新的传导机制

5.4.2 先动优势效应

那些率先开展技术创新,掌握并采用环保技术进行生产的企业将在激烈的市场竞争中占据主动地位,享有先动优势。随着环境规制政策的实施,公众环保意识也会逐渐提高,消费者对绿色环保产品的需求大大增加,企业若能够率先采用环保技术生产出差异化的绿色产品,则能快速迎合市场需求并抢占市场份额,从而大大提高企业的规模和利润。这样,企业就有充足的资金支持环保技术创新,产生良性循环,使企业持续保持竞争先动优势。这种先动优势还有助于企业在本领域内建立环境技术标准,更容易得到政府政策的支持,从而提高新企业进入的技术门槛,形成技术壁垒,使企业在激烈市场竞争中持续保持竞争优势。同时,先动优势也会使企业率先获得企业声誉、品牌等无形资产。

这些无形资产可以形成企业的核心竞争力，成为企业持续发展的不竭动力。

5.4.3 承诺效应

在没有环境规制的约束下，企业即使意识到环保技术创新从长远来看能够使自身获得更高的回报，但也往往会产生这样一种担忧，即加大环保技术创新投入会大大增加企业的成本负担，使自身与其他未开展环保技术创新的企业相比处于竞争劣势地位。在这种情况下，企业可能担心环保研发投入的风险很大而放弃技术创新，最终造成"劣币驱逐良币"现象。环境规制相当于是政府为愿意开展环保技术创新的企业提供了一项承诺，即"其他企业也必须为环境保护承担必要的成本"。在环境规制的约束下，所有企业都必须履行环境保护的责任和义务，这就有效阻止了部分企业避免环保投资获得竞争优势的可能性，为企业开展环保技术创新免除了"后顾之忧"。可以说，环境规制通过给企业以确定的政策预期，在一定程度上降低了企业环保技术创新的风险。同时，环境规制通过制定相关技术标准，在一定程度上为企业指明了可能的技术改进方向，从而减少了企业环保技术创新的不确定性。此外，环境规制有利于营造了一个公平竞争的市场环境，公平竞争的市场环境是创新资源有效配置的前提和基础，对企业开展环保技术创新具有不可忽视的推动作用。可见，环境规制为企业开展环保技术创新提供了一项承诺，降低了创新的风险和不确定性，从而激发企业环保技术创新的积极性。随着环境规制政策的持续实施，企业在生产和研发过程中的环保意识逐渐提高，随之市场上会出现越来越多的绿色产品，社会舆论和公众意识也会增加对绿色产品的需求，并且进一步增强企业环保技术创新的动力。

5.4.4 惯性阻力效应

组织惯性是指组织系统运行一段期间后，除去外部力量的作用，偏好沿着原有路径继续运作的属性。企业在长期生产经营过程中会累积形成其特定的行为方式，逐渐成为一种惯性，但这种惯性在外界环境变化时往往成为企业经营的阻力，即惯性阻力。惯性阻力反映了生产创新产品和原有产品所需资源能够重叠使用的程度。当生产创新产品与原有产品所需资源之间差距较大时，生产创新产品所需资源很难和生产原有产品所需资源重叠使用，此时企业技术创新的阻力将会很大；当生产创新产品和原有产品所需资源之间差距较小时，生产两种产品所需资源要素能够在很大程度上重叠使用，那么企业技术创新的阻力就不会很大。由于存在惯性阻力，企业很难适应外界环境变化而改变原有的生产理念和经营方式,最终可能导致企业变革失败。环境规制改变了企业原有的生产经营理念和技术创新模式,打破了组织惯性,有可能产生惯性阻力效应。环境规制要求企业从原材料采购、生产工艺、技术创新乃至企业文化塑造等各个方面都向环境友好方向转变,这一转变致使企业生产新产品和原有产品之间的资源差距增大,资源重叠使用比例减小,从而导致惯性阻力加大,使得企业难以转变原有技术方式。因此可以说,由于惯性阻力的存在,环境规制不利于技术创新。

5.4.5 不同类型环境规制对技术创新的影响差异

在环境规制政策的具体实施中,不同类型的环境规制政策对技术创新的影响具有较大差异,下面分别进行分析。

5.4.5.1 行政命令型环境规制对技术创新的影响

行政命令型环境规制政策工具具有强制性,下面主要以污染排放总量控制和技术标准为例,分析行政命令型环境规制对技术创新的影响。

在行政命令型环境规制中,污染物排放总量控制规定了企业生产过程中污染排放的上限,若企业污染排放超出上限就要受到处罚。对于此项规定,企业有两种应对方式,第一种方式是通过减少产量来降低污染排放,但这会损失企业的经济效益;第二种方式是通过技术创新来减少生产过程中的污染排放,如改进生产工具,采用清洁工艺技术和末端治理技术等,这样既可以减少污染排放,又可以提高企业经济效益。短期来看,技术水平高的企业会采取技术创新的方式来应对政府污染排放限制,而技术水平低的企业只有通过减少产量的方式减少污染排放,以达到政府规定的排放标准。若行业技术水平整体偏低,那么环境规制在短期内就难以促进技术创新。长期来看,技术水平高的企业通过技术创新扩大产量,获得更大的市场份额和利润,进而可以投入更多的资金用于技术研发,不断提升企业创新能力并保持持久竞争优势;而技术水平低的企业由于产量减少,市场份额不断缩小,在激烈的市场竞争环境下,这类企业要么通过加大技术引进和技术学习,增强创新能力,提升自身竞争优势,要么逐渐被市场淘汰,退出市场;两种方式最终都提升了整个行业的技术创新水平。由此可见,环境规制对技术创新的影响具有长短期差异,且这一影响受到企业技术水平、所属行业特点、行业竞争状况等多种因素影响。

技术标准要求企业生产过程中必须使用特定技术。作为技术标准的特定技术并不是随意确定的,而是由政府根据一定时期的降污减排目标,设定出一系列能够达到的技术标准,若企业没有达到政府规定的技术标准就会受到处罚。技术标准这一政策对企业技术创新的激励效果可能并不显著,主要原因如下：首先,由于技术标准是以减少污染排放为目标而设定的,且要求所有企业必须执行,政府设定的减排目标通常与企业利润最大化的目标相悖,企业只是被动的按照技术标准从事生产经营活动,很少会主动开展环保技术创新。其次,政府部门在制定技术标准时,通常会以现有企业技术水平作为参考,设定一个多数企业能够完成的技术标准。处于行业技术领先地位的企业即使不开展环保技术研发就可以达到标准,在一定程度上降低了这类企业环保技术创新的动力。最后,技术标准作为一项政策,一旦颁布就会在一段时间内固定下来,这段时间市场中如果出现更为先进的环保技术,也可能会因为不符合技术标准而无法推广。可见,技术标准如何设定尤为重要,政府若无法设定出适度灵活的技术标准,就会大大降低企业技术创新的积极性。

5.4.5.2 市场激励型环境规制对技术创新的作用机理

相对行政命令型环境规制政策工具来说,市场激励型环境规制政策工具不具有强制性。下面主要以环保税和排污权交易制度为例,分析市场激励型环境规制对技术创新的影响。

环保税由于增加了企业的生产成本,在一定程度上会倒逼企业技术创新。当企业感知技术创新成本小于环保税费用时,不论是出于自愿还是被迫,为了实现自身利益最大化,都会选择引进先进的节能设备、治污设施或采用更清洁的生产技术促进节能减排,以达到少缴税或不缴税的目的。此外,环保税对企业技术创新的激励不只体现在环保税的征收方面,还体现在环保税的减免方面,政府可以对那些通过技术创新有效实现污染排放降低的企业给予税收减免,这在一定程度上会鼓励企业采用环保设备或生产工艺,开展环保技术创新。此外,环保税还有一个好处就是能够筹集到更多的资金用于环境设施建设,改善生态环境。因此可以说,环保税不仅能够缓解政府治理环境污染的资金压力,更重要的是引导企业通过技术创新减少污染排放。

排污权交易制度是在污染排放总量确定的前提下,通过对排污权利进行界定并允许排污权在市场上自由交易,利用市场机制来达到污染排放控制、环境改善的目的。当企业的排污量大于政府规定的污染排放上限标准时,可以通过向其他企业购买排污权而不影响生产;当企业排污量小于政府规定的排污上限标准时,可以通过出售多余的排污权而从中获益。排污权交易制度对技术创新的影响包含两个方面：一方面,这一制度可以较好地激励企业通过技术创新降低污染排放,努力成为排污权供给方并从中受益。另一方面,这一制度对排污量超过排污上限标准的企业来说,在一定程度上对其开展技术创新施加了外部压力。因为企业长期购买排污权会大大增加企业环境成本,当环境成本达到一定程度时就会倒逼企业技术创新。因此可以说,不论是主动还是被动,排污权交易制度可以增强企业技术创新的积极性。不过排污权交易制度对技术创新的激励效果很大程度上取决于排污权的初始分配与定价是否公平公正,市场交易机制是否健全等。因此,明晰排污产权归属、完善市场机制、降低交易成本等是排污权交易制度有效发挥的重要途径。

综上所述,环境规制通过"遵循成本"和"创新补偿效应"两者综合作用,对技术创新的影响具有长短期差异,短期具有负向影响,但长期具有正向影响;环境规制通过先动优势效应和承诺效应,对技术创新具有正向影响;环境规制通过企业惯性阻力效应,对技术创新具有负向影响。对于不同类型的环境规制政策而言,行政命令型环境规制对技术创新的影响不确定,市场激励型环境规制对技术创新具有正向影响。由此可见,环境规制对技术创新的影响是一把"双刃剑",不过随着环境规制愈发严格,长期来看是有利于技术创新的。因此,政府在制定环境规制政策时应该注重加强对企业技术创新的激励,实现创新驱动制造业绿色发展。

5.5 本章小结

本章深入分析了环境规制如何影响绿色发展、技术创新如何影响绿色发展、环境规制如何影响技术创新三条路径。这三条路径实际上传达了三层含义:① 环境规制、技术创新会直接影响制造业的绿色发展;② 环境规制可以通过影响技术创新,进而间接影响绿色发展,在这个间接的影响路径中,技术创新实质上起着中介作用;③ 技术创新水平的高低也可能会影响环境规制对制造业绿色发展的影响效应,在这个影响路径中,技术创新起着门槛作用。本研究第6、7、8章的实证研究将分别对上述三点进行实证检验。

6 环境规制、技术创新对制造业绿色发展的直接影响效应

环境规制是解决当前环境污染问题的外部政策,技术创新是引领制造业升级发展的内在动力,那么通过环境规制和技术创新的内外双重驱动能否实现制造业环境改善和经济效益提升的"双赢",即绿色发展。本章通过实证分析验证环境规制、技术创新对制造业绿色发展的直接影响效应,具体结构安排如下:首先,构建包含环境规制、技术创新和绿色发展的动态面板模型,选择合适的实证研究方法;其次,根据第三章代表性行业选择,选取我国 27 个制造业细分行业,并将其分为高竞争性行业和低竞争性行业两类,旨在探讨行业异质性影响;第三,为模型变量选择合适的衡量指标;第四,对模型进行估计、解释,并进行稳健性检验;最后是本章小结。

6.1 模型设定与估计方法

6.1.1 模型设定

本章通过构建面板模型来验证环境规制、技术创新对制造业绿色发展的直接影响。其中,绿色发展为被解释变量,环境规制、技术创新为解释变量。当前我国环境规制主要以行政命令型和市场激励型为主,这两类规制工具对制造业绿色发展具有不同影响,在此对这两类规制工具的影响效应进行比较。环境规制、技术创新以及不同环境规制工具对制造业绿色发展的影响,可以通过构建如下面板模型来研究:

$$\text{GTFP}_{it} = \alpha_0 + \alpha_1 \text{HJ}_{it} + \alpha_2 \text{JC}_{it} + \alpha X_{it} + V_i + \varepsilon_{it}$$

$$\text{GTFP}_{it} = \gamma_0 + \gamma_1 \text{XHJ}_{it} + \gamma_2 \text{SHJ}_{it} + \gamma X_{it} + V_i + \varepsilon_{it}$$

其中,GTFP 是绿色全要素生产率,以此衡量绿色发展水平,JC 是技术创新,HJ 是综合环境规制强度(综合使用行政命令型和市场激励型环境规制工具),XHJ 是行政命令型环境规制强度,SHJ 是市场激励型环境规制强度。X 是控制变

量,包括能源结构(NY)、行业规模(GM)和外商直接投资(WT),在考察不同类型规制工具对制造业绿色发展的影响时,还控制了技术创新(JC)。V_i 表示个体效应,ε_{it} 是随机扰动项,i 表示我国 27 个制造行业,$i=1,2,\cdots,27$,t 表示各个年份,$t=2003,2004,\cdots,2015$。上面两式只是考察了环境规制对制造业绿色发展的线性影响。根据第五章的作用机理分析可知,环境规制对制造业绿色发展的影响可能经历了由负到正的影响过程,说明这两者之间的影响具有非线性特征,因此本章在上述两个模型中引入环境规制的二次项以验证非线性影响关系:

$$\text{GTFP}_{it} = \beta_0 + \beta_1 \text{HJ}_{it} + \beta_2 \text{HJ}_{it}^2 + \beta_3 \text{JC}_{it} + \beta X_{it} + V_i + \varepsilon_{it}$$

$$\text{GTFP}_{it} = \delta_0 + \delta_1 \text{XHJ}_{it} + \delta_2 \text{XHJ}_{it}^2 + \delta_3 \text{SHJ}_{it} + \gamma X_{it} + V_i + \varepsilon_{it}$$

在计量模型中,区分内生变量和外生变量是实证分析的关键。环境规制与绿色发展之间具有相互因果关系,即环境规制的动态滞后项与随机误差项中的个体效应相关,从而产生内生性问题。对于内生性问题,若采用静态面板模型回归,则结果会是有偏的。因此应采用动态面板模型进行回归,即通过在静态面板数据模型中引入被解释变量的一阶滞后项作为解释变量,从而反映出上期绿色发展水平的变化对当期绿色发展的影响。因此,上述计量模型应调整为:

$$\text{GTFP}_{it} = \alpha_0' + \alpha_1' \text{HJ}_{it} + \alpha_2' \text{JC}_{it} + \alpha_3' \text{GTFP}_{it-1} + \alpha' X_{it} + V_i + \varepsilon_{it} \tag{1}$$

$$\text{GTFP}_{it} = \beta_0' + \beta_1' \text{HJ}_{it} + \beta_2' \text{HJ}_{it}^2 + \beta_3' \text{JC}_{it} + \beta_4' \text{GTFP}_{it-1} + \beta' X_{it} + V_i + \varepsilon_{it} \tag{2}$$

$$\text{GTFP}_{it} = \gamma_0' + \gamma_1' \text{XHJ}_{it} + \gamma_2' \text{SHJ}_{it} + \gamma_3' \text{GTFP}_{it-1} + \gamma' X_{it} + V_i + \varepsilon_{it} \tag{3}$$

$$\text{GTFP}_{it} = \delta_0' + \delta_1' \text{XHJ}_{it} + \delta_2' \text{XHJ}_{it}^2 + \delta_3' \text{SHJ}_{it} + \delta_4' \text{GTFP}_{it-1} + \delta' X_{it} + V_i + \varepsilon_{it} \tag{4}$$

通过模型(1)、(3)检验环境规制、技术创新对制造业绿色发展的线性影响,通过模型(2)、(4)考察环境规制、技术创新对制造业绿色发展的非线性影响。

6.1.2　估计方法

动态面板模型的回归一般用广义矩估计(Generalized Method of Moments,GMM)方法。GMM 方法通过对水平方程取一阶差分,能够有效消除不随时间变化的个体非观测效应,同时通过在差分方程中引进滞后的弱工具变量和一组滞后的解释变量,可以有效地克服回归中的自相关性产生的有偏回归结果。一般而言,GMM 方法主要包括差分 GMM 和系统 GMM。差分 GMM 是对原方程作差分,使用变量的滞后阶作为工具变量,但其缺点是在差分时有可能消除了非观测截面个体效应及不随时间变化的其他变量,有时变量的滞后阶并不是理想的工具变量。系统 GMM 是对差分 GMM 的扩展,使用变量的滞后阶作为差分方程的工具变量,同时使用差分变量的滞后项作为水平方程的工具变量,能够更好解决弱工具变量问题。此外,系统 GMM 能在有限样本下能够得到比差分 GMM 估计量更小的偏差。因此本章采用动态面板系统 GMM 方法,以解释变量的一阶滞后项作为工具变量对模型进行估计。

在实证检验中,系统 GMM 估计方法需要通过两个检验:① 检验差分方程随机扰动项是否存在二阶序列相关,若接受"二阶序列不相关"的原假设,说明模型不存在二阶自相关性,方法选择是合适的;② 利用 Hansen 过度识别约束检验来判断工具变量是否有效,若接受"所有工具变量均有效"的原假设,说明工具变量的设定是合理的。

6.1.3 异质性行业分类

本研究研究样本为我国制造业 27 个细分行业,值得注意的是,制造业各行业之间发展存在差异性,例如行业竞争程度高低可能导致环境规制、技术创新对绿色发展的影响存在差异。一般情况下,竞争程度较低的行业市场集中度较高,大企业相对集中,在规模、技术和人才等方面具有历史积累,且具有更强的社会责任和环保意识,因此有更强的激励(或约束)去开展技术创新活动和环境治理;但行业竞争程度较低时,企业往往具有较强的市场势力,与地方政府的讨价还价能力较强,可能导致企业环境治理的约束软化。相反,竞争程度较高的行业市场集中度较低,企业分布较分散,生产规模偏小,因此企业发展往往存在着较大的资源、资金约束,导致环境治理和技术创新的积极性不高;但较强的竞争压力也会在一定程度上倒逼企业优化资源配置,转变生产方式,提高生产效率。因此在实证分析时,为考察行业竞争程度差异带来的异质性影响,本研究借鉴齐鹰飞和张瑞(2015)等采用市场集中度指标来衡量行业竞争程度。对于行业投入产出数据,市场集中度的衡量常采用价格成本差额(Price Cost Margin,PCM)来表示:

$$\mathrm{PCM}_{it} = \frac{V_{it} - M_{it} - W_{it}}{VA_{it} + M_{it}} = \frac{VA_{it} - W_{it}}{V_{it}}$$

其中,V_{it} 表示行业的工业总产值,M_{it} 表示原材料成本,W_{it} 表示行业劳动力成本,VA_{it} 表示行业工业增加值,i 表示我国 27 个制造行业,$i=1,2,\cdots,27$,t 表示各个年份,$t=2003,2004,\cdots,2015$。行业劳动力成本的计算由规模以上工业企业中制造业分行业的全部从业年平均人数乘以城镇单位就业人员平均劳动工资得到。以上数据来源于历年《中国工业经济统计年鉴》和《中国劳动统计年鉴》。根据 PCM 指标将制造业 27 个细分行业分为高竞争性行业和低竞争性行业两组(表 6-1)。

表 6-1 基于竞争程度的制造业行业分组

行业分组	PCM	具体的细分行业
高竞争性行业	低于20%	皮革毛皮羽毛(绒)及其制品业、纺织服装鞋帽制造业、文教体育用品制造业、家具制造业、木材加工及木竹藤棕草制品业、纺织业、橡胶和塑料制品业、金属制品业、农副食品加工业、食品制造业、饮料制造业、电气机械及器材制造业、通信设备计算机及其他电子设备制造业、化学原料及化学制品制造业、专用设备制造业
低竞争性行业	高于20%	非金属矿物制品业、造纸及纸制品业、仪器仪表及文化办公用机械制造业、化学纤维制造业、印刷业和记录媒介的复制、通用设备制造业、医药制造业、有色金属冶炼及压延加工业、黑色金属冶炼及压延加工业、交通运输设备制造业、石油加工炼焦及核燃料加工业、烟草制品业

资料来源：作者自己整理。

6.2 变量选取与数据说明

6.2.1 变量选取

6.2.1.1 被解释变量

绿色发展，以绿色全要素生产率(GTFP)衡量。由于第4章测算的GML指数衡量的是绿色全要素生产率的增长率而非绿色全要素生产率本身。为了更真实地反映制造业绿色发展，本章参考相关文献方法(李斌等，2013；胡建辉，2017)，假设2003年绿色全要素生产率(GTFP)为1，将2003年的GTFP乘以2004年的GML指数即得到2004年的GTFP，以此类推可以得到2003—2015年的制造业分行业的绿色全要素生产率(GTFP)。

6.2.1.2 核心解释变量

(1) 行政命令型环境规制(XHJ)。行政命令型环境规制强调政府对企业的强制性干预，当企业面对政府强制性的环境规制时，不得不按照要求进行污染治理，规制越强，企业投入污染治理的费用就越高，因此选择各行业工业污染治理运行费用作为行政命令型环境规制的代理指标，具体衡量方法见第3章第3节。

(2) 市场激励型环境规制(SHJ)。市场激励型环境规制强调通过市场机制和价格机制来实现环境资源的合理配置，选择各行业综合能源价格作为市场激励型环境规制的代理指标，具体衡量方法见第3章第3节。

(3) 综合环境规制(HJ)。政府在制定环境规制政策时不会只制定一类政策,而是会综合运用行政、经济、法律手段进行规制,因此有必要考察综合环境规制对制造业绿色增长的影响。本章以行政命令型环境规制和市场激励型环境规制的交互项 XHJ×SHJ 表征政府综合环境规制强度。

(4) 技术创新(JC)。根据第4章,制造业技术创新能力一般从投入产出角度去衡量。第一组投入产出指标是 R&D 经费投入和发明专利申请数,第二组投入产出指标是新产品开发经费投入和新产品销售收入。由于第二组指标数据是从2011年开始统计的,样本数据过少,因此本章选择第一组指标,采用亿元 R&D 经费投入的发明专利申请数(发明专利申请数与 R&D 经费投入之比)来衡量制造业技术创新能力。

6.2.1.3 控制变量

(1) 外商直接投资(WT)。在全球绿色工业革命的背景下,外商直接投资是影响制造业绿色发展的重要外部因素。关于外商直接投资对东道国环境的影响,主要有"污染天堂"和"污染光环"两种相互对立的假说。"污染天堂"假说认为跨国资本流动促使发达国家企业为寻求更低的环境成本而将产业链中的高污染环节转移到发展中国家,造成了东道国的环境恶化;而"污染光环"假说则认为跨国资本流动通过技术溢出改善了东道国的环境。但也有文献指出,跨国资本流动是否造成东道国环境恶化或改善,取决于贸易和投资的形态。外商直接投资会对东道国环境质量产生影响,进而也会影响东道国制造业的绿色发展。本章参考已有相关文献(蒋伏心 2013;张江雪,2015;刘伟,2017;侯建,2018;等),选取分行业外商和港澳台商投资工业销售产值与本行业工业销售产值之比作为代理变量,验证外商直接投资对制造业绿色发展的影响。

(2) 能源结构(NY)。能源是国民经济发展的先决条件,也是我国制造业赖以生存和发展的物质基础,能源消费结构的变化深刻影响着制造业的绿色发展。首先,能源作为投入要素有利于制造业绿色全要素生产率提升;其次,能源消费与污染排放关系紧密,从非期望产出角度影响着制造业的绿色全要素生产率。在我国能源消费结构中,煤炭一直占据主体地位,一方面支撑了制造业的快速发展,但又同时造成了生态环境的严重恶化。当前,我国制造业煤炭消耗最多的行业集中在石化、黑色金属冶金加工(钢铁等)、非金属矿制品(水泥等)、化工制造业等,对绿色发展产生严重影响。因此,本章借鉴陈超凡(2018),将能源结构纳入计量模型,验证能源结构对制造业绿色发展的影响。能源结构的计算方法为:分行业煤炭(标准煤)消费量/能源消费总量。

(3) 行业规模（GM）。行业规模作为市场结构的衡量指标之一，是影响制造业绿色发展的重要因素。较大的行业规模一方面可以带来规模经济和范围经济效应，从而有利于提高整个行业的生产率，但另一方面行业规模越大则对能源、资源的消耗越大，造成的环境污染也越严重，不利于整个行业的生态环境改善。而行业规模太小也会造成产业集中度低、市场分散、资源配置效率低等问题，这些都无法满足制造业发展的经济型要求。可见，行业规模对制造业绿色发展的影响不确定，需要通过实证进一步检验。本章借鉴已有相关文献，将行业规模纳入计量模型，验证行业规模对制造业绿色发展的影响。行业规模的计算方法为：分行业主营业务收入/分行业企业单位的个数，分行业主营业务收入根据分行业工业品出厂价格指数（2003＝100）进行平减。

6.2.2 数据说明

由于现有统计资料中，从行业口径统计的环境数据只公布到 2015 年，为了保持数据的一致性，本章选取时间跨度为 2003—2015 年中国制造业 27 个细分行业的面板数据作为研究样本。样本数据主要来源于《中国环境统计年鉴》《中国工业统计年鉴》《中国工业经济统计年鉴》《中国能源统计年鉴》《中国城市（镇）生活与价格年鉴》等。另外，由于环境规制、技术创新和行业规模为绝对值数据，需要对这些数据进行对数化处理，这样不仅可以减少数据的剧烈波动，又可以消除时间序列的异方差，更为重要的是不会改变数据之间的线性关系，不会影响实证检验的最终结果。

6.3 估计结果与经济解释

6.3.1 综合环境规制、技术创新对绿色发展的估计结果与经济解释

本章利用 Stata 15.0 软件对模型（1）～（4）进行估计，表 6-3 报告了全部行业、分行业样本下综合环境规制、技术创新对制造业绿色发展的估计结果。由 AR(1) 和 AR(2) 检验结果可以看出，所有估计模型的 AR(1) 检验在 5% 水平上显著，而 AR(2) 检验不显著，说明所有估计模型至多存在一阶自相关，而不存在二阶自相关，模型选择的估计方法是适用的。由 Sargan 检验和 Hansen 检验结果可以看出，所有估计模型在 10% 的显著性水平上无法拒绝"过度识别约束是有效的"的原假设，说明模型估计结果是一致的，工具变量的选择也是有效的。

表6-3 综合环境规制、技术创新对制造业绿色发展的直接影响

变量	全部行业 (1)	全部行业 (2)	高竞争性行业 (1)	高竞争性行业 (2)	低竞争性行业 (1)	低竞争性行业 (2)
L.GTFP	0.838***	0.769***	0.691***	0.549***	0.988***	0.960***
	(0.086 7)	(0.119)	(0.096 8)	(0.113)	(0.030 8)	(0.023 9)
JC	0.085 6*	0.076 0*	0.021 8	−0.055 0	0.049 3**	0.059 5***
	(0.049 5)	(0.045 9)	(0.061 5)	(0.077 2)	(0.025 1)	(0.017 2)
HJ	−0.032 4**	−0.120***	−0.047 8**	−0.182***	−0.014 3***	−0.054 7***
	(0.014 2)	(0.044 2)	(0.019 2)	(0.040 4)	(0.002 61)	(0.016 0)
HJ2		0.003 88**		0.006 84***		0.001 80**
		(0.001 53)		(0.001 76)		(0.000 740)
WT	−0.740***	−0.809**	−0.950*	−1.514**	−0.498***	−0.394**
	(0.265)	(0.318)	(0.570)	(0.615)	(0.170)	(0.155)
NY	−0.067 5	−0.080 6	−0.120	−0.454	−0.128***	−0.103**
	(0.154)	(0.115)	(0.315)	(0.362)	(0.046 5)	(0.045 6)
GM	0.058 8	0.031 9	0.184	0.426**	−0.037 3*	−0.023 9
	(0.044 9)	(0.040 0)	(0.147)	(0.194)	(0.019 2)	(0.017 1)
常数项	0.954***	1.454***	1.473**	2.626***	0.466***	0.609***
	(0.281)	(0.453)	(0.574)	(0.651)	(0.096 1)	(0.084 0)
Sargan检验	114.49	162.25	126.12	155.42	128.56	135.28
	(0.847)	(0.524)	(0.604)	(0.672)	(0.544)	(0.501)
Hansen检验	25.57	23.76	11.65	3.48	8.67	6.10
	(1.000)	(1.000)	(1.000)	(1.000)	(1.000)	(1.000)
AR(1)检验	−2.06	−2.21	−1.98	−2.00	−2.02	−1.94
	(0.040)	(0.027)	(0.048)	(0.046)	(0.044)	(0.052)
AR(2)检验	0.93	0.87	0.92	0.61	−0.27	−0.16
	(0.354)	(0.87)	(0.359)	(0.540)	(0.790)	(0.875)
拐点		15.463 9		13.304 1		15.194 4
样本数	351	351	195	195	156	156
年份	控制	控制	控制	控制	控制	控制
行业	控制	控制	控制	控制	控制	控制

注：***、**、*分别表示在1%、5%、10%水平上显著，Sargan检验、Hansen检验、AR(1)检验、AR(2)检验括号内是概率P值，其余变量括号内是标准差。

6.3.1.1 全行业样本下

在全行业样本下分别对模型(1)、模型(2)进行回归。模型(1)考察了综合环境规制(HJ)和技术创新(JC)对绿色全要素生产率(GTFP)的线性影响。由回归结果可以看出,综合环境规制(HJ)对绿色全要素生产率(GTFP)在5%的水平上具有显著负向影响(系数为−0.0324)。这一结果说明,从制造业整体来看,现行环境规制政策不利于绿色发展,意味着现阶段环境规制政策对企业来说主要表现为"成本效应",在政府环境规制约束下,企业要么加大环保投资但会牺牲生产投资,要么延续原先生产方式但会受到环保处罚进而挤占生产成本,不管哪种方式都会增加企业的生产成本,导致生产率下降,最终阻碍绿色发展。另外,技术创新(JC)对绿色全要素生产率(GTFP)在10%水平上具有显著正向影响(系数为0.0856),说明技术创新能够较好地推动制造业绿色发展,其原因已在第五章技术创新促进绿色发展的作用机制中详细阐述,即技术创新能够提高资源要素的利用效率、有效降低环境污染、为清洁能源供给提供了条件、形成差异化的绿色产品以及技术推广应用过程中的技术培训可以提升劳动者素质和技能,从而提高劳动生产率,这些途径都有利于推动制造业绿色发展。

然而模型(1)只揭示了环境规制与制造业绿色发展的线性关系,却无法揭示两者之间的非线性关系,模型(2)将综合环境规制(HJ)的二次项加入模型后,估计结果发生了改变。模型(2)的回归结果显示,综合环境规制的一次项为负,二次项为正,说明综合环境规制与制造业绿色发展之间存在U形关系。当环境规制强度较低时以"成本效应"为主,不利于绿色发展;但随着环境规制强度的持续性提高,"遵循成本"达到上限时就会倒逼企业转变生产观念和变革生产方式以协调环境污染和企业发展之间的矛盾,进而促进绿色发展。从回归结果还可以看出,综合环境规制对绿色发展的影响由阻碍效应转为促进效应的拐点出现在15.4639,而当前我国环境规制政策整体的影响效应还处于U形曲线的前半阶段,即阻碍绿色发展。可见,未来政府还需要加大环境规制强度以加强对企业的倒逼作用,直到环境规制影响越过拐点,实现对绿色发展的促进效应。另外,加入综合环境规制的二次项后,技术创新(JC)对绿色全要素生产率(GTFP)的影响方向仍保持不变且仍在10%水平上显著(系数为0.7060),说明技术创新对制造业绿色发展的推动作用不会收到外部因素变化的影响,这在一定程度上印证了技术创新是制造业绿色发展的内在驱动力。

6.3.1.2 分行业样本下

在高竞争性行业和低竞争性行业样本下分别对模型(1)、模型(2)进行回归。模型(1)考察了综合环境规制(HJ)和技术创新(JC)对绿色全要素生产率(GTFP)的线性影响,回归结果显示,在高竞争性行业中,综合环境规制(HJ)对绿色全要素生产率(GTFP)具有负向影响且在5%水平上显著(系数为-0.047 8);在低竞争性行业中,综合环境规制(HJ)对绿色全要素生产率(GTFP)具有负向影响且在1%水平上显著(系数为-0.014 3)。以上结果说明,不论是高竞争性行业或是低竞争性行业,现行环境规制增加了企业的额外负担,阻碍了企业绿色生产率的提升,且相比低竞争性行业,现行环境规制对高竞争性行业的阻碍作用更大。对此的经济解释是:高竞争性行业的市场集中度较低,企业数量较多,规模小且布局分散,激烈的市场竞争导致这类企业的利润率普遍偏低,当环境规制强度提高时缺乏足够的资金去应对,进而造成生产成本上升,生产率下降,最终不利于绿色发展。另外,模型(1)还考察了技术创新(JC)对绿色全要素生产率(GTFP)的影响,结果显示在高竞争性行业中,技术创新对绿色全要素生产率没有显著影响,而在低竞争性行业中,技术创新对绿色全要素生产率在5%水平上具有显著正影响(系数为0.049 3)。这一结果说明技术创新只驱动了低竞争性行业的绿色发展,却难以驱动高竞争性行业的绿色发展,对此的经济解释是:技术创新是一项投入高、周期长、风险大的活动,需要企业对创新失败有较强的容错试错能力。低竞争性行业的市场集中度较高,市场中存在少数规模庞大、实力雄厚、技术先进的领先企业,这类企业往往具有较强的技术基础和专门的研发队伍,是技术创新的"领头羊",能够投入大量的资金和人力用于技术研发,容错试错能力更强,因此创新驱动绿色发展机制在低竞争性行业更易实现。相比之下,高竞争性行业中往往分布着较多的中小企业,资金规模相对有限,环保意识相对不足,专业研发人员相对匮乏,对这类企业来说创新成本往往过高,导致这类企业开展技术创新的积极性不足,向创新驱动绿色发展方式转变的动力受限。与此同时,中小企业的技术创新往往自成体系,分散重复,整体运行效率不高,创新产业链条中各个环节衔接不畅,导致科技资源共享率低,难以形成技术创新的协同效应,因此创新驱动绿色发展模式尚未在高竞争性行业中体现出来。

在高竞争性行业和低竞争性行业中,模型(2)考察了综合环境规制(HJ)和技术创新(JC)对绿色全要素生产率(GTFP)的非线性影响。回归结果显示,不论在高竞争性行业还是低竞争性行业中,综合环境规制与绿色全要素生产率之间存在U形关系,即环境规制对绿色全要素生产率的影响均是先削弱后改善。但是,高竞争性行业中环境规制由负影响到正影响的拐点出现在13.304 1,而低竞争性行业中环境规制拐点出现在15.194 4。通过拐点比较发现,低竞争性行业拐点出现得要晚一些,说明低竞争性行业对综合环境规制变化的容忍度更高,当环境规制强度提高时,低竞争性行业将比高竞争性行业更晚由阻碍效应转变为促进效应。行业竞争程度较低时,企业往往具有较强的市场支配能力,与地方政府的谈判能力更强,可能导致企业环境规制的约束软化,同时竞争不足使企业可以获得较高的垄断利润,进而在更大程度上能够应对环境规制带来的成本上升。因此,只有对低竞争性行业实施更为严格的环境规制,施加更大的外部压力,才可能倒逼企业变革原有高能耗、高排放、高污染的生产方式,促进绿色发展。相比之下,高竞争性行业的市场集中度较低,竞争参与主体较多,以中小企业为主,环境规制强度提高对企业的生产成本影响更大,从短期看阻碍效应更强;但当企业感知未来较长时间内环境政策会愈发严格,环境规制强度将持续性提高时,理性企业出于自身利益最大化考虑,就会加快推动生产观念和生产方式变革以更好适应环境政策的变化,同时较强的竞争压力也会在一定程度上倒逼企业变革,因此这类企业能够更快摆脱环境规制的阻碍效应,转为促进效应。另外,分行业样本下,技术创新对高竞争性行业绿色发展没有显著影响,但对低竞争性行业绿色发展具有显著正向影响(系数为 0.595 且在 1% 水平显著),这与模型(1)线性估计结果一致,即技术创新驱动制造业绿色发展效应主要体现在低竞争性行业。

6.3.2 行政命令型、市场激励型环境规制对绿色发展的估计结果与经济解释

同样采用系统 GMM 方法对模型(3)、模型(4)进行估计,表 6-4 报告了全部行业、分行业样本下行政命令型和市场激励型两类环境规制政策工具对制造业绿色发展的估计结果。根据 AR(1) 和 AR(2) 的检验结果,所有估计模型的 AR(1) 检验在 5% 水平上显著,而 AR(2) 检验不显著,说明所有估计模型至多存在一阶自相关,但不存在二阶自相关,模型选择的估计方法是适用的。根据 Sargan 检验和 Hansen 检验结果,所有估计模型在 10% 的显著性水平上无法拒绝"过度识别约束是有效的"的原假设,说明模型估计结果是一致的,工具变量的选择也是有效的。

表 6-4 行政命令型和市场激励型环境规制对制造业绿色发展的影响比较

变量	全部行业		高竞争性行业		低竞争性行业	
	(3)	(4)	(3)	(4)	(3)	(4)
L.GTFP	0.815***	0.713***	0.666***	0.516***	0.965***	0.934***
	(0.072 5)	(0.108)	(0.087 1)	(0.106)	(0.037 8)	(0.030 9)

表 6-4（续）

变量	全部行业		高竞争性行业		低竞争性行业	
	（3）	（4）	（3）	（4）	（3）	（4）
XHJ	−0.134**	−0.668***	−0.248***	−0.881***	−0.067 6***	−0.283***
	(0.053 1)	(0.214)	(0.072 0)	(0.184)	(0.009 71)	(0.073 8)
XHJ2		0.118***		0.155***		0.047 1***
		(0.041 7)		(0.040 0)		(0.017 0)
SHJ	0.407***	0.740***	1.134***	0.912***	0.226**	0.251**
	(0.094 0)	(0.191)	(0.343)	(0.276)	(0.099 6)	(0.108)
WT	−0.673***	−0.892***	−0.819*	−1.442**	−0.608***	−0.539***
	(0.242)	(0.288)	(0.457)	(0.567)	(0.169)	(0.168)
NY	−0.008 78	−0.013 7	−0.375*	−0.116	−0.070 3*	−0.044 0
	(0.108)	(0.091 4)	(0.193)	(0.274)	(0.037 8)	(0.031 1)
GM	0.050 2	0.016 5	0.097 8	0.178	−0.035 9*	−0.029 7*
	(0.038 4)	(0.029 7)	(0.168)	(0.215)	(0.018 3)	(0.016 0)
JC	0.066 0	0.030 7	0.044 1	−0.021 6	0.033 0	0.047 5***
	(0.042 9)	(0.029 1)	(0.062 3)	(0.073 8)	(0.026 5)	(0.016 7)
常数项	−1.106***	−2.064***	−4.304***	−2.038	−0.579	−0.541
	(0.411)	(0.642)	(1.658)	(1.466)	(0.413)	(0.467)
Sargan 检验	136.97	188.78	138.71	155.15	141.66	134.56
	(0.946)	(0.650)	(0.933)	(0.786)	(0.352)	(0.495)
Hansen 检验	25.08	23.70	8.11	5.12	3.99	2.70
	(1.000)	(1.000)	(1.000)	(1.000)	(1.000)	(1.000)
AR(1)检验	−2.04	−2.22	−1.97	−2.01	−2.08	−1.99
	(0.042)	(0.027)	(0.048)	(0.045)	(0.037)	(0.047)
AR(2)检验	0.89	0.82	0.92	0.69	−0.30	−0.20
	(0.374)	(0.412)	(0.359)	(0.488)	(0.762)	(0.845)
变量	全部行业		高竞争性行业		低竞争性行业	
	（3）	（4）	（3）	（4）	（3）	（4）
拐点		2.830 5		2.841 9		3.004 2
样本数	351	351	195	195	156	156
年份	控制	控制	控制	控制	控制	控制
行业	控制	控制	控制	控制	控制	控制

注：***、**、* 分别表示在1%、5%、10%水平上显著，Sargan 检验、Hansen 检验、AR(1)检验、AR(2)检验括号内是概率 P 值，其余变量括号内是标准差。

6.3.2.1 全行业样本下

在全行业样本下分别对模型(3)、模型(4)进行回归。模型(3)考察了行政命令型环境规制(XHJ)和市场激励型环境规制(SHJ)对绿色全要素生产率(GTFP)的线性影响。由估计结果可以看出,行政命令型环境规制(XHJ)对绿色全要素生产率(GTFP)在5%的显著性水平上具有负向影响(系数为-0.134),而市场激励型环境规制(SHJ)在1%的显著性水平上对绿色全要素生产率(GTFP)具有正向影响(系数为0.407)。这一结果说明,从整个制造业来看,现行行政命令型环境规制不利于改善绿色全要素生产率,而市场激励型环境规制能够有效改善绿色全要素生产率从而提升绿色发展水平,这与申晨(2017)的研究结果一致,验证了狭义波特假说。对这一结果的经济解释为:行政命令型环境规制政策以政府强制性为主要特征(如环境标准、强制性关闭等),企业为应对政府各种强制性规定和要求,不得不购买污染治理设备,甚至关闭重污染项目,在多数情况下企业是被迫牺牲自身利润来满足环境要求,因此难以实现环境效益和经济效益双赢。市场激励型环境规制以经济激励为主要特征(如提高资源使用和环境污染的价格和税费、许可证交易等),其目的是通过经济上的奖励或处罚激励企业进行主动性变革,市场激励型环境规制政策更有利于发挥企业的主观能动性,企业是基于利润最大化原则下结合自身情况进行成本-收益分析后做出的最优生产决策,因此更有利于促进经济效应和环境效益的同步提升。

然而模型(3)只揭示了行政命令型环境规制与制造业绿色发展的线性关系,却无法揭示两者之间的非线性关系,模型(4)考察了行政命令型环境规制和市场激励型环境规制对制造业绿色发展的非线性影响。从估计结果可以看出,行政命令型环境规制的一次项为负,二次项为正,说明行政命令型环境规制(XHJ)与绿色全要素生产率(GTFP)之间存在U形关系。这一结果与综合环境规制的估计结果一致,说明现阶段我国环境规制政策更偏向行政化色彩,政府在制定和实施环境政策时更倾向于采用行政化手段,以行政立法和行政命令为主要内容,规制执法往往渗透着某种强制性。回归结果还显示,行政命令型环境规制由阻碍作用转向促进作用的拐点为2.8305,但当前我国行政命令型环境规制政策的影响还处于U形曲线的前半阶段,阻碍绿色发展。因此,未来我国政府应该加快出台更为严格的环境规制政策和更为多样化的环境规制手段,给企业以更大的外部压力,倒逼企业在保证生产规模的同时兼顾环境治理,已达到减少污染排放和提高经济效益的平衡。另外,加入综合环境规制的二次项后,市场激励型环境规制(SHJ)对绿色全要素生产率(GTFP)之的正向影响仍然在1%水平上显著,说明市场激励型环境规制有利于制造业整体绿色发展的结论具有较好的稳定性。

6.3.2.2 分行业样本下

在高竞争性行业和低竞争性行业样本下分别对模型(3)、模型(4)进行回归。模型(3)考察了行政命令型环境规制(XHJ)和市场激励型环境规制(SHJ)对绿色全要素生产率(GTFP)的线性影响。回归结果显示,不论在高竞争性行业还是低竞争性行业中,行政命令型环境规制(XHJ)对绿色全要素生产率(GTFP)都具有显著负影响。其中,高竞争性行业的影响系数为-0.248且在1%水平上显著,低竞争性行业的影响系数为-0.0676且在1%水平上显著。这一结果说明,不论是高竞争性行业或是低竞争性行业,行政命令型环境规制都会阻碍制造业绿色发展,且这种阻碍作用在高竞争性行业表现得更为强烈,这与综合环境规制的估计结果一致,说明现行我国环境规制政策的制定和实施更偏向行政化模式,以强制性命令为主要特征。另外,不论在高竞争性行业还是低竞争性行业中,市场激励型环境规制(SHJ)对绿色全要素生产率(GTFP)都具有显著正影响。其中,高竞争性行业的影响系数为1.134且在1%水平显著,低竞争性行业的影响系数为0.226且在5%水平上显著。这一结果说明,市场激励型环境规制能够有效改善两类行业的绿色全要素生产率,从而提升绿色发展水平,而这种促进效应对高竞争性行业更为明显,对此的经济解释是:市场激励型环境规制的目的是通过经济激励推动企业主动性变革以促进经济效益和环境效益的同步提升,但市场型工具成功实施的前提是市场竞争和价格机制能够有效发挥作用,企业能够自主决策。高竞争性行业的市场竞争更为充分,通过供求机制和价格机制的调节作用,企业在面对经济激励和内部化的环境成本时,能够快速权衡成本和收益,做出最优生产决策和污染排放水平,从而更有利于绿色全要素生产率的提高,进而促进绿色发展。

在高竞争性行业和低竞争性行业中,模型(4)考察了行政命令型环境规制(XHJ)和市场激励型环境规制(SHJ)对绿色全要素生产率(GTFP)的非线性影响。回归结果显示,不论在高竞争性行业或是低竞争性行业中,行政命令型环境规制(XHJ)与绿色全要素生产率(GTFP)之间均存在U形关系,即行政命令型环境规制对绿色全要素生产率的影响均是先削弱后改善。但是,高竞争性行业中,环境规制由负影响到正影响的拐点出现在2.8419,而低竞争性行业中拐点出现在3.0042,相对晚一些,这与综合环境规制的估计结果一致,低竞争性行业对行政命令型环境规制的容忍度更高,未来应加大对低竞争性行业的行政规制力度才可能扭转对绿色发展的不利影响。另外,不论在高竞争性行业和低竞争性行业中,市场激励型环境规制(SHJ)对绿色全要素生产率(GTFP)都具有显著正影响。其中,高竞争性行业的影响系数为 0.912 且在 1% 水平显著,低竞争性行业的影响系数为 0.251 且在 5% 水平上显著,这与模型(3)线性估计结果一致,市场激励型环境规制对两类行业的绿色发展水均有促进作用,且对高竞争性行业的促进作用更为强烈,从一定程度上说明了结论的可靠性。

6.4 稳健性检验

为确保模型估计结果的可靠性,本章采用 OLS+稳健标准误方法对模型 (1)~(4)进行稳健性检验。结果表明,不论在全行业样本下,还是在分行业样本下,综合环境规制(HJ)和技术创新(JC)对绿色全要素生产率(GTFP)影响的估计结果,以及行政命令型环境规制(XHJ)、市场激励型环境规制(SHJ)对绿色全要素生产率(GTFP)影响的估计结果,与上述估计结果在方向上并未出现不一致的情况,说明上述研究结论是稳健可靠的。稳健性检验的估计结果见表6-5 和表 6-6。

表 6-5 综合环境规制、技术创新对制造业绿色发展影响的稳健性检验

变量	全部行业		高竞争性行业		低竞争性行业	
	(1)	(2)	(1)	(2)	(1)	(2)
HJ	−0.080 2***	−0.287***	−0.098 9***	−0.313***	−0.065 7***	−0.291***
	(0.010 0)	(0.028 8)	(0.015 7)	(0.030 2)	(0.010 4)	(0.048 4)
HJ2		0.010 1***		0.011 7***		0.010 3***
		(0.001 15)		(0.001 23)		(0.002 03)
JC	0.315***	0.270***	0.058 7	0.070 6	0.514***	0.502***
	(0.041 1)	(0.037 8)	(0.058 5)	(0.055 6)	(0.053 7)	(0.043 3)
WT	−2.003***	−1.701***	−2.826***	−3.161***	−2.792***	−1.990***
	(0.266)	(0.262)	(0.379)	(0.364)	(0.550)	(0.512)
NY	−0.382**	−0.416***	−0.102	−0.832***	−0.706***	−0.439***
	(0.150)	(0.130)	(0.313)	(0.264)	(0.105)	(0.135)
GM	−0.082 0	−0.015 5	0.565***	0.813***	−0.169**	−0.104
	(0.065 2)	(0.061 3)	(0.116)	(0.118)	(0.071 7)	(0.065 3)
常数	3.135***	3.766***	3.852***	4.984***	2.811***	3.330***
	(0.189)	(0.195)	(0.291)	(0.303)	(0.271)	(0.276)

表 6-5（续）

变量	全部行业		高竞争性行业		低竞争性行业	
	（1）	（2）	（1）	（2）	（1）	（2）
样本数	351	351	195	195	156	156
R^2	0.491	0.602	0.510	0.679	0.636	0.697
年份	控制	控制	控制	控制	控制	控制
行业	控制	控制	控制	控制	控制	控制

注：***、**、*分别表示在1%、5%、10%水平上显著，括号内是标准差。

表 6-6　行政命令型、市场激励型环境规制对制造业绿色发展影响的稳健性检验

变量	全部行业		高竞争性行业		低竞争性行业	
	（3）	（4）	（3）	（4）	（3）	（4）
XHJ	-0.368***	-1.306***	-0.496***	-1.449***	-0.271***	-1.273***
	(0.043 8)	(0.132)	(0.074 2)	(0.148)	(0.048 9)	(0.230)
XHJ2		0.223***		0.256***		0.222***
		(0.025 7)		(0.029 3)		(0.045 9)
SHJ	2.009***	1.961***	2.142***	1.469***	1.589***	1.446***
	(0.163)	(0.155)	(0.354)	(0.294)	(0.272)	(0.280)
WT	-2.481***	-2.165***	-2.405***	-2.836***	-3.302***	-2.549***
	(0.264)	(0.245)	(0.375)	(0.367)	(0.548)	(0.511)
NY	-0.094 2	-0.057 7	-0.534*	-0.333	-0.238*	-0.074 1
	(0.119)	(0.108)	(0.271)	(0.242)	(0.121)	(0.115)
GM	-0.110*	-0.063 7	-0.024 9	0.389***	-0.171**	-0.127**
	(0.061 7)	(0.055 8)	(0.145)	(0.135)	(0.070 8)	(0.061 6)
JC	0.165***	0.139***	0.095 2*	-0.029 3	0.324***	0.354***
	(0.038 6)	(0.035 0)	(0.056 4)	(0.052 4)	(0.067 7)	(0.058 6)
常数	-6.689***	-5.895***	-7.176***	-2.717*	-4.851***	-3.728***
	(0.800)	(0.755)	(1.786)	(1.534)	(1.304)	(1.362)
样本数	351	351	195	195	156	156
R^2	0.605	0.699	0.582	0.710	0.695	0.747
年份	控制	控制	控制	控制	控制	控制
行业	控制	控制	控制	控制	控制	控制

注：***、**、*分别表示在1%、5%、10%水平上显著，括号内是标准差。

6.5 本章小结

本章节利用 2003—2015 年中国制造业行业面板数据,通过构建动态面板模型,采用系统 GMM 方法验证了环境规制、技术创新对制造业绿色发展的直接影响。实证结果表明:

(1) 技术创新是驱动我国制造业整体绿色发展的重要力量,但分行业类型来看,技术创新主要驱动了低竞争性行业的绿色发展,对高竞争性行业绿色发展的驱动效应不显著。

(2) 不论从行业整体还是分行业来看,综合环境规制与制造业绿色发展之间呈"U"型关系。综合环境规制对绿色发展的影响会经历一个由阻碍到促进的过程,但当前我国环境规制的影响仍处于阻碍阶段。通过影响系数比较发现,相比低竞争性行业,综合环境规制的阻碍效应在高竞争性行业表现得更为强烈;同时通过拐点比较发现,低竞争性行业对综合环境规制变化的容忍度更高,当环境规制强度提高时,低竞争性行业将比高竞争性行业更晚由阻碍效应转变为促进效应,因此只有对低竞争性行业实施更为严格的环境规制才会促进绿色发展。

(3) 不论从行业整体还是分行业来看,行政命令型环境规制对制造业绿色发展的影响和综合环境规制的影响完全一致,说明现阶段我国环境规制政策更偏向行政化色彩,政府在制定和实施环境政策时更倾向于采用行政化手段,以行政立法和行政命令为主要内容,规制执法往往渗透着某种强制性。

(4) 不论从行业整体还是分行业来看,市场激励型环境规制对制造业绿色发展均具有显著促进作用。相比低竞争性行业,市场激励性环境规制对高竞争性行业的促进作用更为显著。

7 环境规制与制造业绿色发展中技术创新的中介效应

我们知道,环境规制不仅会对制造业绿色发展产生直接影响,也会通过技术创新对制造业绿色发展产生间接影响。在这个间接的影响路径中,技术创新实际上起着中介作用,本章将通过实证研究验证这一中介效应是否存在。根据第六章的研究发现,环境规制对制造业绿色发展既有线性影响,又有非线性影响。也就是说,技术创新在环境规制与制造业绿色发展之间的中介效应可能是线性的,也有可能是非线性的。因此,本章将分别检验线性中介效应和非线性中介效应。

7.1 线性中介效应检验

7.1.1 模型设定与估计方法

7.1.1.1 模型设定

本章要考察技术创新在环境规制与制造业绿色发展中的线性中介作用,因此需要构建线性中介效应模型。中介效应模型最初在医学特别是心理学领域中应用广泛,后逐渐应用到社科研究领域。中介效应模型能够深入分析变量之间的影响过程和影响机制。该模型一般涉及三类变量:自变量(X)、中介变量(M)和因变量(Y)。考虑 X 对 Y 的影响,如果 X 通过影响变量 M 来影响 Y,则称 M 为中介变量,他们之间的线性关系可以通过图 7-1 说明。

图 7-1 中,(1)式为自变量 X 对因变量 Y 的影响,系数 c 为 X 对 Y 的总效应;(2)式为自变量 X 对中介变量 M 的影响,系数 a 为 X 对 M 的效应;(3)式为自变量 X、中介变量 M 对因变量 Y 的影响,系数 b 为控制 X 后 M 对 Y 的效应,系数 c' 为控制 M 后 X 对 Y 的效应;e_1、e_2 和 e_3 为误差项。

根据巴伦和肯尼(Baron & Kenny)1986 年、穆勒(Muller)等 2005 年和温忠麟等 2004 年的研究,线性中介效应检验具体包含以下几个步骤。

7 环境规制与制造业绿色发展中技术创新的中介效应

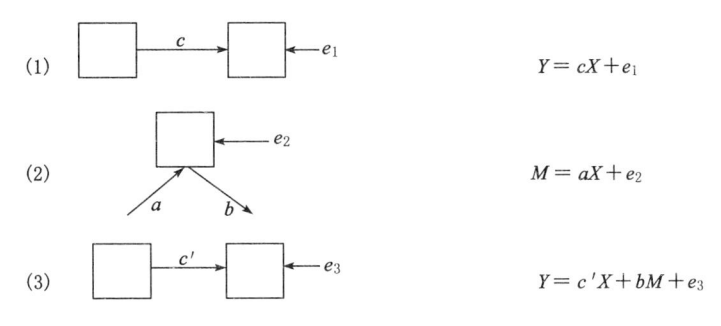

(1) $Y = cX + e_1$

(2) $M = aX + e_2$

(3) $Y = c'X + bM + e_3$

图 7-1 中介变量影响路径图

第一步,检验(1)式中的回归系数 c,如果显著则继续第二步,否则停止分析。

第二步,依次检验(2)式的回归系数 a 和(3)式中的回归系数 b,如果两个都显著,意味着 X 对 Y 的影响至少有一部分是通过中介变量 M 实现的,继续第三步。如果至少有一个不显著,则转到第五步。

第三步,检验(3)时中的回归系数 c',如果不显著,说明是完全中介过程,即 X 对 Y 的影响都是通过中介变量 M 实现的;如果显著,说明只是部分中介过程,即 X 对 Y 的影响只有一部分是通过中介变量 M 实现的,继续第四步。

第四步,比较 ab 和 c' 的符号,如果两者同号,则中介效应在总效应中所占的比例为 ab/c;如果两者异号,则中介效应在总效应中所占比例为 ab/c' 的绝对值。

第五步,采用 Sobel 检验验证原假设 $H0:ab=0$,如果拒绝原假设,说明中介效应显著,继续第三步;否则说明中介效应不显著,停止检验。

具体检验程序如图 7-2 所示。

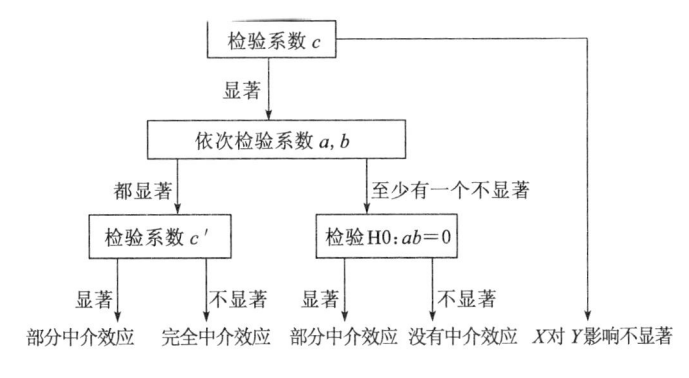

图 7-2 线性中介效应检验程序

为了验证技术创新在环境规制与绿色发展之间是否存在线性中介效应,本章根据上述中介效应的三个关系式,将技术创新设定为中介变量,构建环境规制通过技术创新影响制造业绿色发展的线性中介效应模型:

$$GTFP_{it} = \alpha_0 + cHJGZ_{it} + \alpha_1 x_{it} + \varepsilon_{it} \tag{1}$$

$$JC_{it} = \beta_0 + aHJGZ_{it} + \varepsilon_{it} \tag{2}$$

$$GTFP_{it} = \gamma_0 + c'HJGZ_{it} + bJC_{it} + \gamma_1 x_{it} + \varepsilon_{it} \tag{3}$$

其中,GTFP 是绿色全要素生产率,JC 是技术创新,HJGZ 分别采用综合环境规制 HJ、行政命令型环境规制 XHJ、市场激励型环境规制 SHJ 三个变量,依次验证技术创新在综合环境规制、不同环境规制类型与绿色全要素生产率之间的线性中介效应。X 是控制变量,包括外商直接投资(WT)、能源结构(NY)和行业规模(GM),ε_{it} 是随机扰动项,i 表示我国 27 个制造行业,$i=1,2,\cdots,27$,t 表示各个年份,$t=2003,2004,\cdots,2015$。

本章采用逐步回归法,依次验证模型(1)~(3)的回归系数来判定线性中介效应:

① 如果模型(1)的回归系数估计值 c 显著,说明环境规制(HJGZ)对制造业绿色发展(GTFP)存在总体正(或负)效应;

② 如果模型(2)的回归系数估计值 a 显著,说明环境规制(HJGZ)对中介变量技术创新(JC)具有显著正(或负)效应;

③ 如果模型(3)回归系数估计值 b 显著,说明控制了环境规制(HJGZ)的影响后,中介变量技术创新(JC)对制造业绿色发展(GTFP)存在直接正(或负)效应。

④ 模型(3)中,回归系数 c' 代表控制了中介变量技术创新(JC)的影响后,环境规制(HJGZ)对制造业绿色发展(GTFP)的直接效应,若不显著则说明技术创新(JC)为完全中介效应;若显著则说明技术创新(JC)为部分中介效应;

⑤ 计算部分中介效应的大小。观察回归系数 $a \times b$ 与 c 估计值符号的异同,若同号则中介效应在总效应中所占的比例为 ab/c;若异号则中介效应在总效应中所占比例为 ab/c 的绝对值。

7.1.1.2 估计方法

在线性中介效应估计方法的选择上,混合 OLS 模型、固定效应模型和随机效应模型都是经常使用的方法。那么应该选择上述哪一种模型进行估计更为有效呢?一般情况下的筛选步骤是:首先,通过 F 检验来判断选择混合 OLS 模型还是个体效应模型(包括固定效应模型和随机效应模型)。因为混合 OLS 模型的零假设为不存在个体效应,而 F 检验可用来判断是否存在个体效应。F 检验若拒绝零假设则说明模型存在个体效应,不应该使用混合面板回归。其次,对于个体效应模型,应选择固定效应还是随机效应估计? 可以通过豪斯曼(Hausman)检验来判断。Hausman 检验的零假设是固定效应模型 LSDV 和随机效应模型 GLS 的估计结果没有系统性差异。若拒绝零假设,则说明 LSDV 和 GLS 估计量结果不一致,随机效应模型估计是有偏的,因此应选择固定效应模型;若接受零假设,则说明 LSDV 和 GLS 估计量结果没有差异,但随机效应模型估计比固定效应模型估计更有效,因此应选择随机效应模型。因此,本章根据上述筛选步骤,采用 F 检验和 Hausman 检验依次检验中介效应模型(1)~(3),从而选择最合适的方法进行估计。

7.1.2 变量选取与数据说明

本研究研究对象为我国制造业 27 个细分行业,选取规模以上工业企业数据进行研究,样本收集时段为 2003—2015 年,样本数据来源于《中国环境统计年鉴》《中国工业统计年鉴》《中国工业经济统计年鉴》《中国能源统计年鉴》《中国城市(镇)生活与价格年鉴》等,采用的估计软件为 Stata 15.0,模型共涉及如下 6 个变量。

7.1.2.1 被解释变量

绿色发展,以全要素生产率(GTFP)衡量。根据第 4 章测算的制造业 GML 指数来计算 2003—2015 年绿色全要素生产率。假设 2003 年绿色全要素生产率(GTFP)为 1,计算公式为:$GTFP_t = GML_t \times GTFP_{t-1}$。

7.1.2.2 解释变量

本研究分别采用行政命令型环境规制(XHJ)、市场激励型环境规制(SHJ)和综合环境规制(HJ)作为核心解释变量。行政命令型环境规制选取各行业工业污染治理运行费用作为衡量指标;市场激励型环境规制选取各行业综合能源价格作为衡量指标;综合环境规制以行政命令型环境规制和市场激励型环境规制的交互项(XHJ×SHJ)作为衡量指标,以此表示综合政府使用两类环境规制的情况。环境规制为绝对值数据,需要进行对数化处理,以消除异方差。

7.1.2.3 中介变量

技术创新(JC)。技术创新选取亿元 R&D 经费投入的发明专利申请数(发明专利申请数与 R&D 经费投入之比)为衡量指标。技术创新为绝对值数据,需要进行对数化处理,以消除异方差。

7.1.2.4 控制变量

分别选择外商直接投资(WT)、能源结构(NY)和行业规模(GM)作为影响制造业绿色发展的控制变量。外商直接投资选取分行业外商和港澳台商投资工业销售产值与本行业工业销售产值之比作为衡量指标;能源结构选取分行业煤炭(标准煤)消费量与能源消费总量之比作为衡量指标;行业规模选取分行业主营业务收入与分行业企业单位个数之比作为衡量指标,并进行对数化处理。工业销售产值与主营业务收入数据根据分行业工业品出厂价格指数(2003＝100)进行平减。

7.1.3 估计结果与经济解释

7.1.3.1 技术创新在综合环境规制与绿色发展中的线性中介效应检验

在模型回归前,先采用 F 检验和豪斯曼(Hausman)检验来选择合适的估计方法。由个体效应 F 检验可以看出(表7-1),在全行业、高竞争性行业、低竞争性行业样本下,模型(1)~(3)的 F 统计量 P 值至少都在5%显著性水平上拒绝原假设,说明所有模型均存在个体效应,不应选择混合 OLS 估计方法进行回归。再由 Hausman 检验结果可以看出(表7-2),在全行业、高竞争性行业、低竞争性行业样本下,模型(1)~(3)的卡方统计量至少都在5%显著性水平上拒绝原假设,说明随机效应模型估计结果有偏,应选择固定效应模型。因此,基于全行业、高竞争性行业和低竞争性行业样本下,采用固定效应模型检验技术创新在综合环境规制与制造业绿色发展中的线性中介效应,估计结果见表7-3。

表7-1 个体效应 F 检验结果

样本	模型	被解释变量	核心解释变量	F统计量	检验结果
全行业	模型(1)	GTFP	HJ	56.46***	拒绝原假设
	模型(2)	JC	HJ	7.44**	拒绝原假设
	模型(3)	GTFP	HJ、JC	66.65***	拒绝原假设
高竞争性行业	模型(1)	GTFP	HJ	49.11***	拒绝原假设
	模型(2)	JC	HJ	12.95***	拒绝原假设
	模型(3)	GTFP	HJ、JC	39.34***	拒绝原假设
低竞争性行业	模型(1)	GTFP	HJ	25.95***	拒绝原假设
	模型(2)	JC	HJ	4.72**	拒绝原假设
	模型(3)	GTFP	HJ、JC	52.50***	拒绝原假设

注:***、**、*分别表示在1%、5%、10%水平上显著。

表 7-2　Hausman 检验结果

样本	模型	被解释变量	核心解释变量	F 统计量	检验结果
全行业	模型(1)	GTFP	HJ	37.87**	固定效应
	模型(2)	JC	HJ	31.81***	固定效应
	模型(3)	GTFP	HJ、JC	36.82***	固定效应
高竞争性行业	模型(1)	GTFP	HJ	10.23**	固定效应
	模型(2)	JC	HJ	7.93**	固定效应
	模型(3)	GTFP	HJ、JC	14.77**	固定效应
低竞争性行业	模型(1)	GTFP	HJ	30.58***	固定效应
	模型(2)	JC	HJ	27.61***	固定效应
	模型(3)	GTFP	HJ、JC	24.73***	固定效应

注：***、**、* 分别表示在 1%、5%、10% 水平上显著。

表 7-3　技术创新在综合环境规制与绿色发展中的线性中介效应检验

变量	全部行业			高竞争性行业			低竞争性行业		
	(1)	(2)	(3)	(1)	(2)	(3)	(1)	(2)	(3)
	GTFP	JC	GTFP	GTFP	JC	GTFP	GTFP	JC	GTFP
HJ	−0.100***	−0.165***	−0.087 3***	−0.100***	−0.070 1***	−0.098 9***	−0.071 7***	−0.100***	−0.056 8***
	(0.012 9)	(0.021 4)	(0.012 7)	(0.015 5)	(0.016 0)	(0.015 7)	(0.018 1)	(0.027 6)	(0.013 8)
JC			0.293***			0.058 7			0.624***
			(0.055 8)			(0.058 5)			(0.057 4)
WT	−3.625***		−3.223***	−2.949***		−2.826***	−1.145		−3.352***
	(0.509)		(0.497)	(0.381)		(0.379)	(1.168)		(0.910)
NY	−1.310***		−1.003***	−0.019 2		−0.102	−1.537***		−1.042***
	(0.323)		(0.317)	(0.328)		(0.313)	(0.344)		(0.265)
GM	0.724***	0.270**	0.681***	0.565***		0.595***	0.125		
	(0.070 8)	(0.111)	(0.072 4)	(0.116)		(0.093 7)	(0.098 2)		
常数	4.363***	3.016***	3.732***	3.999***	1.555***	3.852***	3.294***	2.991***	2.733***
	(0.242)	(0.314)	(0.263)	(0.287)	(0.202)	(0.291)	(0.405)	(0.381)	(0.312)
样本	351	351	351	195	195	195	156	156	156
R^2	0.704	0.219	0.705	0.712	0.225	0.719	0.782	0.222	0.792

注：***、**、* 分别表示在 1%、5%、10% 水平上显著，括号内是标准差。

(1) 全行业样本下。模型(1)为综合环境规制(HJ)对绿色全要素生产率(GTFP)的线性影响。估计结果显示,综合环境规制对绿色全要素生产率在1%显著性水平上具有负向影响,系数估计值 $c=-0.100$,表明综合环境规制对制造业绿色发展具有直接阻碍作用,这与第六章线性回归的估计结果一致,满足线性中介效应成立的第一个条件。模型(2)为综合环境规制(HJ)对技术创新(JC)的线性影响。估计结果显示,综合环境规制对技术创新在1%显著性水平上具有负向影响,系数估计值 $a=-0.165$,表明综合环境规制对技术创新具有直接阻碍作用,这意味着现行环境规制对企业来说仍表现为"遵循成本","创新补偿效应"还未发挥。模型(3)为综合环境规制(HJ)、技术创新(JC)对绿色全要素生产率的线性影响。估计结果显示,当纳入技术创新后,技术创新对绿色发展在1%显著性水平上具有正向影响,回归系数估计值 $b=0.293$,表明技术创新对绿色发展具有明显的促进作用,这与第六章的回归结果一致。而当控制了技术创新后,综合环境规制对绿色全要素生产率仍在1%显著性水平上为负影响,系数估计值为 $c'=-0.0873$,说明技术创新的中介效应存在,且是部分中介效应。最后,计算部分中介效应的大小。由于回归系数 $a*b$ 与 c 估计值同号,根据 ab/c 计算得知,在全行业样本下,综合环境规制影响制造业绿色发展的过程中,技术创新(JC)起到约48.3%的中介作用。

(2) 高竞争性行业样本下。模型(1)估计结果显示,综合环境规制对绿色全要素生产率在1%显著性水平上具有负向影响,系数估计值 $c=-0.100$,表明综合环境规制对制造业绿色发展具有直接阻碍作用,满足线性中介效应成立的第一个条件。模型(2)估计结果显示,综合环境规制对技术创新在1%显著性水平上具有负向影响,系数估计值 $a=-0.701$,表明综合环境规制对技术创新具有直接阻碍作用,现行环境规制对企业来说仍表现为"遵循成本","创新补偿效应"还未发挥。模型(3)估计结果显示,当纳入技术创新后,技术创新对绿色发展的影响不显著。此时,通过 Sobel 检验发现 P 值为0.3280,不能拒绝 $ab=0$ 的原假设,说明不存在中介效应。

(3) 低竞争性行业样本下。模型(1)估计结果显示,综合环境规制对绿色全要素生产率在1%显著性水平上影响为负,系数估计值 $c=-0.0717$,表明综合环境规制对制造业绿色发展具有直接阻碍作用,满足线性中介效应成立的第一个条件。模型(2)估计结果显示,综合环境规制对技术创新在1%显著性水平上具有负向影响,系数估计值 $a=-0.1$,表明综合环境规制对技术创新具有直接阻碍作用,现行环境规制对企业来说仍表现为"遵循成本","创新补偿效应"还未发挥。模型(3)估计结果显示,当纳入技术创新后,技术创新对绿色全要素生产率在 1% 显著性水平上具有正向影响，系数估计值 $b=0.624$，表明技术创新对制造业绿色发展具有明显的促进作用；当控制技术创新后，综合环境规制对绿色全要素生产率仍在 1% 显著性水平上为负影响，系数估计值 $c'=-0.0568$，说明技术创新的中介效应存在，且是部分中介效应，通过 ab/c 计算得知，在低竞争性行业样本下，综合环境规制影响对制造业绿色发展的过程中，技术创新起到约 87% 的中介作用。

由此可见，在全行业和低竞争性行业中，技术创新在综合环境规制与制造业绿色发展存在线性中介效应，这说明综合环境规制确实可以通过影响技术创新进而影响制造业绿色发展，这一过程中技术创新分别起着 48.3% 和 87% 的中介作用。在高竞争性行业中，技术创不存在中介效应。

7.1.3.2　技术创新在行政命令型环境规制与绿色发展中的线性中介效应检验

在模型回归前，先采用 F 检验和 Hausman 检验来选择合适的估计方法。由 F 检验可以看出（表 7-4），在全行业、高竞争性行业、低竞争性行业样本下，模型（1）～（3）的 F 统计量 P 值至少都在 5% 显著性水平上拒绝原假设，说明所有模型均存在个体效应，不应选择混合 OLS 估计方法进行回归。再由 Hausman 检验结果可以看出（表 7-5），在全行业、高竞争性行业、低竞争性行业样本下，模型（1）～（3）的卡方统计量至少都在 5% 显著性水平上拒绝原假设，说明随机效应模型估计结果有偏，应选择固定效应模型。因此，基于全行业、高竞争性行业和低竞争性行业样本下，采用固定效应模型检验技术创新在行政命令型环境规制与制造业绿色发展中的线性中介效应，结果见表 7-6。

表 7-4　个体效应 F 检验结果

样本	模型	被解释变量	核心解释变量	F 统计量	检验结果
全行业	模型（1）	GTFP	XHJ	61.43***	拒绝原假设
	模型（2）	JC	XHJ	10.85***	拒绝原假设
	模型（3）	GTFP	XHJ,JC	69.87***	拒绝原假设
高竞争性行业	模型（1）	GTFP	XHJ	49.46***	拒绝原假设
	模型（2）	JC	XHJ	17.34***	拒绝原假设
	模型（3）	GTFP	XHJ,JC	39.64***	拒绝原假设
低竞争性行业	模型（1）	GTFP	XIJ	28.46***	拒绝原假设
	模型（2）	JC	XHJ	7.60**	拒绝原假设
	模型（3）	GTFP	XHJ,JC	53.66***	拒绝原假设

注：***、**、* 分别表示在 1%、5%、10% 水平上显著。

表 7-5　Hausman 检验结果

样本	模型	被解释变量	核心解释变量	F 统计量	检验结果
全行业	模型(1)	GTFP	XHJ	63.25**	固定效应
	模型(2)	JC	XHJ	59.58***	固定效应
	模型(3)	GTFP	XHJ,JC	36.25***	固定效应
高竞争性行业	模型(1)	GTFP	XHJ	12.35**	固定效应
	模型(2)	JC	XHJ	12.02***	固定效应
	模型(3)	GTFP	XHJ,JC	17.35**	固定效应
低竞争性行业	模型(1)	GTFP	XHJ	67.51***	固定效应
	模型(2)	JC	XHJ	65.48***	固定效应
	模型(3)	GTFP	XHJ,JC	27.13***	固定效应

注：***、**、* 分别表示在 1%、5%、10% 水平上显著。

表 7-6　技术创新在行政命令型环境规制与绿色发展中的线性中介效应检验

变量	全部行业			高竞争性行业			低竞争性行业		
	(1)	(2)	(3)	(1)	(2)	(3)	(1)	(2)	(3)
	GTFP	JC	GTFP	GTFP	JC	GTFP	GTFP	JC	GTFP
XHJ	−0.452***	−0.207***	−0.413***	−0.502***	−0.397***	−0.496***	−0.373***	−0.196***	−0.330***
	(0.051 2)	(0.055 2)	(0.048 0)	(0.076 0)	(0.077 4)	(0.077 1)	(0.066 1)	(0.073 0)	(0.050 3)
JC			0.302***			0.061 1			0.496***
			(0.041 1)			(0.058 6)			(0.054 0)
WT	−2.163***		−2.065***	−2.939***		−2.810***	−1.718**		−2.860***
	(0.288)		(0.265)	(0.382)		(0.379)	(0.840)		(0.553)
NY	−0.589***		−0.302**	−0.032 2		−0.119	−0.901***		−0.642***
	(0.147)		(0.144)	(0.324)		(0.306)	(0.106)		(0.103)
GM	0.227***		0.080 0	0.640***		0.520***	0.154**		0.168**
	(0.047 9)		(0.065 5)	(0.071 0)		(0.115)	(0.068 1)		(0.071 7)
常数	3.716***	1.752***	3.184***	3.998***	1.647***	3.845***	3.516***	2.295***	2.859***
	(0.208)	(0.154)	(0.189)	(0.287)	(0.200)	(0.289)	(0.384)	(0.218)	(0.277)
样本	351	351	351	195	195	195	156	156	156
R^2	0.699	0.330	0.700	0.708	0.309	0.715	0.778	0.388	0.788

注：***、**、* 分别表示在 1%、5%、10% 水平上显著，括号内是标准差。

(1) 全行业样本下。模型(1)为行政命令型环境规制(XHJ)对绿色全要素生产率(GTFP)的线性影响,估计结果显示,行政命令型环境规制(XHJ)对绿色全要素生产率(GTFP)在1%显著性水平上具有负向影响,系数估计值 $c=-0.452$,表明行政命令型环境规制对制造业绿色发展具有直接阻碍作用,满足线性中介效应成立的第一个条件。(2)式为行政命令型环境规制(XHJ)对技术创新(JC)的线性影响,估计结果显示,行政命令型环境规制(XHJ)对技术创新(JC)在1%显著性水平上具有负向影响,系数估计值 $a=-0.207$,表明行政命令型环境规制对技术创新具有直接阻碍作用,现行环境规制对企业来说仍表现为"遵循成本","创新补偿效应"还未发挥。(3)式为行政命令型环境规制(XHJ)、技术创新(JC)对绿色全要素生产率的线性影响,估计结果显示,当纳入技术创新(JC)后,技术创新(JC)对绿色全要素生产率(GTFP)在1%显著性水平上具有正向影响,系数估计值 $b=0.302$,表明技术创新对制造业绿色发展具有明显的促进作用;控制技术创新(JC)后,行政命令型环境规制(XHJ)对绿色全要素生产率(GTFP)仍在1%显著性水平上为负影响,系数估计值为 $c'=-0.0413$,说明技术创新(JC)的中介效应存在,且是部分中介效应,通过 ab/c 计算得知,在全行业样本下,行政命令型环境规制对制造业绿色发展的影响过程中,技术创新起到约13.8%的中介作用。

(2) 高竞争性行业样本下。模型(1)估计结果显示,行政命令型环境规制(XHJ)对绿色全要素生产率(GTFP)在1%显著性水平上具有负向影响,系数估计值 $c=-0.502$,表明行政命令型环境规制对制造业绿色发展具有直接阻碍作用,满足线性中介效应成立的第一个条件。模型(2)估计结果显示,行政命令型环境规制(XHJ)对技术创新(JC)在1%显著性水平上具有负向影响,回归系数估计值 $a=-0.397$,表明行政命令型环境规制对技术创新具有直接阻碍作用,现行环境规制对企业来说仍表现为"遵循成本","创新补偿效应"还未发挥。模型(3)估计结果显示,当纳入技术创新(JC)后,技术创新(JC)对绿色全要素生产率(GTFP)的影响不显著。通过Sobel检验发现 P 值为0.3069,不能拒绝 $ab=0$ 的原假设,说明不存在中介效应。

(3) 低竞争性行业样本下。模型(1)估计结果显示,行政命令型环境规制(XHJ)对绿色全要素生产率(GTFP)在1%显著性水平上具有负向影响,系数估计值 $c=-0.373$,表明行政命令型环境规制对制造业绿色发展具有直接阻碍作用,满足线性中介效应成立的第一个条件。模型(2)估计结果显示,行政命令型环境规制(XHJ)对技术创新(JC)在1%显著性水平上具有负向影响,系数估计值 $a=-0.196$,表明行政命令型环境规制对技术创新具有直接阻碍作用,现行环境规制对企业来说仍表现为"遵循成本","创新补偿效应"还未发挥。模型(3)估计结果显示,纳入技术创新(JC)后,技术创新(JC)对绿色全要素生产率(GTFP)在 1% 显著性水平上具有正向影响,系数估计值 $b=0.496$,表明技术创新对绿色发展具有明显的促进作用;当控制技术创新(JC)后,行政命令型环境规制(XHJ)对绿色全要素生产率(GTFP)仍在 1% 显著性水平上为负影响,系数估计值为 $c'=-0.330$,说明技术创新(JC)的中介效应存在,且是部分中介效应,通过 ab/c 计算得知,在低竞争性行业样本下,行政命令型环境规制影响制造业绿色发展的过程中,技术创新起到约 26.1% 的中介作用。

由此可见,在全行业和低竞争性行业样本下,技术创新在行政命令型环境规制与制造业绿色发展存在线性中介效应,说明行政命令型环境规制确实可以通过影响技术创新进而影响制造业绿色发展,这一过程中技术创新分别起着13.8% 和 26.1% 的中介作用。但技术创新在高竞争性行业样本下不存在中介效应。

7.1.3.3 技术创新在市场激励型环境规制与绿色发展中的线性中介效应检验

在模型回归前,先采用 F 检验和 Hausman 检验来选择合适的估计方法。由个体效应 F 检验可以看出(表 7-7),在全行业、高竞争性行业、低竞争性行业样本下,模型(1)~(3)的 F 统计量 P 值至少都在 5% 显著性水平上拒绝原假设,说明所有模型均存在个体效应,不应选择混合 OLS 估计方法进行回归。再由 Hausman 检验结果可以看出(表 7-8),除了高竞争性行业的模型(2)中,卡方统计量不显著,无法拒绝原假设,应采用随机效应模型;其他情况下模型(1)~(3)的卡方统计量至少在 5% 显著性水平上拒绝原假设,说明随机效应模型估计结果有偏,应选择固定效应模型。因此,在全行业和低竞争性行业样本下采用固定效应,高竞争性行业样本下采用随机效应模型,检验技术创新在综合环境规制与制造业绿色发展中的线性中介效应,结果见表 7-9。

表 7-7 个体效应 F 检验结果

样本	模型	被解释变量	核心解释变量	F 统计量	检验结果
全行业	模型(1)	GTFP	SHJ	74.59***	拒绝原假设
	模型(2)	JC	SHJ	126.26***	拒绝原假设
	模型(3)	GTFP	SHJ,JC	66.80***	拒绝原假设
高竞争性行业	模型(1)	GTFP	SHJ	34.84***	拒绝原假设
	模型(2)	JC	SHJ	111.88***	拒绝原假设
	模型(3)	GTFP	SHJ,JC	29.21***	拒绝原假设

表 7-7（续）

样本	模型	被解释变量	核心解释变量	F统计量	检验结果
低竞争性行业	模型(1)	GTFP	SHJ	49.76***	拒绝原假设
	模型(2)	JC	SHJ	85.00**	拒绝原假设
	模型(3)	GTFP	SHJ、JC	49.40***	拒绝原假设

注：***、**、* 分别表示在1%、5%、10%水平上显著。

表 7-8 Hausman 检验结果

样本	模型	被解释变量	核心解释变量	F统计量	检验结果
全行业	模型(1)	GTFP	SHJ	121.37***	固定效应
	模型(2)	JC	SHJ	11.70***	固定效应
	模型(3)	GTFP	SHJ、JC	108.71***	固定效应
高竞争性行业	模型(1)	GTFP	SHJ	19.89***	固定效应
	模型(2)	JC	SHJ	0.04	随机效应
	模型(3)	GTFP	SHJ、JC	95.50***	固定效应
低竞争性行业	模型(1)	GTFP	SHJ	150.33***	固定效应
	模型(2)	JC	SHJ	22.04**	固定效应
	模型(3)	GTFP	SHJ、JC	127.04**	固定效应

注：***、**、* 分别表示在1%、5%、10%水平上显著。

表 7-9 技术创新在市场激励型环境规制与绿色发展中的线性中介效应检验

变量	全部行业			高竞争性行业			低竞争性行业		
	(1)	(2)	(3)	(1)	(2)	(3)	(1)	(2)	(3)
	GTFP	JC	GTFP	GTFP	JC	GTFP	GTFP	JC	GTFP
SHJ	2.705***	3.382***	2.280***	2.141***	4.625***	2.060***	2.926***	2.874***	2.050***
	(0.201)	(0.303)	(0.181)	(0.349)	(0.416)	(0.347)	(0.263)	(0.309)	(0.291)
JC			0.187***			0.165***			0.302***
			(0.041 1)			(0.058 5)			(0.076 7)
WT	−2.441***		−2.308***	−3.169***		−2.790***	−2.590***		−2.786***
	(0.310)		(0.297)	(0.485)		(0.458)	(0.580)		(0.521)
NY	−0.831***		−0.736***	−1.439***		−1.126***	−0.479**		−0.622***
	(0.172)		(0.157)	(0.316)		(0.293)	(0.201)		(0.184)
GM	0.0353		0.121**	0.270***		0.076 2	0.004 70		0.125*
	(0.048 0)		(0.061 2)	(0.098 3)		(0.151)	(0.061 6)		(0.071 0)

表 7-9（续）

变量	全部行业			高竞争性行业			低竞争性行业		
	(1)	(2)	(3)	(1)	(2)	(3)	(1)	(2)	(3)
	GTFP	JC	GTFP	GTFP	JC	GTFP	GTFP	JC	GTFP
常数	−10.40***	−15.42***	−8.577***	−6.646***	−22.11***	−7.465***	−11.65***	−12.30***	−7.709***
	(0.949)	(1.517)	(0.861)	(1.727)	(2.093)	(1.763)	(1.180)	(1.524)	(1.318)
样本数	351	351	351	195	195	195	156	156	156
R^2	0.681	0.606	0.685	0.693	0.525	0.699	0.775	0.730	0.791

注：***、**、* 分别表示在 1%、5%、10% 水平上显著，括号内是标准差。

(1) 全行业样本下。模型(1)为市场激励型环境规制(SHJ)对绿色全要素生产率(GTFP)的线性影响。估计结果显示，市场激励型环境规制(SHJ)对绿色全要素生产率(GTFP)在 1% 显著性水平上具有正向影响，系数估计值 $c=2.705$，表明市场激励型环境规制对制造业绿色发展具有直接促进作用，满足线性中介效应成立的第一个条件。模型(2)为市场激励型环境规制(SHJ)对技术创新(JC)的线性影响。估计结果显示，市场激励型环境规制(SHJ)对技术创新(JC)在 1% 显著性水平上具有正向影响，系数估计值 $a=3.382$，表明市场激励型环境规制对技术创新具有直接促进作用。模型(3)为市场激励型环境规制(SHJ)、技术创新(JC)对绿色全要素生产率(GTFP)的线性影响。估计结果显示，当纳入技术创新(JC)后，技术创新(JC)对绿色全要素生产率(GTFP)在 1% 显著性水平上具有正向影响，系数估计值 $b=0.187$，表明技术创新对绿色发展具有明显的促进作用，这与第六章的回归结果一致。当控制技术创新(JC)后，市场激励型环境规制(SHJ)对绿色全要素生产率(GTFP)仍在 1% 显著性水平上具有正向影响，系数估计值为 $c'=2.280$，说明技术创新(JC)的中介效应存在，且是部分中介效应。通过 ab/c 计算得知，在全行业样本下，市场激励型环境规制影响制造业绿色发展的过程中，技术创新起到约 23.4% 的中介作用。

(2) 高竞争性行业样本下。模型(1)估计结果显示，市场激励型环境规制(SHJ)对绿色全要素生产率(GTFP)在 1% 显著性水平上具有正向影响，系数估计值 $c=2.141$，表明市场激励型环境规制对制造业绿色发展具有直接促进作用，满足线性中介效应成立的第一个条件。模型(2)估计结果显示，市场激励型环境规制(SHJ)对技术创新(JC)在 1% 显著性水平上具有正向影响，系数估计值 $a=4.265$，表明市场激励型环境规制对技术创新具有直接促进作用。模型(3)估计结果显示，当纳入技术创新(JC)后，技术创新(JC)对绿色全要素生产率

(GTFP)在1%显著性水平上具有正向影响,系数估计值 $b=0.165$,表明技术创新对绿色发展具有明显的促进作用;当控制技术创新(JC)后,市场激励型环境规制(SHJ)对绿色全要素生产率(GTFP)仍在1%显著性水平上具有正向影响,系数估计值为 $c'=2.060$,说明技术创新(JC)的中介效应存在,且是部分中介效应。通过 ab/c 计算得知,在高竞争性行业样本下,市场激励型环境规制影响制造业绿色发展的过程中,技术创新起到约35.6%的中介作用。

(3) 低竞争性行业样本下。模型(1)估计结果显示,市场激励型环境规制(SHJ)对绿色全要素生产率(GTFP)在1%显著性水平上具有正向影响,系数估计值 $c=2.926$,表明市场激励型环境规制对制造业绿色发展具有直接促进作用,满足线性中介效应成立的第一个条件。模型(2)估计结果显示,市场激励型环境规制(SHJ)对技术创新(JC)在1%显著性水平上具有正向影响,系数估计值 $a=2.874$,表明市场激励型环境规制对技术创新具有直接促进作用。模型(3)估计结果显示,当纳入技术创新(JC)后,技术创新(JC)对绿色全要素生产率(GTFP)在1%显著性水平上具有正向影响,系数估计值 $b=0.302$,表明技术创新对绿色发展具有明显的促进作用;当控制技术创新(JC)后,市场激励型环境规制(SHJ)对绿色全要素生产率(GTFP)仍在1%显著性水平上具有正向影响,系数估计值为 $c'=2.050$,说明技术创新(JC)的中介效应存在,且是部分中介效应。通过 ab/c 计算得知,在低竞争性行业样本下,市场激励型环境规制影响制造业绿色发展的过程中,技术创新起到约29.7%的中介作用。

由此可见,不论是在全行业、高竞争性行业或是低竞争性行业样本下,技术创新在市场激励型环境规制与制造业绿色发展中存在线性中介效应,说明市场激励型环境规制确实可以通过影响技术创新进而影响制造业绿色发展,这一影响过程中技术创新分别起着23.4%、35.6%和29.7%的中介作用。

表7-10是综合了上述所有检验结果,即在全行业、高竞争性行业和低竞争性行业样本下不同环境规制类型影响制造业绿色发展的路径中,技术创新的线性中介效应表现。对于制造业整体来说,环境规制确实可以通过影响技术创新,进而影响绿色发展。在这一影响过程中,技术创新实质上起着中介作用。在全行业和低竞争性行业,相比分别采用行政命令型和市场激励型环境规制,综合采用两类规制工具时技术创新的中介效应更为显著。由此可见,要想实现创新驱动制造业绿色发展的目标,就要综合采用市场化和行政化手段,通过"正向激励+反向倒逼"机制,激发企业的创新动力。在高竞争性行业,只有市场激励型环境规制可以通过影响技术创新,进而影响制造业绿色发展,行政命令型环境规制虽然能够影响技术创新,但却难以进一步驱动绿色发展。

表 7-10 技术创新的线性中介效应　　　　　　　单位:%

环境规制类型	全行业	高竞争性行业	低竞争性行业
综合	48.3	无中介效应	87
行政命令型	13.8	无中介效应	26.1
市场激励型环境规制	23.4	29.7	35.6

7.2 非线性中介效应检验

7.2.1 模型设定与估计方法

上一节讨论的是技术创新在环境规制与制造业绿色发展之间的线性中介效应。由第 6 章研究结论可知,市场激励型环境规制对制造业绿色发展具有线性影响,综合环境规制和行政命令型环境规制对制造业绿色发展具有非线性影响(U 形)。那么在非线性影响关系中,技术创新是否存在非线性中介效应,本节将对此进行验证。

非线性关系中的中介效应一般包括以下三种情况:① 前期非线性中介效应,即中介变量 M 与自变量 X 的关系是非线性的,而与因变量 Y 的关系仍是线性的。② 后期非线性中介效应,即中介变量 M 与因变量 Y 的关系是非线性的,而与自变量 X 的关系是线性的。③ 两期非线性中介效应,即中介变量 M 与自变量 X、因变量 Y 的关系都是非线性的。根据现有研究和第 6 章的研究结论,环境规制和技术创新之间的关系可能是非线性的,而技术创新和制造业绿色发展之间的关系是线性的,因此属于前期非线性中介效应。为了验证技术创新在环境规制与制造业绿色发展之间是否存在非线性中介效应,本节将技术创新设定为中介变量,构建环境规制通过技术创新影响制造业绿色发展的非线性中介效应模型:

$$JC_{it} = a_0 + a_1 HJGZ_{it} + a_2 HJGZ_{it}^2 + \varepsilon_{it} \quad (1)$$

$$GTFP_{it} = \beta_0 + \beta_1 JC_{it} + \varepsilon_{it} \quad (2)$$

其中,GTFP 是绿色全要素生产率,JC 是技术创新,HJGZ 分别采用综合环境规制(HJ)和行政命令型环境规制(XHJ)两个变量,依次验证技术创新在综合环境规制、行政命令型环境规制与绿色全要素生产率之间的非线性中介效应。ε_{it} 是随机扰动项,i 表示我国 27 个制造行业,$i = 1, 2, \cdots, 27$,t 表示各个年份,$t = 2003, 2004, \cdots, 2015$。

由于(1)式为一元二次方程,无法直接估计环境规制(HJGZ)对技术创新(JC)的影响系数。但根据微积分的概念,变量 A 对的变量 B 的影响实质上是指"A 变动一个单位时引起的 B 的变动"。这样,(1)式中环境规制对技术创新的影响可以表示为 $\frac{\partial(\text{JC})}{\partial(\text{HJGZ})} = a_1 + 2a_2 \text{HJGZ}_{it}$,(2)式中技术创新对绿色发展的影响可以表示为 $\frac{\partial(\text{GTFP})}{\partial(\text{JC})} = \beta_1$。中介变量的效用值就等于 $\frac{\partial(\text{JC})}{\partial(\text{HJGZ})} \times \frac{\partial(\text{GTFP})}{\partial(\text{JC})} = (a_1 + 2a_2 \text{HJGZ}_{it}) \times \beta_1$。

要证明技术创新(JC)是否在环境规制(HJGZ)与制造业绿色发展(GTFP)之间存在非线性中介效应,即需要证明如下两点:一是证明环境规制(HJGZ)与技术创新(JC)之间呈 U 形关系。这要求技术创新的瞬间估计值 $M = a_0 + a_1 \text{HJGZ}_{it} + a_2 \text{HJGZ}_{it}^2$ 中 a_2 不等于 0。同时,令 HJGZ 依次取平均值 HJGZ_m、平均值减一个标准差 $\text{HJGZ}_m - \sigma$、平均值加一个标准差 $\text{HJGZ}_m + \sigma$,可以得到技术创新的 3 个瞬间估计值。若 HJGZ_m 对应的瞬间估计值比 $\text{HJGZ}_m - \sigma$ 和 $\text{HJGZ}_m + \sigma$ 对应的瞬间估计值小,即可证明环境规制对技术创新的影响呈 U 形。二是证明环境规制通过技术创新对制造业绿色发展的影响呈 U 形。这要求中介效应 $\theta = (a_1 + 2a_2 \text{HJGZ}_{it}) \times \beta_1$ 不等于 0。同样,令 HJGZ 依次取平均值 HJGZ_m、平均值减一个标准差 $\text{HJGZ}_m - \sigma$、平均值加一个标准差 $\text{HJGZ}_m + \sigma$,代入中介效应 θ。若 HJGZ_m 对应的中介效应值比 $\text{HJGZ}_m - \sigma$ 和 $\text{HJGZ}_m + \sigma$ 对应的中介效应值小,则可证明环境规制通过技术创新对制造业绿色发展的影响呈 U 形。

本节采用海斯和普里彻(Hayes & Preacher)2010 年、李长娥和谢永珍 2017 年提出的"误差修正自举法",利用 Mplus 7.0 软件重复抽样 10 000 次,并选取 95% 的置信水平来观察环境规制(HJGZ)通过技术创新(JC)影响制造业绿色发展(GTFP)的瞬间间接效应大小和变化,以此来检验技术创新在环境规制与制造业绿色发展中的非线性中介效应。

7.2.2 变量选取与数据说明

研究样本同为我国制造业 27 个细分行业,选取规模以上工业企业数据进行研究,样本收集时段为 2003—2015 年,样本数据来源于《中国环境统计年鉴》《中国工业统计年鉴》《中国工业经济统计年鉴》《中国能源统计年鉴》《中国城市(镇)生活与价格年鉴》等。本小节选取的变量主要有:综合环境规制(HJ)、行政命令型环境规制(XHJ)、技术创新(JC)和绿色全要素生产率(GTFP)。这些变量的定义和衡量与线性中介效应模型中的变量是一致的,在此省略说明。

7.2.3 估计结果与经济解释

根据第六章的分析,综合环境规制与行政命令型环境规制对制造业绿色发展具有非线性影响,因此需要分别检验技术创新在综合环境规制与制造业绿色发展、行政命令型环境规制与制造业绿色发展中的非线性中介效应,具体做法是分别估计综合环境规制、行政命令型环境规制通过技术创新对制造业绿色发展的瞬间间接效应。估计结果见表7-11。

7.2.3.1 技术创新在综合环境规制与绿色发展中的非线性中介效应检

表7-11中,HJ→JC→GTFP代表综合环境规制(HJ)通过技术创新(JC)对绿色全要素生产率(GTFP)的瞬间间接效应。我们令综合环境规制强度依次取"均值减一个标准差""均值""均值加一个标准差"时,分别在全行业、高竞争性行业和低竞争性行业样本下,观察瞬间间接效应 θ 的大小和变化。

首先,全行业样本下的检验结果显示,当综合环境规制强度取 4.001(均值减一个标准差)时,综合环境规制通过技术创新影响绿色全要素生产率(HJ→JC→GTFP)的瞬间间接效应 θ 值为 -0.026,但其 95% 的置信区间包含 0,说明瞬间间接效应有可能为 0,不存在显著的瞬间间接效应,即综合环境规制强度较低时,不会通过对技术创新的抑制而造成制造业绿色发展水平的降低。当综合环境规制强度为 10.26(均值)时,综合环境规制通过技术创新影响绿色全要素生产率(HJ→JC→GTFP)的瞬间间接效应 θ 值为 0.002,但其 95% 的置信区间包含 0,说明不存在显著的瞬间间接效应,即综合环境规制强度中等时,不会通过对技术创新的强化而增强制造业绿色发展水平。当综合环境规制强度为 16.519(均值加一个标准差)时,综合环境规制通过技术创新影响绿色全要素生产率(HJ→JC→GTFP)的瞬间间接效应 θ 值为 0.030,且其 95% 的置信区间不包含 0,说明存在显著的正向瞬间间接效应,即当综合环境规制强度较高时会促进技术创新,进而促进制造业绿色发展。综合以上结果,技术创新在综合环境规制与制造业绿色发展之间存在非线性中介效应,且根据瞬间间接效应 θ 的绝对值来看,随着综合环境规制强度增加,通过技术创新对制造业绿色发展的影响呈 U 形趋势。此外,当综合环境规制强度依次取 4.001(均值减一个标准差)、10.26(均值)、16.519(均值加一个标准差)时,代入模型(1)式,可得到中介变量技术创新的估计值 M 分别为 4.140、4.062、4.161,可以看出,综合环境规制强度取均值时对应的技术创新估计值要小于其他两个值,说明综合环境规制对技术创新的影响也呈 U 形趋势。

表 7-11 环境规制通过技术创新对制造业绿色发展产生的瞬间间接效应

		HJ→JC→GTFP			XHJ→JC→GTFP		
全行业	XVAL	4.001	10.26	16.519	0.800	2.095	3.391
	LOWERCI	−0.058	−0.010	0.007	−0.305	−0.057	0.029
	θ	−0.026	0.002	0.030	−0.142	0.001	0.144
	UPPERCI	0.001	0.013	0.054	−0.006	0.057	0.269
	LOWERCI	4.016	3.951	4.072	4.025	3.944	4.061
	M	4.140	4.062	4.161	4.150	4.057	4.151
	UPPERCI	4.260	4.177	4.250	4.269	4.173	4.242
高竞争性行业	XVAL	3.184	9.134	15.084	0.642	1.844	3.046
	LOWERCI	−0.084	−0.025	0.005	−0.457	−0.139	0.027
	θ	−0.033	−0.001	0.030	−0.192	−0.018	0.156
	UPPERCI	0.012	0.020	0.059	0.037	0.083	0.299
	LOWERCI	3.795	3.760	3.834	3.804	3.752	3.831
	M	3.958	3.883	3.948	3.969	3.876	3.937
	UPPERCI	4.131	4.002	4.059	4.142	3.994	4.053
低竞争性行业	XVAL	5.299	11.667	18.036	1.068	2.410	3.751
	LOWERCI	−0.061	−0.009	0.006	−0.334	−0.042	0.053
	θ	−0.022	0.012	0.046	−0.130	0.064	0.258
	UPPERCI	0.015	0.031	0.088	0.050	0.151	0.485
	LOWERCI	3.781	3.781	3.912	3.780	3.789	3.950
	M	3.916	3.894	4.031	3.918	3.886	4.045
	UPPERCI	4.056	4.022	4.143	4.059	4.012	4.165

注:XVAL 为环境规制的取值,分别为"均值减一个标准差""均值""均值加一个标准差";θ 为在环境规制通过技术创新对绿色全要素生产率的瞬间间接效应值;M 为中介变量技术创新的瞬间估计值,LOWERCI 和 UPPERCI 表示瞬间间接效应在 95% 置信水平下采取"误差修正自举法"重复抽样 10 000 次得到的置信区间。

其次,高竞争性行业样本下的检验结果显示,当综合环境规制强度取 3.184(均值减一个标准差)时,综合环境规制通过技术创新影响绿色全要素生产率(HJ→JC→GTFP)的瞬间间接效应 θ 值为 −0.033,但其 95% 的置信区间包含 0,说明瞬间间接效应有可能为 0,不存在显著的瞬间间接效应,即综合环境规制强度较低时,不会通过对技术创新的抑制而造成制造业绿色发展水平的降低。当综合环境规制强度为 9.134(均值)时,综合环境规制通过技术创新影响绿色全要素生产率(HJ→JC→GTFP)的瞬间间接效应 θ 值为 -0.001,但其 95% 的置信区间包含 0,说明不存在显著的瞬间间接效应,即综合环境规制强度中等时,不会通过对技术创新的抑制而造成制造业绿色发展水平的降低。当综合环境规制强度为 15.084(均值加一个标准差)时,综合环境规制通过技术创新影响绿色全要素生产率(HJ→JC→GTFP)的瞬间间接效应 θ 值为 0.030,且其 95% 的置信区间不包含 0,说明存在显著的正向瞬间间接效应,即当综合环境规制强度较高时会促进技术创新,进而促进制造业绿色发展。综合以上结果,技术创新在综合环境规制与制造业绿色发展之间存在非线性中介效应,且根据瞬间间接效应 θ 的绝对值来看,随着综合环境规制强度增加,通过技术创新对制造业绿色发展的影响呈 U 形趋势。此外,当综合环境规制强度依次取 3.184(均值减一个标准差)、9.134(均值)、15.084(均值加一个标准差)时,代入模型(1)式,可得到中介变量技术创新的估计值 M 分别为 3.958、3.883、3.948,可以看出,综合环境规制强度取均值时对应的技术创新估计值要小于其他两个值,说明综合环境规制对技术创新的影响也呈 U 形趋势。

最后,低竞争性行业样本下的检验结果显示,当综合环境规制强度取 5.299(均值减一个标准差)时,综合环境规制通过技术创新影响绿色全要素生产率(HJ→JC→GTFP)的瞬间间接效应 θ 值为 -0.022,但其 95% 的置信区间包含 0,说明瞬间间接效应有可能为 0,不存在显著的瞬间间接效应,即综合环境规制强度较低时,不会通过对技术创新的抑制而造成制造业绿色发展水平的降低。当综合环境规制强度为 11.667(均值)时,综合环境规制通过技术创新影响绿色全要素生产率(HJ→JC→GTFP)的瞬间间接效应 θ 值为 0.012,但其 95% 的置信区间包含 0,说明不存在显著的瞬间间接效应,即综合环境规制强度中等时,不会通过对技术创新的强化而增强制造业绿色发展水平。当综合环境规制强度为 18.036(均值加一个标准差)时,综合环境规制通过技术创新影响绿色全要素生产率(HJ→JC→GTFP)的瞬间间接效应 θ 值为 0.046,且其 95% 的置信区间不包含 0,说明存在显著的正向瞬间间接效应,即当综合环境规制强度较高时会促进技术创新,进而促进制造业绿色发展。综合以上结果,技术创新在综合环境规制与制造业绿色发展之间存在非线性中介效应,且根据瞬间间接效应 θ 的绝对值来看,随着综合环境规制强度增加,通过技术创新对制造业绿色发展的影响呈 U 形趋势。此外,当综合环境规制强度分别取 5.299(均值减一个标准差)、11.667(均值)、18.036(均值加一个标准差)时,代入模型(1)式,可得到中介变量技术创新的估计值 M 分别为 3.916、3.894、4.031,可以看出,综合环境规制强度取均值时对应的技术创新估计值要小于其他两个值,说明综合环境规制对技术创新的影响也呈 U 形趋势。

由此可见,不论从行业整体、还是分行业来看,技术创新在综合环境规制与制造业绿色发展之间存在非线性中介效应,随着综合环境规制强度增加,通过技术创新对制造业绿色发展的影响呈 U 形趋势。

7.2.3.2 技术创新在行政命令型环境规制与绿色发展中的非线性中介效应检验

表 7-11 中,XHJ→JC→GTFP 代表行政命令型环境规制(XHJ)通过技术创新(JC)对绿色全要素生产率(GTFP)的瞬间间接效应。我们令行政命令型环境规制依次取较低值(均值减一个标准差)、中等值(均值)和较高值(均值加一个标准差)时,分别在全行业、高竞争性行业和低竞争性行业样本下,观察瞬间间接效应(θ 值)的大小和变化。

首先,全行业样本下的检验结果显示,当行政命令型环境规制强度取 0.800(均值减一个标准差)时,行政命令型环境规制通过技术创新影响绿色全要素生产率(XHJ→JC→GTFP)的瞬间间接效应 θ 值为 -0.142,且其 95% 的置信区间不包含 0,说明存在显著的负向瞬间间接效应,即行政命令型环境规制强度较低时,会通过抑制技术创新从而造成制造业绿色发展水平的降低。当行政命令型环境规制强度为 2.095(均值)时,行政命令型环境规制通过技术创新影响绿色全要素生产率(XHJ→JC→GTFP)的瞬间间接效应 θ 值为 0.001,但其 95% 的置信区间包含 0,说明不存在显著的瞬间间接效应,即行政命令型环境规制强度中等时,不会通过对技术创新的强化而增强制造业绿色发展水平。当行政命令型环境规制强度为 3.391(均值加一个标准差)时,行政命令型环境规制通过技术创新影响绿色全要素生产率(XHJ→JC→GTFP)的瞬间间接效应 θ 值为 0.144,且其 95% 的置信区间不包含 0,说明存在显著的正向瞬间间接效应,即当行政命令型环境规制强度较高时会促进技术创新,进而促进制造业绿色发展。综合以上结果,技术创新在行政命令型环境规制与制造业绿色发展之间存在非线性中介效应,且根据瞬间间接效应 θ 的绝对值来看,随着行政命令型环境规制强度增加,通过技术创新对制造业绿色发展的影响呈 U 形趋势。此外,当行政命令型环境规制强度分别取 0.800(均值减一个标准差)、2.095(均值)、3.391(均值加一个标准差)时,代入模型(1)式,可得到中介变量技术创新的估计值 M 分别为 4.150、4.057、4.151,可以看出,行政命令型环境规制强度取均值时对应的技术创新估计值要小于其他两个值,说明综合环境规制对技术创新的影响也呈 U 形趋势。

其次,高竞争性行业样本下的检验结果显示,当行政命令型环境规制强度取 0.642(均值减一个标准差)时,行政命令型环境规制通过技术创新影响绿色全要素生产率(XHJ→JC→GTFP)的瞬间间接效应 θ 值为 -0.192,但其 95% 的置信区间包含 0,说明瞬间间接效应有可能为 0,不存在显著的瞬间间接效应,即行政命令型环境规制强度较低时,不会通过对技术创新的抑制而造成制造业绿色发展水平的降低。当行政命令型环境规制强度为 1.844(均值)时,行政命令型环境规制通过技术创新影响绿色全要素生产率(XHJ→JC→GTFP)的瞬间间接效应 θ 值为 -0.018,但其 95% 的置信区间包含 0,说明不存在显著的瞬间间接效应,即行政命令型环境规制强度中等时,不会通过对技术创新的抑制而造成制造业绿色发展水平的降低。当行政命令型环境规制强度为 3.046(均值加一个标准差)时,行政命令型环境规制通过技术创新影响绿色全要素生产率(XHJ→JC→GTFP)的瞬间间接效应 θ 值为 0.156,且其 95% 的置信区间不包含 0,说明存在显著的正向瞬间间接效应,即当行政命令型环境规制强度较高时会促进技术创新,进而促进制造业绿色发展。综合以上结果,技术创新在行政命令型环境规制与制造业绿色发展之间存在非线性中介效应,且根据瞬间间接效应 θ 的绝对值来看,随着行政命令型环境规制强度增加,通过技术创新对制造业绿色发展的影响呈 U 形趋势。此外,当行政命令型环境规制强度分别取 0.642(均值减一个标准差)、1.844(均值)、3.046(均值加一个标准差)时,代入模型(1)式,可得到中介变量技术创新的估计值 M 分别为 3.969、3.876、3.937,可以看出,行政命令型环境规制强度取均值时对应的技术创新估计值要小于其他两个值,说明综合环境规制对技术创新的影响也呈 U 形趋势。

最后,低竞争性行业样本下的检验结果显示,当行政命令型环境规制强度取 1.068(均值减一个标准差)时,行政命令型环境规制通过技术创新影响绿色全要素生产率(XHJ→JC→GTFP)的瞬间间接效应 θ 值为 -0.130,但其 95% 的置信区间包含 0,说明瞬间间接效应有可能为 0,不存在显著的瞬间间接效应,即行政命令型环境规制强度较低时,不会通过对技术创新的抑制而造成制造业绿色发展水平的降低。当行政命令型环境规制强度为 2.410(均值)时,行政命令型环境规制通过技术创新影响绿色全要素生产率(XHJ→JC→GTFP)的瞬间间接效应 θ 值为 0.064,但其 95% 的置信区间包含 0,说明不存在显著的瞬间间接效应,即行政命令型环境规制强度中等时,不会通过对技术创新的强化而增强制造业绿色发展水平。当行政命令型环境规制强度为 3.751(均值加一个标准差)时,行政命令型环境规制通过技术创新影响绿色全要素生产率(XHJ→JC→GTFP)的瞬间间接效应 θ 值为 0.258,且其 95% 的置信区间不包含 0,说明存在显著的正向瞬间间接效应,即当行政命令型环境规制强度较高时会促进技术创新,进而促进制造业绿色发展。综合以上结果,技术创新在行政命令型环境规制与制造业绿色发展之间存在非线性中介效应,且根据瞬间间接效应 θ 的绝对值来看,随着行政命令型环境规制强度增加,通过技术创新对制造业绿色发展的影响呈 U 形趋势。此外,当行政命令型环境规制强度分别取 1.068(均值减一个标准差)、2.410(均值)、3.751(均值加一个标准差)时,代入模型(1)式,可得到中介变量技术创新的估计值 M 分别为 3.918、3.886、4.045,可以看出,行政命令型环境规制强度取均值时对应的技术创新估计值要小于其他两个值,说明综合环境规制对技术创新的影响也呈 U 形趋势。

由此可见,不论从行业整体、还是分行业来看,技术创新在行政命令型环境规制与制造业绿色发展之间存在非线性中介效应,随着行政命令型环境规制强度增加,通过技术创新对制造业绿色发展的影响呈 U 形趋势。

7.3 本章小结

本章利用 2003—2015 年中国制造业行业面板数据,通过分别构建线性和非线性中介效应模型,来检验技术创新在环境规制与制造业绿色发展中的中介效应。

(1) 线性中介效应检验表明:环境规制确实可以通过影响技术创新,进而影响绿色发展。在这一影响过程中,技术创新实质上起着中介作用。在全行业与低竞争性行业,相比分别采用行政命令型和市场激励型环境规制,综合采用两类环境规制时技术创新的中介效应更为显著。由此可见,要想实现创新驱动制造业绿色发展的目标,就要综合采用市场化和行政化手段,通过"正向激励+反向倒逼"机制,激发企业的创新动力。在高竞争性行业,只有市场激励型环境规制可以通过影响技术创新,进而影响制造业绿色发展,行政命令型环境规制虽然能够影响技术创新,但却难以进一步驱动绿色发展。

(2) 非线性中介效应检验结果表明:不论从行业整体、还是分行业来看,技术创新在环境规制(包括综合环境规制和行政命令型环境规制)与制造业绿色发展之间存在非线性中介效应,随着综合环境规制强度增加,通过技术创新对制造业绿色发展的影响呈 U 形趋势。

8 环境规制与制造业绿色发展中技术创新的门槛效应

根据第七章,环境规制通过技术创新对制造业绿色发展产生间接影响,在这一影响过程中,技术创新在环境规制与绿色发展中实际上起着中介作用。但我们认为,技术创新水平高低也会影响企业应对政府环境规制的方式,进而影响到绿色发展目标的实现。也就是说,技术创新可能在环境规制影响制造业绿色发展过程中存在门槛效应,对此,本章拟构建门槛面板模型进行检验。由于不同行业的技术创新水平具有差异,本章考虑了行业异质性,将门槛模型放在高竞争性行业和低竞争性行业中分别检验。具体结构安排如下:一是模型设定与估计方法介绍;二是变量选取和数据说明;三是面板门槛模型的平稳性检验;四是面板门槛估计结果与经济解释;五是本章小结。

8.1 模型设定与估计方法

8.1.1 模型设定

本章要考察技术创新在环境规制与制造业绿色发展中的门槛作用,因此需要构建门槛回归模型。门槛回归模型(Threshold Regressive Model,TRM)最早由唐(Tong)于1978年提出,其基本思想是通过门槛变量的判定作用,将要研究的问题按门槛取值进行分类,用分段的线性回归函数来描述总体非线性回归问题。门槛回归模型最初仅用于截面数据分析和时间序列数分析,汉森(Hansen)将数据适用范围扩展到面板数据,提出了面板门槛计量模型:

$$Y_{it} = \beta_0 + X_{it}\beta_1 \times I(q_{it} \leq \gamma) + X_{it}\beta_2 \times I(q_{it} > \gamma) + \varepsilon_{it}$$

上式中,Y_{it} 和 X_{it} 为被解释变量和核心解释变量,q_{it} 为门槛变量,γ 为门槛值,它们将所有观测值分为两组:$q_{it} \leq \gamma$ 和 $q_{it} > \gamma$,$I(\cdot)$ 为示性函数,当括号内门槛条件成立则取值为1,否则取值为0,ε_{it} 是随机扰动项,i 表示不同个体,t 表示各个年份。

8 环境规制与制造业绿色发展中技术创新的门槛效应

Hansen 门槛回归计量模型的优点在于不需要给定非线性方程的形式,门槛个数和门槛值可由样本数据内生决定。根据该模型,为了验证技术创新在环境规制与绿色发展之间的门槛效应,并考虑到样本中可能存在不止两个门槛,本章拟构建如下门槛回归模型:

$$GTFP_{it} = \beta_0 + \beta_1 HJGZ_{it} \cdot I(JC_{it} \leqslant \gamma_1) + \beta_2 HJGZ_{it} \cdot I(\gamma_1 < JC_{it} \leqslant \gamma_2) + \cdots + \beta_n HJGZ_{it} \cdot I(\gamma_{n-1} < JC_{it} \leqslant \gamma_n) + \beta_{n+1} HJGZ_{it} \cdot I(JC_{it} > \gamma_n) + \beta X_{it} + V_i + \varepsilon_{it}$$

其中,GTFP 是绿色全要素生产率,HJGZ 为核心解释变量,依次采用综合环境规制 HJ、行政命令型环境规制 XHJ、市场激励型环境规制 SHJ 三个变量进行检验,JC 技术创新为门槛变量,X 是控制变量,包括能源结构(NY)、行业规模(GM)和外商直接投资(WT),ε_{it} 是随机扰动项,i 表示我国 27 个制造行业,$i=1,2,\cdots,27$,t 表示各个年份,$t=2003,2004,\cdots,2015$。

8.1.2 估计方法

对门槛回归模型进行估计,一是要估计门槛值及系数。汉森(Hansen)将门槛变量的任意一个观测值都作为可能的门槛值。对于任意门槛值 γ_i,通过 OLS 估计求残差平方和 $S(\gamma) = e_i(\gamma)'e_i(\gamma)$ 得到各参数的估计值,而最优门槛值 γ^* 应该使 $S(\gamma)$ 在所有残差平方和中最小 $\gamma^* = \arg\min S(\gamma_i)$。当确定最优门槛值后,可采用 OLS 方法估计系数。二是要确定门槛个数,即要进行门槛效应检验,目的是检验门槛值划分的各组样本及其估计参数是否显著不同。零假设为:$H_0: \beta_1 = \beta_2 = \cdots = \beta_n$,同时构造 LM 统计量,采用自举法(bootstrap)反复抽样计算出 LM 值,并得到 P 值。若 P 值不显著,则零假设成立,方程不存在门槛效应;否则存在门槛效应,$\beta_1, \beta_2, \cdots, \beta_n$ 在不同区间会有不同的影响效果。

8.2 变量选取与数据说明

本章研究样本为我国制造业 27 个细分行业,选取规模以上工业企业数据进行研究,样本收集时段为 2003—2015 年,样本数据来源于《中国环境统计年鉴》《中国工业统计年鉴》《中国工业经济统计年鉴》《中国能源统计年鉴》《中国城市(镇)生活与价格年鉴》等,采用的估计软件为 Stata 15.0,本章共涉及如下 6 个变量:

(1) 被解释变量。

绿色发展,以绿色全要素生产率(GTFP)来衡量。根据第 4 章测算的 GML

指数来计算2003—2015年制造业绿色全要素生产率。假设$\text{GTFP}_{t=2003}=1$,则$\text{GTFP}_t=\text{GML}_t\times\text{GTFP}_{t-1}$。

(2)核心解释变量。

分别采用行政命令型环境规制(XHJ)、市场激励型环境规制(SHJ)和综合环境规制(HJ)作为本研究的核心解释变量。行政命令型环境规制选取各行业工业污染治理运行费用作为衡量指标;市场激励型环境规制选取各行业综合能源价格作为衡量指标;综合环境规制以行政命令型环境规制和市场激励型环境规制的交互项(XHJ×SHJ)作为衡量指标,以此表示综合政府使用两类环境规制的情况。环境规制为绝对值数据,需要进行对数化处理,以消除异方差。

(3)门槛变量。

技术创新(JC)。技术创新水平的高低,会影响企业应对政府环境规制的方式,进而影响绿色发展,即技术创新在环境规制影响制造业绿色发展过程中存在门槛效应。对技术创新水平的衡量采用亿元 R&D 经费投入的发明专利申请数(发明专利申请数与 R&D 经费投入之比)为代理指标。技术创新为绝对值数据,需要进行对数化处理,以消除异方差。

(4)控制变量。

分别选择外商直接投资(WT)、能源结构(NY)和行业规模(GM)作为影响制造业绿色发展的控制变量。外商直接投资选取分行业外商和港澳台商投资工业销售产值与本行业工业销售产值之比作为衡量指标;能源结构选取分行业煤炭(标准煤)消费量与能源消费总量之比作为衡量指标;行业规模选取分行业主营业务收入与分行业企业单位个数之比作为衡量指标,并进行对数化处理,以消除异方差。工业销售产值与主营业务收入数据根据分行业工业品出厂价格指数(2003=100)进行平减。

8.3 平稳性检验

面板门槛模型要求所有变量必须是平稳的,否则可能会造成"伪回归"现象。因此,我们首先要对所有变量进行单位根检验,以检验其平稳性。本研究样本数据属于"大 N 小 T"短面板数据,平稳性检验一般采用如下方法:Fisher-ADF、Fisher-PP 和 IPS 异质面板单位根检验和 LLC 同质面板单位根检验。其中,Fisher-ADF、Fisher-PP 和 IPS 检验的原假设为所有序列都是非平稳的,若拒绝零假设说明至少有一个序列是平稳的;而 LLC 检验的原假设为面板中所有界面对应的序列都是非平稳的,若拒绝原假设说明所有序列均平稳。为确保检验结果的可靠性,本研究分别采用 Fisher-ADF、Fisher-PP、IPS 和 LCC 方法进行检验,检验结果见表 8-1。

表 8-1 面板数据的单位根检验结果

变量	统计量			
	Fisher-ADF 检验	Fisher-PP 检验	LLC 检验	IPS 检验
GTFP	72.760**	72.760**	−9.007***	−2.014***
XHJ	138.469***	140.502***	−18.278***	−3.280***
SHJ	162.181***	109.850***	−7.940***	−1.736**
HJ	88.746**	125.257***	−17.419***	−3.143***
JC	130.529 1***	126.217***	−17.572***	−3.474***
WT	85.377 5**	90.034***	−5.270***	−2.668**
GM	90.695***	113.920***	−11.457***	−1.977**
NY	109.395 7***	108.305***	−13.240***	−2.387**

注:***、**、*分别表示在 1%、5%、10% 水平上显著。

从表中结果可以看出,不论是同质面板检验或是异质面板检验,绝大多数指标变量都在 1% 显著性水平上拒绝了原假设,少数在 5% 显著性水平上拒绝了原假设,说明本研究所采取的面板数据具有较好的平稳性。

8.4 估计结果与经济解释

8.4.1 面板门槛效果检验

对于门槛回归模型,首先要确定门槛个数。根据上述估计方法,本章在高竞争性行业和低竞争性行业样本下,分别假设存在单一门槛,双重门槛和三重门槛,通过"自举法"(Bootstrap)反复抽样 300 次,计算出 F 值、P 值和临界值,模型检验结果见表 8-2。

在高竞争性行业样本下,核心变量为综合环境规制(HJ)的 P 值表明,单一门槛和双重门槛都在 5% 置信水平下显著,而三重门槛不显著,说明该模型存在双重门槛;核心变量为行政命令型环境规制(XHJ)的 P 值表明,单一门槛和双重门槛分别在 1% 和 5% 置信水平下显著,而三重门槛不显著,说明该模型存在双重门槛;核心变量为市场激励型环境规制(SHJ)的 P 值表明,门槛检验结果均不显著,说明不存在门槛效应。在低竞争性行业样本下,核心变量为综合环境规制(HJ)的 P 值表明,单一门槛在 5% 置信水平下显著,而双重门槛和三重门槛不显著,说明该模型存在单一门槛;核心变量为行政命令型环境规制(XHJ)的 P 值表明,单一门槛在 5% 置信水平下显著,而双重门槛和三重门槛不显著,说明该模型存在单一门槛;核心变量为市场激励型环境规制(SHJ)的 P 值表明,单一门槛在 5% 置信水平下显著,而双重门槛和三重门槛不显著,说明该模型存在单一门槛。

表 8-2 面板门槛效果检验

行业分类	核心变量	门槛个数	F 值	P 值	临界值 10%	临界值 5%	临界值 1%	结论
高竞争性行业	HJ	单一门槛	34.05**	0.02	19.195	25.195 5	40.723 9	双重门槛
		双重门槛	18.17**	0.086 7	17.668 9	22.814 1	29.911 9	
		三重门槛	7.47	0.753 3	24.734 3	28.801 7	40.399	
	XHJ	单一门槛	34.79***	0.01	20.253 8	25.178 1	34.044 1	双重门槛
		双重门槛	18.72**	0.06	14.956 2	20.589 1	30.119 6	
		三重门槛	7.36	0.776 7	24.562 8	28.237	39.009 6	
	SHJ	单一门槛	12.27	0.31	19.132	22.402 5	39.229 9	无门槛
		双重门槛	9.93	0.153 3	11.894 1	14.891	27.717 8	
		三重门槛	3.66	0.716 7	16.478 2	24.128 1	49.855 8	
低竞争性行业	HJ	单一门槛	34.22**	0.04	21.557 3	26.771 2	50.681 7	单一门槛
		双重门槛	10.09	0.406 7	21.200 1	27.070 7	36.541	
		三重门槛	14.45	0.463 3	26.897	32.873 3	44.473 5	
	XHJ	单一门槛	34.55**	0.026 7	24.597 7	30.127 8	40.636 6	单一门槛
		双重门槛	10.59	0.443 3	23.519 8	30.257 5	46.861 8	
		三重门槛	15.21	0.436 7	26.202 6	31.402 2	42.264 8	
	SHJ	单一门槛	36.96**	0.036 7	27.066 2	33.127 8	52.595 8	单一门槛
		双重门槛	17.84	0.14	19.781 6	25.166 2	41.012 8	
		三重门槛	12.76	0.766 7	36.950 9	44.732 3	64.052 5	

注:F 值、P 值和临界值均为采用"自举法"反复抽样 300 次得到的结果,***、**、* 分别表示在 1%、5% 和 10% 水平上显著。

8.4.2 面板门槛估计结果

根据以上检验结果,在已知门槛个数的情况下对模型再进行面板门槛估

8 环境规制与制造业绿色发展中技术创新的门槛效应

计,可分别得到各个模型的门槛值,不同门槛区间的估计值、T 值和 95% 置信区间,结果见表 8-3。

表 8-3 面板门槛估计值和置信区间

行业分类	核心变量	门槛区间	估计值	T 值	95%置信区间
高竞争性行业	HJ	JC<0.804 2	−0.158***	0.021 2	(−0.206,−0.110)
		0.804 2<JC<2.370 3	−0.108***	0.021 2	(−0.149,−0.066)
		JC>2.370 3	0.054***	0.019 4	(−0.092,−0.016)
	XHJ	JC<0.804 2	−0.790***	0.125	(−1.036,−0.543)
		0.804 2<JC<2.370 3	−0.526***	0.108	(−0.739,−0.313)
		JC>2.370 3	0.253**	0.097 6	(−0.445,−0.060)
低竞争性行业	HJ	JC<1.585 8	−0.065***	0.023 8	(−0.113,−0.018)
		JC>1.585 8	0.041*	0.023 5	(−0.088,0.005)
	XHJ	JC<1.585 8	−0.290**	0.127	(−0.541,−0.038)
		JC>1.585 8	0.174	0.122	(−0.415,−0.067)
	SHJ	JC<3.318 6	2.044***	0.244	(1.562,2.526)
		JC>3.318 6	2.210***	0.241	(1.734,2.686)

注:***、**、* 分别表示在 1%、5%、10% 水平上显著。

8.4.2.1 高竞争性行业样本下

从表 8-3 结果可以看出,在高竞争性行业样本下,核心变量为综合环境规制(HJ)的模型中,3 个门槛区间的估计值均在 1% 置信水平上显著;在行政命令型环境规制(XHJ)的模型中,3 个门槛区间上的估计值分别在 1%、1% 和 5% 的置信水平上显著,说明技术创新在环境规制(综合环境规制和行政命令型环境规制)影响制造业绿色发展的过程中确实存在门槛效应,且在不同门槛区间内的影响大小有所不同,下面具体分析。

首先,核心变量为综合环境规制(HJ)的模型具有两个门槛值,分别为 0.084 2 和 2.370 3。当门槛变量技术创新水平(JC)小于第一个门槛值 0.084 2 时,综合环境规制(HJ)强度提升对制造业绿色发展(GTFP)具有负面影响,影响系数为 −0.158;当技术创新水平(JC)介于门槛值 0.084 2 和 2.370 3 时,综合环境规制(HJ)强度提升对制造业绿色发展(GTFP)虽仍具有负面影响,但负面影响已缩小至 −0.108;当技术创新水平(JC)大于门槛值 2.370 3 时,综合环境规制(HJ)强度提升对制造业绿色发展(GTFP)开始变为促进作用,影响系数为 0.054。影响系数大小和符号的变化说明综合环境规制对制造业绿色发展的影响依赖于当前行业的技术创新水平。随着行业技术创新水平的提升,可以逐渐缓解综合环境规制对绿色发展的负面影响,直到行业技术创新水平提升到较高水平时,继续加强环境规制就会扭转对绿色发展的负面影响,转为正面影响和促进作用。对此的经济解释是:当行业技术创新水平较低时,企业没有能力通过技术创新方式来应对愈发严格的环境规制政策,只能被迫投入大量的资金进行环境治理或是支付高昂的排污费等,此时"成本效应"起主要作用,大大牺牲了生产率,不利于企业的绿色发展;而当行业技术创新水平提升到较高水平时,企业采取技术创新用以治理环境已经不是能力与否的问题,而是愿意与否的问题,此时愈发严格的环境规制政策对企业技术创新的倒逼和激励作用就越大,"创新补偿效应"将大于"成本效应",因此创新驱动绿色发展得以实现。

其次,核心变量为行政命令型环境规制(XHJ)的模型具有和上述模型相同的两个门槛值。当门槛变量技术创新水平(JC)小于第一个门槛值 0.084 2 时,行政命令型环境规制(XHJ)强度提升对制造业绿色发展(GTFP)具有负面影响,影响系数为-0.790;当技术创新水平(JC)介于门槛值 0.084 2 和 2.370 3 时,行政命令型环境规制(XHJ)强度提升对制造业绿色发展(GTFP)虽然仍具有负面影响,但负面影响已缩小至-0.526;当技术创新水平(JC)大于门槛值 2.370 3 时,行政命令型环境规制(XHJ)的增加对制造业绿色发展(GTFP)开始变为促进作用,影响系数为 0.253。影响系数大小和符号的变化说明行政命令型环境规制对制造业绿色发展的影响依赖于当前行业的技术创新水平。随着行业技术创新水平的提升,可以逐渐减弱行政命令型环境规制对绿色发展的负面影响,直到行业技术创新水平较高时,再提升环境规制强度就会扭转对绿色发展的负面影响,转为正面影响和促进作用。

8.4.2.2 低竞争性行业样本下

从表 8-3 结果可以看出,在低竞争性行业样本下,核心变量为综合环境规制(HJ)的模型中,两个不同门槛区间上的估计值分别在 1% 和 10% 的置信水平上显著;在核心变量为市场激励型环境规制(SHJ)的模型中,两个不同门槛区间上的估计值均在 1% 的置信水平上显著;而在核心变量为行政命令型环境规制(XHJ)的模型中,两个不同门槛区间上的估计值,一个在 5% 置信水平上显著,另一个虽不显著但 P 值接近于 0.1,若放宽置信水平也较显著。因此,总体来说,技术创新在环境规制(包括综合、行政命令型和市场激励型环境规制)影响制造业绿色发展的过程中存在门槛效应,且在不同门槛区间内的影响大小有所不同,下面具体分析。

首先,核心变量为综合环境规制(HJ)的模型具有一个门槛值(1.585 8)。当技术创新水平(JC)小于门槛值1.585 8时,综合环境规制(HJ)强度提升对制造业绿色发展(GTFP)具有负面影响,影响系数为-0.065;当技术创新水平(JC)大于门槛值1.585 8时,综合环境规制(HJ)强度提升对制造业绿色发展(GTFP)开始变为促进作用,影响系数为0.041。影响系数大小和符号的变化说明综合环境规制对制造业绿色发展的影响依赖于当前行业的技术创新水平。只有当行业的技术创新水平较高时,制定和实施严格的环境规制政策才能对企业技术创新产生激励和倒逼作用,使"创新补偿效应"大于"成本效应",才能有效推动制造业的绿色发展。

其次,核心变量为行政命令型环境规制(XHJ)的模型具有和上述模型相同的门槛值(1.585 8)。当技术创新水平(JC)小于门槛值1.585 8时,行政命令型环境规制(XHJ)强度提升对制造业绿色发展(GTFP)具有负面影响,影响系数为-0.290;当技术创新水平(JC)大于门槛值1.585 8时,行政命令型环境规制(XHJ)强度提升对制造业绿色发展(GTFP)的影响虽不显著但已转为正面影响,影响系数为0.174。影响系数大小和符号的变化说明行政命令型环境规制对制造业绿色发展的影响依赖于当前行业的技术创新水平。只有当行业的技术创新水平较高时,制定和实施严格的环境规制政策才能对企业技术创新产生激励和倒逼作用,使"创新补偿效应"大于"成本效应",才能有效推动制造业的绿色发展。

最后,核心变量为市场激励型环境规制(SHJ)的模型具有一个门槛值(3.318 6)。当技术创新水平(JC)小于门槛值3.318 6时,市场激励型环境规制(SHJ)强度提升对制造业绿色发展(GTFP)具有促进作用,影响系数为2.044;当技术创新水平(JC)大于门槛值3.318 6时,市场激励型环境规制(SHJ)强度提升对制造业绿色发展(GTFP)的促进作用增大,影响系数提高至2.210。出现这一结果是因为在低竞争性行业中,市场环境规制政策本身就有利于绿色发展,行业技术创新水平的提升更加强了市场环境规制对技术创新的激励作用,使企业更快采用更先进的技术进行生产和环境治理,最终有利于绿色发展水平的提升。因此可以说,在低竞争性行业中,技术创新可以增强市场激励型环境规制对制造业绿色发展的促进效应。

综上所述,技术创新在环境规制影响制造业绿色发展的过程中具有门槛效应。根据第6章的研究结论,不论在高竞争性行业还是低竞争性行业,当前环境规制(包含综合环境规制和行政命令型环境规制)政策对行业整体的绿色发展具有负面影响,需要实施更为严格的环境规制才能扭转对行业整体的负面影响。但如果考虑到技术创新的门槛作用和不同行业技术创新水平的差异性,环境规制对绿色发展的影响也有所不同。对于技术创新水平低的行业,即使实施严格的环境规制也难以激励企业技术创新实现绿色发展;而对于技术创新水平高的行业,严格的环境规制将有利于实现创新驱动绿色发展目标。表8-4根据技术创新水平的门槛值将27个样本行业进行细分归类,可以看出,当前高竞争性行业中只有5个行业的技术创新水平超过第二个门槛值,分别是通信设备计算机及其他电子设备制造业、橡胶和塑料制品业、电气机械及器材制造业、化学原料及化学制品制造业、专用设备制造业。低竞争性行业中有8个行业的技术创新水平超过了门槛值,分别是仪器仪表及文化办公用机械制造业、化学纤维制造业、通用设备制造业、医药制造业、有色金属冶炼及压延加工业、黑色金属冶炼及压延加工业、交通运输设备制造业、烟草制品业。以上这些行业中,多数属于技术密集型行业,在面对严格的环境规制政策时,容易通过技术创新推动企业发展和环境保护的双赢。而其他多数行业属于劳动密集型,技术设备普遍落后,创新意识较为缺乏,在面对愈发严格的环境规制政策时,难以通过技术创新降低生产成本,难以兼顾企业发展和环境保护,绿色发展也就难以实现。因此,当前要加快利用高新技术改造传统劳动密集型行业,走出一条科技含量高、经济效益好、资源消耗低、环境污染少的制造业绿色发展之路。

表8-4 门槛值及行业分布

行业分类	门槛区间	行业
高竞争性行业	JC<0.804 2	皮革毛皮羽毛(绒)及其制品业、纺织服装鞋帽制造业
	0.804 2<JC<2.370 3	金属制品业、食品制造业、饮料制造业、家具制造业、纺织业、文教体育用品制造业、木材加工及木竹藤棕草制品业、农副食品加工业
	JC>2.370 3	通信设备计算机及其他电子设备制造业、橡胶和塑料制品业、电气机械及器材制造业、化学原料及化学制品制造业、专用设备制造业
低竞争性行业	JC<1.585 8	非金属矿物制品业、造纸及纸制品业、石油加工炼焦及核燃料加工业、印刷业和记录媒介的复制
	JC>1.585 8	仪器仪表及文化办公用机械制造业、化学纤维制造业、通用设备制造业、医药制造业、有色金属冶炼及压延加工业、黑色金属冶炼及压延加工业、交通运输设备制造业、烟草制品业

8.5 本章小结

本章利用 2003—2015 年中国制造业行业面板数据,通过构建门槛模型检验了技术创新在环境规制影响制造业绿色发展过程中的门槛效应,实证结果表明:

(1) 不论是高竞争性行业还是低竞争性行业,技术创新在环境规制(包括综合环境规制和行政命令型环境规制)影响制造业绿色发展过程中确实存在门槛效应。行业技术创新水平较低时,愈发严格的环境规制不利于制造业的绿色发展;行业技术创新水平较高时,加强环境规制会扭转对绿色发展的不利影响,转为有利影响和促进作用。

(2) 从市场激励型环境规制对制造业绿色发展的影响来看,技术创新在高竞争性行中不存在门槛效应,但在低竞争性行业中存在门槛效应,技术创新可以增强市场激励型环境规制对低竞争性行业绿色发展的促进效应。

9 研究结论、政策建议与研究展望

9.1 研究结论

本研究在国内外学者研究的基础上,综合运用资源稀缺性、外部性、公共物品、信息不对称、产权理论和技术创新动力等多种理论,深入分析了环境规制、技术创新与制造绿色发展之间的作用机理,并利用2003—2015年中国制造业行业面板数据,实证分析了环境规制、技术创新与制造业绿色发展之间的影响效应,研究结论可从以下几个方面阐述:

9.1.1 环境规制对制造业绿色发展的影响结论

(1)短期看环境规制可能不利于制造业绿色发展水平的提升;但长期来看,提升环境规制强度可以扭转对制造业绿色发展的不利影响,即环境规制与制造业绿色发展之间呈U形关系。随着环境规制强度的提升,环境规制对制造业绿色发展的影响会经历一个由阻碍到促进的转变过程。环境规制强度较低时对企业的影响以"遵循成本"效应为主,不利于绿色发展;但随着环境规制强度的持续性提升,"遵循成本"达到上限时就会倒逼企业变革原有生产观念和生产方式,以协调环境污染和企业效益之间的矛盾,最终促进绿色发展。从线性影响系数和非线性影响的拐点来看,当前我国环境规制的影响仍处于阻碍阶段,说明我国环境规制实施强度还不够,对企业的倒逼作用不明显,未来需加强政策力度。

(2)若考虑行业异质性,短期内环境规制对高竞争性行业的阻碍作用比对低竞争性行业更大;但低竞争性行业对环境规制变化的容忍度更高,当环境规制强度持续提高时,低竞争性行业将比高竞争性行业更晚由阻碍效应转变为促进效应。高竞争性行业的市场集中度较低,竞争参与主体较多,以中小企业为主,环境规制强度提高对企业的生产成本影响更大,从短期看阻碍效应更强;但当企业感知未来较长时间内环境政策会愈发严格,环境规制强度将持续性提高时,理性企业出于自身利益最大化考虑,就会加快推动生产观念和生产方式变革以更好适应环境政策的变化,同时较强的竞争压力也会在一定程度上倒逼企业变革,因此这类企业能够更快摆脱环境规制的阻碍效应,转为促进效应。相比之下,行业竞争程度较低时,企业往往具有较强的市场支配能力,与地方政府的谈判能力更强,可能导致企业环境规制的约束软化,同时竞争不足使企业可以获得较高的垄断利润,进而在更大程度上能够应对环境规制带来的成本上升。因此,只有对低竞争性行业实施更为严格的环境规制,施加更大的外部压力,才可能倒逼企业变革原有高能耗、高排放、高污染的生产方式,促进绿色发展。

(3) 从不同环境规制工具来看,行政命令型环境规制现阶段不利于制造业绿色发展,只有持续提升规制强度才可能扭转对绿色发展不利影响;而市场激励型环境规制有利于制造业绿色发展。本研究比较了不同环境规制工具对制造业绿色发展水平的影响差异,其中行政命令型环境规制与制造业绿色发展的估计结果与环境规制整体的估计结果一致,说明目前我国环境规制政策更偏向行政化色彩,政府在制定和实施环境政策时更倾向于采用行政化手段,以行政立法和行政命令为主要内容,规制执法往往渗透着某种强制性。由于行政命令型环境规制政策以政府强制性为主要特征(如限期治理、强制性关闭等),企业为应对政府各种强制性规定和要求,不得不购买污染治理设备,甚至关闭重污染项目,在多数情况下企业是被迫牺牲自身利润来满足环境要求,因此难以实现环境效益和经济效益双赢。市场激励型环境规制以经济激励为主要特征(如提高资源使用和环境污染的价格和税费、许可证交易等),其目的是通过经济上的奖励或处罚激励企业进行主动性变革,市场激励型环境规制政策更有利于发挥企业的主观能动性,企业是基于利润最大化原则下结合自身情况进行成本-收益分析后做出的最优生产决策,因此更有利于促进经济效应和环境效益的同步提升。

若考虑行业异质性,不论是高竞争性行业还是低竞争性行业,行政命令型环境规制都会阻碍两类行业的绿色发展,而这种阻碍效应在高竞争性行业中表现得更加强烈。市场激励型环境规制能够有效改善两类行业的绿色全要素生产率,进而提升绿色发展水平,而这种促进效应对高竞争性行业更为明显。市场激励型环境规制的目的是通过经济激励推动企业主动性变革以促进经济效应和环境效益的同步提高,但市场型工具成功实施的前提是市场竞争和价格机制能够有效发挥作用,企业能够自主决策。高竞争性行业的市场竞争更为充分,通过供求机制和价格机制的调节作用,企业在面对经济激励和内部化的环境成本时,能够快速权衡成本和收益,做出最优生产决策和污染排放水平,从而更有利于绿色全要素生产率的提高。

9.1.2 技术创新对制造业绿色发展的影响结论

(1) 技术创新是驱动我国制造业绿色发展的重要力量。第一,技术创新能够提高资源要素的利用效率,这样一方面能够在总产出不变的情况下减少单位产品的资源要素投入,从投入角度驱动绿色发展;另一方面能够在总产出改变的情况下以同等的要素投入实现更高的产量,从产出角度驱动绿色发展。第二,技术创新能够有效降低污染排放,通过清洁工艺技术创新,在生产过程中采用更为先进的脱硫技术、污染控制技术、绿色基础制造技术等可以从源头减少废弃物产生,而通过末端治理技术创新,采用先进的净化技术可以有效减少已产生的废弃物排放对环境的污染,两种创新方式都是从减少非期望产出的驱动制造业绿色发展。第三,技术创新能够增加清洁能源供给,拓展可利用的能源范围,通过对太阳能、风能等清洁能源的处理,将其转化为末端使用者能够利用的形式,从而实现对煤炭、石油等传统化石能源的替代,既能节约能源使用成本又能降低污染排放,从投入产出角度驱动绿色发展。第四,技术创新能够形成差异化的绿色产品,有助于提高市场认可度并形成品牌效应,提升产品附加值,增强企业竞争力,从长期看可以实现环境保护和经济效益双赢。第五,新技术的推广与应用可以提高劳动生产率,降低生产成本,进而提升企业经济效益,从长期看就有更多的资金用于绿色研发和污染治理,进而通过上述几条路径促进绿色发展。

(2) 若考虑行业异质性,技术创新主要驱动了低竞争性行业的绿色发展,对高竞争性行业的绿色发展驱动效应不显著。技术创新是一项投入高、周期长、风险大的活动,需要企业对创新失败有较强的容错、试错能力。低竞争性行业的市场集中度较高,市场主要由少数规模庞大、实力雄厚、技术先进的领先企业控制,这类企业往往具有较强的技术基础和专门的研发队伍,是技术创新的"领头羊",能够投入大量的资金和人力用于技术研发,容错试错能力更强,因此创新驱动绿色发展机制在低竞争性行业更易实现。相比之下,高竞争性行业中往往分布着较多的中小企业,资金规模相对有限,环保意识相对不足,专业研发人员相对匮乏,对这类企业来说创新成本往往过高,因而开展技术创新的积极性较低,向创新驱动绿色发展方式转变的动力受限。与此同时,中小企业的技术创新往往自成体系,分散重复,整体运行效率不高,创新产业链条中各个环节衔接不畅,导致科技资源共享率低,难以形成技术创新的协同效应,因此创新驱动绿色发展模式尚未在高竞争性行业中体现出来。

9.1.3 技术创新的中介效应研究结论

（1）线性中介效应检验表明，环境规制确实可以通过影响技术创新，进而影响绿色发展。在全行业与低竞争性行业，相比分别采用行政命令型和市场激励型环境规制，综合采用两类环境规制时技术创新的中介效应更为显著。因此要想实现创新驱动制造业绿色发展的目标，就要综合采用市场化和行政化手段，通过"正向激励＋反向倒逼"机制，激发企业的创新动力。在高竞争性行业，只有市场激励型环境规制可以通过影响技术创新，进而影响制造业绿色发展，行政命令型环境规制虽然能够影响技术创新，但却难以进一步驱动绿色发展。

（2）非线性中介效应检验结果表明，不论从行业整体、还是分行业来看，技术创新在环境规制（包括综合环境规制和行政命令型环境规制）与制造业绿色发展之间存在非线性中介效应，随着综合环境规制强度增加，通过技术创新对制造业绿色发展的影响呈 U 形趋势。

9.1.4 技术创新的门槛效应研究结论

（1）环境规制（综合环境规制和行政命令型环境规制）对制造业绿色发展的影响依赖于当前行业的技术创新水平；不论是高竞争性行业还是低竞争性行业，技术创新在环境规制影响制造业绿色发展过程中存在门槛效应。当行业技术创新水平较低时，提升环境规制强度并不会提升绿色发展水平；当行业技术创新水平较高时，提升环境规制强度会扭转对绿色发展的不利影响，转为有利影响和促进作用。当行业技术创新水平较低时，企业没有能力通过技术创新方式来应对愈发严格的环境规制政策，只能被迫投入大量的资金进行环境治理或是支付高昂的排污费等，此时"遵循成本"效应起主要作用，大大牺牲了生产率，不利于企业绿色全要素生产率提升；而当行业技术创新水平较高时，企业通过技术创新方式进行环境治理已经不是能力与否的问题，而是愿意与否的问题，此时愈发严格的环境规制政策对企业技术创新的倒逼和激励作用就越大，"创新补偿"将大于"遵循成本效应"，因此创新驱动绿色发展得以实现。

（2）技术创新可以增强市场激励型环境规制对低竞争性行业绿色发展的促进效应。从市场激励型环境规制对制造业绿色发展的影响来看，技术创新在高竞争性行业中不存在门槛效应，但在低竞争性行业中存在门槛效应。在低竞争性行业中，市场激励型环境规制本身就有利于绿色发展，行业技术创新水平的提升更加增强了市场激励型环境规制对技术创新的激励作用，使企业更快采用更先进的技术进行生产和环境治理,最终有利于绿色发展水平的提升。

9.2 政策建议

9.2.1 加强环境立法,加大执法力度

党的十八大以来,中央提出"绿水青山就是金山银山"的生态文明理念,把"生态文明建设"提升到"五位一体"总布局的高度,并提出了"创新、协调、绿色、开放、共享"的五大发展理念。党的十九大报告更进一步把"坚持人与自然和谐共生"作为新时代坚持和发展中国特色社会主义的基本方略之一,并强调树立和践行绿水青山就是金山银山的理念,坚持节约资源和保护环境的基本国策,像对待生命一样对待生态环境;要统筹山水林田湖草系统治理,实行最严格的生态环境保护制度,形成绿色发展方式和生活方式。在此背景下,我国生态文明建设不断得到强化,环保领域立法全面升级。截至2017年12月底,我国现行环境立法共计263部,囊括了环境保护的各个方面,除《环境保护法》为我国环境基本法之外,在环境污染防治方面现已颁布了《水污染防治法》《固体废弃物污染环境防治法》《大气污染防治法》《放射性污染防治法》《海洋环境保护法》《环境噪声污染防治法》等单行法律,在自然资源保护方面颁布了《土地管理法》《野生动物保护法》《水法》《森林法》《矿产资源法》《森林法》《渔业法》《草原法》等;在生态保护方面颁布了《野生动物保护法》《防沙治沙法》《水土保持法》等,在资源循环利用方面颁布了《清洁生产促进法》《循环经济促进法》《节能能源法》《可再生能源法》等一系列法律。在执法方面,自从2015年史上最严《环境保护法》实施以来,我国环境执法力度日益增强,查处违法的数量比过去大量增加,罚款金额比过去大有提高。2017年全国对环境违法实施的行政处罚案件达23.3万件,罚没款115.8亿元,比新《环境保护法》实施前的2014年增长了2倍多。然而,现阶段环境保护立法和执法方面仍存在诸如法律内容偏软、法律责任惩戒不足、可操作性不强、个别法律规范间存在法条重叠或冲突等问题,使执法人员在实际操作中存在不便之处。而在环境规制政策执行过程中,环境守法经常面临地方政府行政干预,环境违法行为并没有从根本上得到遏制,甚至一些恶性环境违法犯罪案件还频繁发生。以上问题说明未来我国环境立法须继续保持高压态势,环境执法力度需进一步加大,必须实施更为严格的环境规制政策。

首先,要尽快完善与环境保护相关的现有法律规定,抓紧制定环境保护空

白领域的法律法规,为行政执法提供良好的立法条件;进一步完善环境执法体制机制,把解决执法突出问题的现实需要与注重制度设计的前瞻性结合起来,科学设置每一项执法制度和程序,从源头上解决随意执法、粗放执法、执法不公等问题。

其次,完善基层环境保护考核机制,配套出台最严格的环境保护制度考核办法,实行绿色发展目标责任制和考核评价制度,将绿色发展水平作为地方政府政绩考核的主要指标,细化具体考核指标,增强考核机制的可操作性。

第三,强化基层环境执法建设,不断提高基层环境监测能力,建立环境质量监测网络,完善重点污染源在线监控体系;加强执法队伍素质能力建设,不断创新执法方式,加强执法人员的业务培训,提升执法能力和水平;加大环境问责力度,严查各种环境违法行为,确保问题查处到位、整改落实到位、责任追究到位,对执法不力、监督缺位、徇私枉法等行为,依法追究有关主管部门和执法人员的责任;健全执法监管机制,加强对监管执法的考核评估,建立的环境责任追究体系,监督政府将责任落到实处,从各个方面加强对地方环境监管执法的监督,全面提高监管执法效率。

第四,构建环境保护社会监督机制。建立和完善最严格的环境保护制度,仅靠环保部门难以完成,需要全社会共同参与,构建环境保护社会舆论监督机制。在环境执法过程中,应保障社会公众对环境信息的知情权、参与权与监督权,采取灵活多样的形式吸纳公众的意见建议,为环境执法创造良好的外部条件。

9.2.2 不断完善环境规制手段

行政命令型环境规制主要通过准入限制、排放标准、总量控制等行政管理措施,在污染控制和污染末端治理方面发挥了明显作用。但行政命令型环境规制具有强制性,在解决环境污染问题上具有被动性,实践中缺乏灵活性,对于环境技术革新的内在激励不足,常常导致环境政策的不经济与低效率。相对来说,市场激励型环境规制更为灵活,对企业降污减排和环境技术创新的激励较高,本研究实证研究也验证了市场激励型环境规制对制造业绿色发展具有显著促进作用。因此未来在制定和执行环保政策时,应该加快完善环境治理和生态保护的市场化机制,加强市场化环境规制手段创新。

首先,要建立自然资源资产有偿使用制度,更多引入竞争机制进行资源配置,完善土地、水、矿产资源和海域有偿使用制度。明确自然资源所有权、使用权等产权归属关系和权责,并在充分考虑资源所有者权益和生态环境损害成本基础上,建立健全推动绿色发展的市场信号体系,加快完善资源环境价格形成机制,将环境损害成本和修复效益真正纳入价格形成,推动绿色发展。

其次,要有序推进排污市场建设,加快完善排污权交易主体资格、初始分配制度、价格形成机制,不断拓宽排污权交易主体范围,提高排污权初始分配的效率与公平性,完善排污权交易价格市场形成机制,推进排污权交易二级市场制度建设。继续开展排污权交易多样化试点,允许各地根据实际情况进行差异化探索,确保在2020年前形成全国统一的交易市场。

再次,要完善企业主体权责配置机制。在环境治理体系中,企业主体力量的发挥,需要通过构建环境治理和生态保护市场体系来实现。充分发挥市场配置资源的决定性作用,加快培育生态环保市场主体,完善市场交易制度,建立体现生态环境价值的制度体系;推动国有资本加大对环境治理和生态保护方面投入,建立社会资本投入生态环境保护的引导机制。

最后,要加强财税政策对环境保护的支持。针对目前财税政策与环境保护目标之间的冲突问题,要加快消除不利于环境保护的财政补贴政策,不断增加用于环境保护的资金投入,制定合理的环保税收标准,通过直接补贴、税收优惠、税费返还等方式引导企业积极践行"低碳环保"理念,自主选用清洁、可再生能源,使用绿色技术,生产绿色产品。

不可否认的是,任何环境规制工具都有其优缺点,片面强调行政命令型环境规制或者夸大市场激励型环境规制的作用都是不可取的,综合运用两种环境规制工具才是当前最理想的解决生态环境问题的方式。我国环境保护在传统的行政命令主导的体制下,正在越来越多地引入市场化机制,重要的是如何整合行政手段与市场手段,破除阻碍环境规制工具实施的部门利益化障碍,对不同环境规制工具统筹协调管理,扩大不同环境规制工具的组合设计,做到扬长避短,互相补充,将环境规制的效果发挥到最大。

9.2.3 加大技术创新驱动制造业绿色发展的政策支持

党的十九大报告指出"创新是引领发展的第一动力",同时也是引领绿色发展的第一动力,而绿色发展是创新驱动的主要目标之一。对于制造业来说,绿色发展离不开技术创新驱动,技术创新是制造业绿色发展的重要支撑。制造业绿色化可以通过压缩生产规模、减少资源要素投入或是以传统的末端治理方式实现,这种方式虽可以减少环境污染,但却牺牲了发展,不能适应新时期推进绿色发展的目标要求。新时期要实现制造业绿色发展,不仅仅是对自然环境提出要求,更重要的是企业发展过程中能否通过技术创新实现节能减排目标的同时提升自身经济效益。本研究实证研究也验证了技术创新能够驱动制造业绿色发展，并发现技术创新在环境规制影响制造业绿色发展过程存在中介效应和门槛效应。中介效应意味着环境规制强度提高到一定程度时，就会促进技术创新，进而促进绿色发展；门槛效应意味着当技术创新水平提升到一定高度时，就会增强环境规制对制造业绿色发展的促进作用。可见在制造业绿色发展过程中，环境规制和技术创新是相互影响、相互促进的。要实现制造业绿色发展，必须重视科技政策和环境政策的融合，环境政策的设计要重视对技术创新的导向作用，科技政策的制定要加强技术创新对环境的正补偿效应。

从科技政策入手，要进一步完善以企业为主体、市场为导向、产学研深度融合的制造业技术创新体系。习近平总书记在党的十九大报告中明确提出，要构建市场导向的绿色技术创新体系，这就要求建立完善绿色技术创新的市场导向机制。首先，要强化企业创新主体地位，大力培育高新技术企业，落实高新技术企业相关奖励政策，积极培育后备技术创新主体，使科技企业成为名副其实的创新主力军，为推动制造业绿色发展发挥引领作用。其次，要加大制造业绿色技术创新的研发投入力度，加强基础性研究，开展污染及其危害的机理研究，为确定生态环境治理重点和技术路线提供科学依据；加大绿色共性技术研发投入，加大绿色技术设备的研制力度，增强为企业节能降耗减排技术改造提供装备的能力；加快节能环保、新能源和资源集约利用、污染生态系统修复等核心关键技术研发。第三，要加强产学研用结合、引进技术与自主研发结合，制定研究开发、成果转化、试点示范和技术推广一体化发展规划。密切追踪国内外绿色关键技术的发展动向，要推动企业研发机构建设，鼓励国内大企业与研究机构合作的技术创新联盟，加快绿色技术商业化。第四，要为制造企业实现绿色转型提供技术选择、技术发展趋势和产品市场前景的咨询服务。同时，鼓励制造企业将信息化理念融入绿色制造，充分运用信息技术，在成本、设计、加工、包装、运输、回收、再制造等方面推动信息化建设，推动绿色制造的有效落地，拓展出新的增长点。第五，要推进绿色技术研究开发与标准一体化，加强科技对标准制定的支撑作用。第六，要加强绿色技术的知识产权保护，提高企业开展绿色技术和商业模式创新的积极性。

从环境政策入手，政府在设计环境政策时要重视对技术创新的引导作用，制定有利于最大限度促进技术创新的环境政策。首先，政府要加大对制造业技术创新的资金支持，采用补贴、税收、信贷等政策手段，鼓励和吸引社会资本投资绿色技术和产品的研发与推广；对企业的环境投资及绿色生产技术改造项目提供优惠贷款或信贷补贴，促进企业生产方式转型；降低企业的创新成本，加大对企业研发费用的税前扣除力度，对研发人员给予个人所得税优惠，扩大可享受税收抵免的研发费用范围等。其次，在征收环境税的同时，利用环境税税收返还机制引导企业技术创新。环境税税收返还机制是指政府对企业污染排放行为征收固定的税费后，又根据各个企业的绿色创新活动开展状况和生产有效能情况作为补贴全部或部分返还，属于以税收优惠形式给予的一种政府补助。其结果是排放强度高于平均强度的企业将上缴净税款；排放强度低于平均标准的企业可以得到净税款，用以弥补其创新投入或生产有效能改善投入。因此，环境税返还机制能够形成一个有利于绿色发展的循环机制，大大提高财税政策的效果，既能减轻环境税对企业生产成本的挤出，又能提升企业开展绿色技术创新的动力。第三，用好政府采购制度，进一步扩大绿色产品采购范围和比重，将合同能源管理等节能服务纳入政府采购范围，增加企业绿色产品的销售收益，从而加强企业绿色技术创新激励。第四，积极打造排污权交易制度有效发挥作用的外部环境，创新激励机制，通过排污权抵押贷款、创新交易方式等手段，激发企业主动开展绿色技术创新。

9.2.4　根据行业异质性，实施相适宜的环境规制和创新支持政策

根据本研究结论，环境规制对绿色发展的影响在不同行业具有较大的差异性。虽然现阶段不论在高竞争性行业或是低竞争性行业中，环境规制对企业的影响均表现为"遵循成本效应"，不利于绿色发展水平提升，但若将环境规制强度提升到一定程度，则会扭转"遵循成本效应"，转为"创新补偿效应"，从而促进绿色发展。本研究研究发现，低竞争性行业对环境规制强度提高的容忍度更高，当强化行政命令环境规制时，低竞争性行业将比高竞争性行业更晚由"遵循成本效应"转化为"创新补偿效应"。也就是说，要实现低竞争性行业的绿色发展，应该实施更为严格的环境规制政策，制定更为严格的环境准入标准，设定更高的环境税税负水平，加强环境监察执法，大力打击超污染排放的生产行为，通过外部约束机制增加企业污染排放的压力和成本，激励企业进行环境技术创新和生产工艺改进，实施清洁生产。

根据本研究研究结论，技术创新主要驱动了低竞争性行业的绿色发展，对高竞争性行业的绿色发展影响不显著。高竞争性行业竞争参与主体较多，以中小企业为主，普遍对技术创新特别是绿色技术创新的重视不足，创新投入远远不够。因此，对于高竞争性行业的中小企业来说，要增强绿色发展意识，有意识地将绿色生产的理念融入企业生产过程的各个环节，重视绿色技术使用和生产模式创新，实现生产绿色化；要有意识地从价值链设计环节开始就融入节能环

保理念,实现产品绿色化;要有意识地从传统的落后的制造业领域向新能源、新材料、节能环保等绿色制造业转型,实现产业绿色化;要加大绿色技术创新投入,有能力的企业要积极开展绿色技术研发,没有能力进行绿色技术研发的企业,要关注政府、公共研究机构、行业协会对新技术、新方法、新模式的推介,积极寻求与科技领先企业的纵向或横向业务合作,积极融入绿色发展产业链,通过合作过程中的知识溢出与扩散效应提升自身的绿色技术水平。

对于政府来说,应加强对中小企业绿色技术创新的政策支持。政府要承担起绿色发展知识资本积累的责任,政府的重大科技支撑项目应向绿色经济领域倾斜,着力突破核心关键技术,积累绿色技术的知识储备,引导企业加大绿色技术和产品的研发和推广;建立官产学研结合合作创新机制,鼓励公共研究机构以中小企业绿色转型为目标的问题导向研究,引导公共知识资本为中小企业绿色转型服务;鼓励处于核心技术领域的大企业联合,建立战略联盟,并将中小企业整合融入绿色发展的产业链,激发知识的纵向扩散;积极开展国际科技合作,加强绿色技术与设备的引进、吸收、消化、转化、再创新;加快培养绿色科技创新人才,为推动绿色发展积极营造绿色科技创新的良好环境。

9.3 研究展望

由于环境规制、技术创新与制造业绿色发展问题的研究涉及政府、企业、公众等多方面,三者之间的关系非常复杂,本人尽管对这一领域的相关研究做了较为全面的梳理,但由于理解和掌握水平有限,在研究中仍然存在许多不足的地方。制造业绿色发展是一个具有鲜明时代特色的重大课题,在不同经济发展阶段会呈现出不同的特征。因此,在未来较长时期内,这一问题将会一直受到各国政府和学术界的高度关注。未来学者们可以从以下几个方面展开更为深入的研究:

(1) 本研究主要考察了环境规制、技术创新影响制造业绿色发展的行业异质性,但这种影响关系也存在地区差异。由于我国长期的区域政策倾斜,造成东、中、西部地区在环境规制、政策执行、技术创新和绿色发展方面存在较大差距,对此值得进一步深入研究。

(2) 本研究在考察环境规制、技术创新与制造业绿色发展之间的复杂影响关系时,为了验证这些影响关系在竞争程度不同的行业中有何差异,出于计算简便,采用市场集中度指标将制造业划分为高竞争性行业和低竞争性行业。现实中行业竞争程度受到市场集中度、行业管理体制、国有经济比重、进出壁垒等多种因素影响,仅用市场集中度来反映行业竞争程度具有一定局限性,未来研究可以构建多重指标来综合反映行业竞争程度。

(3)关于环境规制指标,虽然国内外学者采用各种测算方法,寻找不同的替代指标,希望能够较为准确的衡量环境规制强度。但由于目前我国公布的统计资料中,关于环境规制政策的直接数据难以获得,且环境规制政策本身难以量化,因此不管选择何种替代指标,都不能完全准确地反映环境规制的现实情况。尤其是自愿参与型环境规制的衡量更为困难,目前只有少数学者从地区角度,以各地区信访数量、环境宣传教育活动数等作为替代指标进行衡量,但这方面的行业数据并未公布。因此,如何选择合适的替代指标,从行业角度考察自愿参与型环境规制、技术创新和绿色发展的影响是未来研究值得考虑的问题。

(4)在考察环境规制、技术创新与制造业绿色发展影响时,本研究和多数研究一样,只是考察了技术创新整体对制造业绿色发展的影响。实际上,技术创新可以进一步细分为环保技术创新和非环保技术创新,这两类技术创新方式对制造业绿色发展具有不同的影响机制。由于本研究选取制造业细分行业规模以上企业数据作为研究样本,这些数据中并没有涉及环保技术和非环保技术的投入和产出数据,因此没有对技术创新进行细分,未来学者们可以选择其他研究样本,深入考察环保技术创新和非环保技术创新的不同影响效应。

参考文献

白永秀,李伟,2008.改革开放以来的资源环境管理体制改革:历程梳理与后续期盼[J].改革(9):26-36.

保罗·萨缪尔森,威廉·诺德豪斯,2013.于健译注.经济学[M].北京:人民邮电出版社.

陈超凡,韩晶,毛渊龙,2018.环境规制、行业异质性与中国工业绿色增长:基于全要素生产率视角的非线性检验[J].山西财经大学学报,40(3):65-80.

陈亮,哈战荣,2018.新时代创新引领绿色发展的内在逻辑、现实基础与实施路径[J].马克思主义研究(6):74-86,160.

陈诗一,陈登科,2018.雾霾污染、政府治理与经济高质量发展[J].经济研究,53(2):20-34.

陈诗一,2010.节能减排与中国工业的双赢发展:2009—2049[J].经济研究,45(3):129-143.

陈诗一,2009.能源消耗、二氧化碳排放与中国工业的可持续发展[J].经济研究,44(4):41-55.

陈诗一,2016.新常态下的环境问题与中国经济转型发展[J].中共中央党校学报,20(2):94-99.

陈诗一,2011.中国工业分行业统计数据估算:1980—2008[J].经济学(季刊),10(2):735-776.

大卫·皮尔斯,阿尼尔·马肯亚,爱德华·巴比尔,1996.绿色经济的蓝图[M].何晓军,译.北京:北京师范大学出版社.

蒂坦伯格,2016.环境与自然资源经济学(第十版)(经济科学译丛)[M].北京:中国人民大学出版社.

董敏杰,2011.环境规制对中国产业国际竞争力的影响[D].北京:中国社会科学院研究生院.

杜威剑,李梦洁,2016.环境规制对企业产品创新的非线性影响[J].科学学研究,34(3):462-470.

傅家骥等,1992.技术创新:中国企业发展之路[M].北京:企业管理出版社.
傅家骥,1998.技术创新学[M].北京:清华大学出版社.
傅京燕,2006.环境规制与产业国际竞争力[M].北京:经济科学出版社.
侯伟丽,2004.21世纪中国绿色发展问题研究[J].南都学坛(3):106-110.
胡鞍钢,2005.中国:绿色发展与绿色GDP(1970—2001年度)[J].中国科学基金,19(2):22-27.
胡鞍钢,周绍杰,2014.绿色发展:功能界定、机制分析与发展战略[J].中国人口·资源与环境,24(1):14-20.
胡建辉,2017.环境规制对产业结构调整的倒逼效应研究[D].北京:中央财经大学.
黄德春,刘志彪,2006.环境规制与企业自主创新:基于波特假设的企业竞争优势构建[J].中国工业经济(3):100-106.
黄平,胡日东,2010.环境规制与企业技术创新相互促进的机理与实证研究[J].财经理论与实践,31(1):99-103.
霍斯特·西伯特,2002.环境经济学[M].蒋敏元,译注.北京:中国林业出版社.
季良玉,2016.技术创新影响中国制造业转型升级的路径研究[D].南京:东南大学.
蒋伏心,王竹君,白俊红,2013.环境规制对技术创新影响的双重效应:基于江苏制造业动态面板数据的实证研究[J].中国工业经济(7):44-55.
雷家骕,洪军,2012.技术创新管理[M].北京:机械工业出版社.
李斌,曹万林,2017.环境规制对我国循环经济绩效的影响研究:基于生态创新的视角[J].中国软科学(6):140-154.
李斌,彭星,2013.环境规制工具的空间异质效应研究:基于政府职能转变视角的空间计量分析[J].产业经济研究(6):38-47.
李斌,彭星,欧阳铭珂,2013.环境规制、绿色全要素生产率与中国工业发展方式转变:基于36个工业行业数据的实证研究[J].中国工业经济(4):56-68.
李勃昕,韩先锋,宋文飞,2013.环境规制是否影响了中国工业R&D创新效率[J].科学学研究,31(7):1032-1040.
李长娥,谢永珍,2017.董事会权力层级、创新战略与民营企业成长[J].外国经济与管理,39(12):70-83.
李红侠,2014.民营企业绿色技术创新与环境税政策[J].税务研究(3):12-15.
李静,彭飞,毛德凤,2013.研发投入对企业全要素生产率的溢出效应:基于中国工业企业微观数据的实证分析[J].经济评论(3):77-86.

李玲,陶锋,2012.中国制造业最优环境规制强度的选择:基于绿色全要素生产率的视角[J].中国工业经济(5):70-82.

李巍,郗永勤,2017.创新驱动低碳发展了吗?:基础异质和环境规制双重视角下的实证研究[J].科学学与科学技术管理,38(5):14-26.

李小平,2007.自主R&D、技术引进和生产率增长:对中国分行业大中型工业企业的实证研究[J].数量经济技术经济研究,24(7):15-24.

李阳等,2014.环境规制对技术创新长短期影响的异质性效应:基于价值链视角的两阶段分析[J].科学学研究,32(6):937-949.

林玲,赵子健,曹聪丽,2018.环境规制与大气科技创新:以SO_2排放量控制技术为例[J].科研管理,39(12):45-52.

林永生,吴其倡,袁明扬,2018.中国环境经济政策的演化特征[J].中国经济报告,(11):39-42.

刘伟,童健,薛景,等,2017.环境规制政策与经济可持续发展研究[M].北京:经济科学出版社.

刘伟,童健,薛景,2017.行业异质性、环境规制与工业技术创新[J].科研管理,38(5):1-11.

柳卸林,1997.企业技术创新管理[M].北京:科学技术文献出版社.

吕薇,2016.营造有利于绿色发展的体制机制和政策环境[J].经济纵横(2):4-8.

罗胜强,姜嬿,2014.管理学问卷调查研究方法[M].重庆:重庆大学出版社.

马洪波,2011.绿色发展的基本内涵及重大意义[J].攀登(哲学社会科学版),30(2):67-70.

裴晓菲,2016.我国环境标准体系的现状、问题与对策[J].环境保护,44(14):16-19.

彭星,李斌,2016.不同类型环境规制下中国工业绿色转型问题研究[J].财经研究,42(7):134-144.

沈能,2012.环境效率、行业异质性与最优规制强度:中国工业行业面板数据的非线性检验[J].中国工业经济,(3):56-68.

沈能,刘凤朝,2012.高强度的环境规制真能促进技术创新吗?:基于"波特假说"的再检验[J].中国软科学,(4):49-59.

G.J.施蒂格勒,1996.产业组织和政府管制(中译本)[M].潘振民,译.上海:上海人民出版社,1996.

史丹,2018.绿色发展与全球工业化的新阶段:中国的进展与比较[J].中国工业经济(10):5-18.

童健,刘伟,薛景,2016.环境规制、要素投入结构与工业行业转型升级[J].经济研究,51(7):43-57.

涂红星,肖序,2014.环境管制对自主创新影响的实证研究:基于负二项分布模型[J].管理评论,26(1):57-65.

涂红星,肖序,2013.环境管制会影响公司绩效吗?:以中国6大水污染密集型行业为例[J].财经论丛,(5):112-117.

涂正革,肖耿,2009.环境约束下的中国工业增长模式研究[J].世界经济,32(11):41-54.

万伦来,朱琴,2013.R&D投入对工业绿色全要素生产率增长的影响:来自中国工业1999~2010年的经验数据[J].经济学动态(9):20-26.

王班班,齐绍洲,2016.市场型和命令型政策工具的节能减排技术创新效应:基于中国工业行业专利数据的实证[J].中国工业经济(6):91-108.

王国印,王动,2011.波特假说、环境规制与企业技术创新:对中东部地区的比较分析[J].中国软科学(1):100-112.

王杰,刘斌,2014.环境规制与企业全要素生产率:基于中国工业企业数据的经验分析[J].中国工业经济(3):44-56.

王凯风,吴超林,2017.绿色效率视角下环境库兹涅茨曲线的再检验:基于285个中国城市的面板数据与GML指数[J].管理现代化,37(6):64-68.

王丽萍,2013.环境政策的类型与特点分析[J].资源开发与市场,29(5):496-498.

王玲玲,张艳国,2012."绿色发展"内涵探微[J].社会主义研究(5):143-146.

温忠麟,张雷,侯杰泰,等,2004.中介效应检验程序及其应用[J].心理学报,36(5):614-620.

吴贵生,王毅,2000.技术创新管理[M].北京:清华大学出版社.

吴延兵,2006.R&D与生产率:基于中国制造业的实证研究[J].经济研究,41(11):60-71.

吴延,2008.自主研发、技术引进与生产率:基于中国地区工业的实证研究[J].经济研究,43(8):51-64.

项保华,许庆瑞,1989.试论制订技术创新政策的理论基础[J].数量经济技术经济研究(7):52-55.

谢乔昕,2018.环境规制、规制俘获与企业研发创新[J].科学学研究,36(10):1879-1888.

熊彼特,1990.经济发展理论:对于利润、资本、信贷、利息和经济周期的考察

[M].何畏,等译.北京:商务印书馆.

许冬兰,董博,2009.环境规制对技术效率和生产力损失的影响分析[J].中国人口·资源与环境,19(6):91-96.

许士春,何正霞,龙如银,2012.环境规制对企业绿色技术创新的影响[J].科研管理,33(6):67-74.

杨多贵,高飞鹏,2006."绿色"发展道路的理论解析[J].科学管理研究,24(5):20-23.

姚西龙,牛冲槐,刘佳,2015.创新驱动、绿色发展与我国工业经济的转型效率研究[J].中国科技论坛,(1):57-62.

叶琴,曾刚,戴劭勃,等,2018.不同环境规制工具对中国节能减排技术创新的影响:基于285个地级市面板数据[J].中国人口·资源与环境,28(2):115-122.

易长福,2017.推动绿色发展的三个着力点[N].经济日报.

于潇,2017.环境规制政策的作用机理与变迁实践分析:基于1978—2016年环境规制政策演进的考察[J].中国科技论坛,(12):15-24,31.

袁宝龙,2018.制度与技术双"解锁"是否驱动了中国制造业绿色发展?[J].中国人口·资源与环境,28(3):117-127.

原毅军,谢荣辉,2015.FDI、环境规制与中国工业绿色全要素生产率增长:基于Luenberger指数的实证研究[J].国际贸易问题(8):84-93.

岳鸿飞,徐颖,吴璘,2017.技术创新方式选择与中国工业绿色转型的实证分析[J].中国人口·资源与环境,27(12):196-206.

张成,陆旸,郭路,等,2011.环境规制强度和生产技术进步[J].经济研究,46(2):113-124.

张诚,蒙大斌,2012.技术创新、行业特征与生产率绩效:基于中国工业行业的实证分析[J].当代经济科学,34(4):49-55,126.

张峰,田文文,2018.环境规制与技术创新:制度情境的调节效应[J].研究与发展管理,30(2):71-81.

张各兴,夏大慰,2011.所有权结构、环境规制与中国发电行业的效率:基于2003—2009年30个省级面板数据的分析[J].中国工业经济(6):130-140.

张江雪,蔡宁,毛建素,等,2015.自主创新、技术引进与中国工业绿色增长:基于行业异质性的实证研究[J].科学学研究,33(2):185-194,271.

张娟,2017.资源型城市环境规制的经济增长效应及其传导机制:基于创新补偿与产业结构升级的双重视角[J].中国人口·资源与环境,27(10):39-46.

张平,张鹏鹏,蔡国庆,2016.不同类型环境规制对企业技术创新影响比较研究

[J].中国人口·资源与环境,26(4):8-13.

赵红,2007.环境规制对中国产业技术创新的影响[J].经济管理(21):57-61.

赵敏,2013.环境规制的经济学理论根源探究[J].经济问题探索(4):152-155.

赵细康,2004.环境政策对技术创新的影响[J].中国地质大学学报(社会科学版),4(1):24-28.

赵玉林,谷军健,2018.制造业创新增长的源泉是技术还是制度?[J].科学学研究,36(5):800-812,912.

赵玉民,朱方明,贺立龙,2009.环境规制的界定、分类与演进研究[J].中国人口·资源与环境,19(6):85-90.

植草益,1992.微观规制经济学[M].朱绍文,等译.北京:中国发展出版社.

周五七,2016.能源价格、效率增进及技术进步对工业行业能源强度的异质性影响[J].数量经济技术经济研究,33(2):130-143.

庄友刚,2016.准确把握绿色发展理念的科学规定性[J].中国特色社会主义研究,7(1):89-94.

ALPAY E, KERKVLIET J, BUCCOLA S, 2002. Productivity growth and environmental regulation in Mexican and U. S. food manufacturing[J]. American journal of agricultural economics,84(4):887-901.

AMBEC S,BARLA P,2002. A theoretical foundation of the porter hypothesis [J]. Economics letters,75(3):355-360.

BARBARA A J, MCONNELL V D, 1990. The impact of environmental regulations on endustry productivity:direct and indirect effects[J]. Journal of environmental economics and management,(18):50-65.

BARON R M, KENNY D A, 1986. The moderator-mediator variable distinction in social psychological research: conceptual, strategic, and statistical considerations[J]. Journal of Personality and Social Psychology, 51(6):1173-1182.

BERMAN E,BUI L T M,2001. Environmental regulation and productivity: evidence from oil refineries[J]. Review of economics and statistics,83(3): 498-510.

BRÉCHET, THIERRY, MEUNIER G, 2014. Are clean technology and environmental quality conflicting policy goals?[J]. Resource and energy economics,38:61-83.

BROUHLE K,GRAHAM B,HARRINGTON D R,2013. Innovation under the

Climate Wise program[J]. Resource and energy economics,35(2):91-112.

BRUNNERMEIER S B,COHEN M A,2003. Determinants of environmental innovation in US manufacturing industries[J]. Journal of environmental economics and management,45(2):278-293.

CALEL R,2011. Market-based instruments and technology choices: a synthesis[J]. SSRN Electronic Journal.

CARRIÓN-FLORES C E,INNES R,2010. Environmental innovation and environmental performance[J]. Journal of environmental economics and management,59(1):27-42.

CHARNES A,COOPER W W,RHODES E,1978. Measuring the efficiency of decision making units[J]. European journal of operational research,2(6):429-444.

CHINTRAKARN P,2008. Environmental regulation and U. S. states' technical inefficiency[J]. Economics letters,100(3):363-365.

CHUNG Y H,FÄRE R,GROSSKOPF S,1997. Productivity and undesirable output:a directional distance function approach[J]. Journal of environmental magaement,51(3):229-240.

CIOCCI R,PECHT M,2006. Impact of environmental regulations on green electronics manufacture[J]. Microelectronics enternational,23(2):45-50.

CLEVELAND C J,2005. Dynamic incentives by environmental policy instruments—a survey[J]. Ecological economics,54(2):175-195.

COASE R H,1960. The problem of social cost[M]. Classic papers in natural resource economics. London:Palgrave Macmillan UK.

COPELAND B R,TAYLOR M S,1997. A simple model of trade,capital mobility,and the environment[R]. NBER working paper,58-98.

DANUEK C,1990. The economics of regulation:principles and institutions Alfred E. Kahn Cambridge,MA:MIT Press,1988,Vol. I,199 pp. Vol. II,360 pp[J]. Atlantic economic journal,18(3):96-103.

DOMAZLICKY B R,WEBER W L,2004. Does environmental protection lead to slower productivity growth in the chemical industry? [J]. Environmental and resource economics,28(3):301-324.

ENOS H F,FREAR D E H,1962. Insecticide residues,method for the detection of microgram quantities of O,O-Dimethyl-S-(N-methylcarbamoylmethyl) phosphorodithioate (dimethoate) in milk[J]. Journal of agricultural and food chemistry,10(6):477-479.

FARE R,GROSSKOPF S,PASURKAJR C,2007. Environmental production functions and environmental directional distance functions[J]. Energy, 32(7):1055-1066.

FREEMAN C, 1982. The economics of industrial innovation[M]. 2nd ed. Cambridge,Mass. :MIT Press.

GOLLOP F M, ROBERTS M J, 1983. Environmental regulations and productivity growth: the case of fossil-fueled electric power generation[J]. Journal of political economy,91(4):654-674.

GRAY W,SHADBEGIAN R J,1995. Pollution abatement costs, regulation, and plant-level productivity[J]. Working Papers:94-14.

GREENSTONE M,HANNA R M,2012. Environmental regulations, air and water pollution, and infant mortality in India[J]. Social science electronic publishing,9:12-40.

HANSEN B E, 2010. Sample splitting and threshold estimation [J]. Econometrica,68(3):575-603.

HAVEMAN R H,CHRISTAINSEN G B,1981. Environmental regulations and productivity growth[J]. Natrural Resources journal,21(3):489-509.

HAYES A F,PREACHER K J,2010. Quantifying and testing indirect effects in simple mediation models when the constituent paths are nonlinear[J]. Multivariate behavioral research,45(4):627-660.

INNES R, CARRIÓN-FLORES C E, INNES R, 2006. Environmental Innovation and Environmental Policy: an empirical test of Bi-directional effects[R]. University of Arizona Working Paper.

JAFFE A B,NEWELL R G,STAVINS R N,2000. Technological change and the environment[J]. Environmental resource and economics,22(3):461-516.

JAFFE A B, PALMER K, 1997. Environmental regulation and innovation: a panel data study[J]. Review of economics and statistics,79(4):610-619.

JAVORCIK B S, WEI S J, 2001. Pollution havens and foreign direct investment: dirty secret or popular myth? [J]. Contributions in economic analysis & policy,3(2):1244-1244.

JEFFERSON G H,TANAKA S,YIN W,2013. Environmental regulation and industrial performance: evidence from unexpected externalities in China[J]. Social science electronic publishing.

JEROEN C J M van den BERGH, TRUFFER B, KALLIS G, 2011. Environmental innovation and societal transitions: introduction and overview[J]. Environmental innovation and societal transitions,1(1):1-23.

JORGENSON D W, WILCOXEN P J, 1990. Environmental regulation and U.S. economic growth[J]. The rand journal of economics,21(2):314-340.

JUNG C, KRUTILLA K, BOYD R, 1996. Incentives for advanced pollution abatement technology at the industry level: an evaluation of policy alternatives[J]. Journal of environmental economics and management, 30(1):95-111.

KATHURIA V, STERNER T, 2006. Monitoring and enforcement: Is two-tier regulation robust? — A case study of Ankleshwar, India[J]. Ecological economics,57(3):477-493.

LANJOUW J O, MODY A, 1996. Innovation and the international diffusion of environmentally responsive technology[J]. Research policy,25(4):549-571.

LANOIE P, LAURENT-LUCCHETTI J, JOHNSTONE N, et al., 2011. Environmental policy, innovation and performance: new insights on the porter hypothesis[J]. Journal of economics & management strategy,20(3):803-842.

LANOIE P, PATRY M, LAJEUNESSE R, 2008. Environmental regulation and productivity: testing the porter hypothesis [J]. Journal of productivity analysis,30(2):121-128..

LEE J, VELOSO F M, HOUNSHELL D A, 2011. Linking induced technological change, and environmental regulation: evidence from patenting in the U. S. auto industry[J]. Research policy,40(9):1240-1252.

LEEUWEN G V, MOHNEN P, 2013. Revisiting the porter hypothesis: an empirical analysis of green innovation for the Netherlands [J]. Merit Working Papers,67(2):295-319.

LEVINSOHN J, PETRIN A, 2003. Estimating production functions using inputs to control for unobservables[J]. Review of Economic Studies,70(2):317-341.

MANAGI S, 2004. Trade liberalization and the environment: carbon dioxide for 1960-1999[J]. Economics bulletin,17(1):1-5.

MOHR R D, 2002. Technical change, external economies, and the porter hypothesis[J]. Journal of environmental economics & management,43(1):158-168.

MOHTADI H,1996. Environment, growth, and optimal policy design[J]. Journal of public economics,63(1):119-140.

MOWEY D C,ROSENBERG N,1989. Technology and the pursuit of economic growth[M]. Cambridge:Cambridge University Press.

MUESER R,1985. Indentifying technical innovations[J]. IEEE transon management,(11):98-101.

MULLER D,JUDD C M,YZERBYT V Y,2005. When moderation is mediated and mediation is moderated[J]. Journal of personality and social psychology, 89(6):852-863.

MURTY M N,KUMAR S,2003. Win-win opportunities and environmental regulation: testing of porter hypothesis for Indian manufacturing industries [J]. Journal of environmental management,67(2):139-144.

MYERS S,MARQUIS D G,1969. Successful industrial innovations:A study of factors underlying innovation in selected flrms[M]. Washington D. C.: National Science Foundation.

PALMER K,OATES W E,PORTNEY P R,1995. Tightening environmental standards: the benefit-cost or the no-cost paradigm?[J]. Journal of economic perspectives,9(4):119-132.

POPP D,2006. International innovation and diffusion of air pollution control technologies: the effects of NO_x and SO_2 regulation in the US,Japan, and Germany[J]. Journal of environmental economics & management,51(1):46-71.

PORTER M E,LINDE VAN DER C,1995. Toward a new conception of the environment-competitiveness relationship[J]. Journal of economic perspectives,9(4):97-118.

RUBASHKINA Y,GALEOTTI M,VERDOLINI E,2015. Environmental regulation and competitiveness: empirical evidence on the Porter Hypothesis from European manufacturing sectors[J]. Energy policy,83(35):288-300.

SCHMOOKLER J,1966. Invention and economic growth[M]. Cambridge:

Harward University Press.

SCHMOOKLER J, 1972. Patents, invention, and economic change [M]. Cambridge: Harvard University Press.

SCHMUTZLER A, 2001. Environmental regulations and managerial myopia [J]. Environmental and resource economics, 18(1): 87-100.

SCHUMPETER J, 1939. Business cycle [M]. Massachusetts: Harvard University Press.

SINCLAIR-DESGAGNé B, 1999. Remarks on environmental regulation, firm behavior and innovation[J]. CIRANO working paper No, 99s-20.

SOLO C S, 1951. Innovation in the capitalist process: a critique of the schumpeterian theory[J]. Quarterly Journal of Economics, 65(3): 417-428.

SOLOW R M. 1957. Technical change and the aggregate production function [J]. Review of economics and statistics, 39(3): 312.

STEPHENS J K, DENISON E F, 1981. Accounting for slower economic growth: the United States in the 1970s[J]. Southern economic journal, 47(4): 1191-1193.

TENG M J, WU S Y, CHOU J H, 2014. Environmental commitment and economic performance-short - term pain for long - term gain [J]. Environmental policy and governance, 24(1): 16-27.

TONE K, 2003. Dealing with undesirable outputs in DEA: a slack-based measure(SBM) approach[R]. GRIPS Research Report Series Ⅰ.

TONG H, 1978. On a Threshold Model [R]. Amsterdam: Sijthoff and Noordhoff.

UTTERBACK J M, ABERNATHY W J, 1975. A dynamic model of process and product innovation[J]. Omega, 3(6): 639-656.

YANG C H, TSENG Y H, CHEN C P, 2012. Environmental regulations, induced R&D, and productivity: Evidence from Taiwan's manufacturing industries[J]. Resource and energy economics, 34(4): 514-532.